FELI CIDA DE

CB010806

Dados Internacionais de Catalogação na Publicação (CIP)
(Câmara Brasileira do Livro, SP, Brasil)

Grün, Anselm
　　Felicidade : o que realmente importa para uma vida
bem-sucedida / Anselm Grün ; tradução de Markus A.
Hediger. – Petrópolis, RJ : Vozes, 2018.
　　Título original : Was uns wirklich trägt : Über
gelingendes Leben.
　　ISBN 978-85-326-5684-1
　　1. Carreira profissional 2. Espiritualidade
3. Experiência de vida 4. Grün, Anselm, 1945-
Autobiografia 5. Kohl, Walter – Autobiografia
6. Teologia I. Hediger, Markus A. II. Título.

17-11740 　　　　　　　　　　　　　　　　CDD-248.4092

Índices para catálogo sistemático:
　　1. Biografias : Vidas cristãs : Cristianismo
　　　　248.4092

ANSELM GRÜN
WALTER KOHL

FELICIDADE

O QUE REALMENTE IMPORTA

PARA UMA VIDA BEM-SUCEDIDA

Tradução de Markus A. Hediger

EDITORA VOZES

Petrópolis

© 2014, Verlag Herder GmbH, Freiburg im Breisgau
Anselm Grün e Walter Kohl

Título do original em alemão: *Was uns wirklich trägt – Über gelingendes Leben*,
editado por Rudolf Walter.

Direitos de publicação em língua portuguesa – Brasil:
2018, Editora Vozes Ltda.
Rua Frei Luís, 100
25689-900 Petrópolis, RJ
www.vozes.com.br
Brasil

Todos os direitos reservados. Nenhuma parte desta obra poderá ser reproduzida
ou transmitida por qualquer forma e/ou quaisquer meios (eletrônico ou
mecânico, incluindo fotocópia e gravação) ou arquivada em qualquer
sistema ou banco de dados sem permissão escrita da editora.

CONSELHO EDITORIAL

Diretor
Gilberto Gonçalves Garcia

Editores
Aline dos Santos Carneiro
Edrian Josué Pasini
Marilac Loraine Oleniki
Welder Lancieri Marchini

Conselheiros
Francisco Morás
Ludovico Garmus
Teobaldo Heidemann
Volney J. Berkenbrock

Secretário executivo
João Batista Kreuch

Editoração: Flávia Peixoto
Diagramação: Sheilandre Desenv. Gráfico
Revisão gráfica: Nilton Braz da Rocha / Nivaldo S. Menezes
Capa: Rafael Nicolaevsky
Ilustração de capa: ©onlyyouqj/iStock

ISBN 978-85-326-5684-1 (Brasil)
ISBN 978-3-451-33292-0 (Alemanha)

Editado conforme o novo acordo ortográfico.

Este livro foi composto e impresso pela Editora Vozes Ltda.

Em memória dos meus pais.

Anselm Grün

Para Kyung-Sook.

Walter Kohl

Sumário

Introdução, 9

1 Nossa origem como dote, 13

2 Exemplos ao longo do caminho, 37

3 Autoconsciência e respeito próprio, 52

4 Grupos e individualidade, 65

5 Sobre relacionamento e intimidade, 79

6 O poder dos sentimentos, 98

7 Sobre a força vital do medo, 116

8 Sobre amor e ódio, 131

9 Sobre a inveja e a vergonha, 144

10 Resistências e conflitos, 157

11 O poder e suas motivações, 168

12 Sobre a responsabilidade própria e o caminho próprio, 184

13 Fome de vida e anseio de felicidade, 196

14 De uma vida centrada no ter para uma vida centrada no ser, 211

15 Golpes do destino, 222

16 Sobre Deus e a fé, 237

17 A finitude da nossa existência, 252

18 O sentido da vida, 265

19 A coisa mais importante na vida, 276

Introdução

Duas pessoas, uma de cinquenta e a outra de setenta anos de idade, e duas biografias que, à primeira vista, não poderiam ser mais diferentes. Ambas de temperamento, origem e história completamente diferentes. Ambas conhecem a vida, mas em perspectivas e mundos de experiência muito diferentes. Uma delas cresceu numa família de políticos, foi marcada por anos de isolamento e estigmatização pessoal e pelo perigo do terrorismo, passou pessoalmente por crises até o fracasso: divórcio, tragédias familiares, recomeço como empreendedor. A vida de Walter Kohl precisou de muito tempo para encontrar a paz.

Anselm Grün, por sua vez, desde a infância queria ser padre. Ingressou no mosteiro já cedo e vive há quase cinquenta anos na mesma comunidade. Ele seguiu consequentemente o caminho monástico da busca de Deus, com uma "carreira" aparentemente imperturbada como monge e administrador do mosteiro, que se concentra numa vida simples e alcança um público de milhões como autor e conselheiro espiritual.

Qual é a ligação entre os dois? E o que há de especial neste livro coescrito por eles, isto é, na forma como este livro foi escrito?

Em algum momento, durante uma entrevista sobre seu último livro, Walter Kohl mencionou alguns nomes, autores cujos textos lhe haviam ajudado a encontrar a saída para sua crise, que o havia levado à beira do suicídio. Ele mencionou o filósofo estoico Sêneca, da Roma antiga. Mas também um místico como Nikolaus von der Flüe, que desdobrou um efeito político justamente quando se retirou da vida pública. Ou o fundador da logoterapia, o sobrevivente dos campos de concentração nazistas, Viktor Frankl, autor do livro *Trotzdem ja zum Leben sagen* [Afirmar a vida a despeito de tudo]. E então o entrevistador mencionou também Anselm Grün. Se ele o conhecia? Sim, principalmente sobre sua obra *Einreden* (Trad. bras.: *Autopersuasão* (Vozes)), sobre a sabedoria dos Padres do Deserto. Também a introdução de Grün aos evangelhos se tornara importante para ele.

O caminho dos dois já havia se cruzado no passado, mas eles não se conheciam bem até então. No fundo existe muito que os une, também sua visão daquilo que realmente importa na vida. As perguntas para este projeto comum foram: O que sustenta os dois? Para onde aponta sua bússola? O que eles querem compartilhar?

Ambos tiveram longas conversas antes de escrever este livro, que aconteceram em Münsterschwarzach. Descobriram que nesse lugar vários fios se cruzavam. Walter Kohl conhecia Münsterschwarzach e a região em torno do mosteiro há muito tempo. Seu avô por parte do pai veio de Greussenheim, uma pequena cidade perto de Würzburg. E nos tempos difíceis após a guerra seu pai visitara o mosteiro, em sua juventude, como "aprendiz de agricultura", retornando mais tarde. Walter Kohl acompanhou seu pai em suas visitas ao mosteiro, pela primeira vez como garoto de doze ou treze anos, que se entediava com as conversas sérias dos adultos. Mais tarde, após a faculdade e o serviço militar, o próprio Walter voltaria repetidas vezes sozinho e voluntariamente para passar alguns dias no mosteiro. Por quê? Simplesmente para rezar, para me reencontrar. Ainda hoje os monges contam como, na época, quando Walter Kohl já havia se formado como professor de mergulho, prestou os primeiros socorros a um monge que havia desmaiado no refeitório. Na ourivesaria do mosteiro ele produziu as alianças para o seu primeiro casamento. Naquela ocasião ele também teve uma longa conversa com Anselm Grün, cujo escritório ficava ao lado da ourivesaria. Walter Kohl se lembra nitidamente dessa conversa.

Existiam, portanto, relações e lembranças mais profundas que vieram à tona durante o trabalho neste livro e que rapidamente criaram um clima de intimidade. Isso permitiu que os dois reconhecessem aquilo que unia suas histórias e que dizia respeito também ao que havia acontecido nesse meio-tempo.

O movimento de 1968 lançou sombras sobre a vida de Walter Kohl, pois as ameaças de terrorismo da década de 1970 e as projeções das pessoas sobre ele como "filho de..." pesaram sobre ele, levando-o a duvidar de si mesmo e provocando uma crise que se tornou decisiva para sua vida. Essa crise o levou a descobertas, experiências e novas respostas, que hoje ele compartilha com outros. O fato de a dimensão espiritual ser parte tão essencial da vida desse homem "do mundo" é a verdadeira surpresa.

Para Anselm Grün, o movimento de 1968 também foi um tempo de libertação: a crise das tradições se apresentou como chance de redescobrir a essência da vida monástica, a brasa escondida por baixo das cinzas. Hoje ele quer ajudar o indivíduo a moldar sua vida e a se reencontrar, compartilhando sua visão de vida com as pessoas que buscam seus conselhos. Também evidencia-se em sua vida que conflitos concretos sempre levam a questões espirituais.

Quais são os temas da vida que não deveríamos fugir? O que une os fragmentos dela? A vida é ameaçada, finita, frágil – o que a sustenta mesmo assim?

O ponto de partida de ambos é o indivíduo. Quem conseguir pôr em ordem sua própria vida contribui também para um mundo melhor. Os antigos monges já sabiam disso.

Nenhum dos dois se alienou do mundo. Um dos dois trabalhou no mercado de investimentos em Wall Street, conhecendo bem a realidade da vida econômica. O outro, que durante décadas foi responsável pela administração econômica de um mosteiro com mais de 250 funcionários, também não foge da vida. Ambos também se encontraram em outros pontos, e, assim, este livro fala sobre um tema fundamental: Como podemos viver sem ser areia ao vento, sem deixar se levar pelos afetos e sem se render ao jogo de interesses dos outros. É também um livro sobre a pergunta: O que significa viver de forma simples? Nenhum dos dois fala sobre isso de modo abstrato; ambos contam abertamente episódios de sua vida e usam suas experiências pessoais para desenvolver uma visão geral sobre o fundamento e o sustento da vida – também diante de exigências e desafios externos, diante de golpes do destino, de fracassos e de riscos. E, além disso, conscientes de que tudo é finito.

Anselm Grün e Walter Kohl têm a certeza de que conhecer a si mesmo e superar os limites do ego, aceitar a si mesmo e afirmar a vida, permitir-se toda a liberdade e, mesmo assim, viver de forma responsável, não é apenas para pessoas com um dom espiritual especial ou para os afortunados. É o caminho da autorrealização para todos, durante a vida toda. Esse caminho é o destino, qualquer que seja sua descendência, qualquer que seja seu ponto de partida biográfico.

1
Nossa origem como dote

Por que eu? Nossa descendência pode ser um fardo. Isso é bom ou ruim? Não creio que essa pergunta deveria ocupar o primeiro plano. Nós recebemos uma vida, e a pergunta muito mais importante para mim é: O que podemos fazer com nossa vida, com nossa descendência?

Walter Kohl

Uma situação especial

Cada origem familiar tem suas características próprias e especiais e é nossa fonte profundamente pessoal de experiências. Nossa descendência é o solo materno, o húmus do nosso desenvolvimento. É dele que nascemos, querendo ou não. Nossa genealogia determina nosso destino, e quem não aceita ou entende de onde vem terá dificuldades de criar seu futuro. Não importa se tendemos a glorificar, lamentar ou negar o passado; ele é o que é. O que aconteceu não pode ser mudado, o que importa é como lidamos com isso. Experiências que fizemos na infância, as influências do nosso ambiente, as expectativas com que crescemos e com as quais tivemos de lidar – de uma forma ou de outra – fazem parte do dote que recebemos para a nossa vida. Nossa infância pode ter sido difícil, e até agora ela pode nos parecer como um solo intoxicado. Mas ela também pode se transformar em uma fonte de força. Essa dependência do passado pode ser vivenciada de forma positiva, mas também como amarras, e nem sempre é fácil distinguir uma da outra. É uma questão de nossa postura e de nossas decisões.

Não foi diferente comigo. Eu nasci em 1963, dois anos antes de meu irmão Peter. O que torna minha vida especial é que eu cresci numa família muito ativa na política. Em 1963, meu pai já era líder de seu partido na câmara de deputados de Rheinland-Pfalz. A primeira coisa que percebi foi a constante movimentação dentro de minha casa. Como criança, não entendia o que acontecia ao meu redor. Mas aparentemente era normal que pessoas entrassem e saíssem de nossa casa o tempo todo; pessoas que eu não conhecia. Isso não acontecia nas famílias da vizinhança. Por quê? Eu não entendia. O mundo dos adultos era um mistério para mim. Evidentemente, eles falavam sobre coisas importantes, mas eu não tinha acesso a seu mundo. Era como se dois mundos coexistissem em nossa casa: o mundo dos adultos, com suas conversas, e nosso mundo, o das crianças. Entre os dois mundos existia uma fronteira invisível, mas claramente perceptível. Quando pessoas estranhas nos visitavam, alguém vinha falar conosco e nos mandava brincar no jardim ou no nosso quarto, no primeiro andar. Minha impressão como criança era: esses estranhos vinham em todas as horas do dia e da noite; eles determinavam o ritmo e a vida de nossa família; eles eram importantes e seus temas eram interessantes. Quando vinham, nós crianças precisávamos sumir. Com o passar do tempo percebi que, comparados a eles, nós éramos menos importantes.

Conversas particulares com amigos do partido, com jornalistas, e às vezes também com pessoas de outro partido, fazem parte da vida de um político. Assim se criam redes de aliados, sendo que esse tipo de contato representa uma peça fundamental na carreira política, definindo também a realidade e as prioridades de muitas famílias. Elas igualmente definiram nossa família. As pessoas que vinham eram para mim – uma criança na pré-escola – simplesmente adultos desconhecidos. Elas passavam num fluxo incessante pela nossa casa, ocupavam nossa sala e dominavam a vida da nossa família. Eu tive de reconhecer desde cedo que a política tinha prioridade, determinando nossa vida como família. Todos precisam nos subordinar a ela.

Mas havia outra coisa especial em nossa vida: Igo, um pastor alemão enorme, um animal impressionante e às vezes também selvagem. Esse cão era nosso companheiro mais importante e mais próximo nos anos anteriores à escola. Ele tinha poucos meses de vida quando, pouco antes do meu nascimento, foi acolhido por nossa família. Mais tarde, minha mãe me falou de seus grandes temores. O cão teria ciúmes do novo membro da família, ele me atacaria no carrinho de bebê? Mas já durante as primeiras semanas da minha vida, Igo me adotou.

Deve ter sido num dia quente em agosto de 1963, quando minha mãe me colocou no carrinho de bebê, levando-me à sombra em nossa varanda. Esquecendo de prender o cachorro, ela foi para a cozinha, quando pode ver, horrorizada, como o cachorro se apoiava no carrinho com as patas dianteiras, enfiando sua grande cabeça no carrinho. Por causa do grande calor, eu estava apenas de fralda. Quando minha mãe ouviu ruídos suspeitos, saiu correndo, temendo o pior, e deparou-se com o animal me lambendo dos pés à cabeça. Tudo aquilo parecia me divertir muito, pois meu rosto radiava alegria. Após se recuperar do susto e reconhecer que eu não corria perigo, minha mãe deixou o cão prosseguir sua atividade. Depois de algum tempo ele desceu do carrinho e se deitou na frente dele. Agora, o recém-chegado Walter pertencia também à sua família, e a partir de então Igo se sentiu responsável pela minha proteção. Um pastor alemão macho como mãe canina – isso é algo raro. Quando meu irmão nasceu dois anos depois, o mesmo ritual se repetiu. Agora, Igo tinha dois garotos sob seus "cuidados".

Creio que poucos pastores alemães adultos sofreram tanto nas mãos de crianças. Nós puxávamos Igo pelas orelhas, enfiávamos nossas pequenas mãos em sua boca ou nos agarrávamos ao seu pelo, e ele nos arrastava pelo chão. Igo foi meu professor mais importante quando tentei aprender a andar, e permanecemos inseparáveis até sua morte, doze anos depois. Uma amizade que sobreviveu até mesmo aos muitos estranhos.

Esse pastor alemão protegia também a minha mãe quando ela ficava a sós conosco em nossa casa. Apenas muitos anos mais tarde eu entendi por que meu pai queria um cão de guarda "agressivo" em sua casa. Já na década de 1960, ou seja, muito antes do terrorismo esquerdista da RAF [Rote Armee Fraktion = Fração do Exército Vermelho], sua atividade política gerava problemas de segurança. Como criança, eu não percebi nada disso.

Minha mãe era uma verdadeira "comunicadora com cães". Até mesmo os cães de guarda agressivos da Guarda Alfandegária Federal se transformavam em cachorrinhos de colo quando ela falava e brincava com eles. Rimos muitas vezes quando o adestrador de cães viu seu animal supostamente assustador se transformar no cão mais manso nas mãos da minha mãe, brincando com ela. Também foi a minha mãe que nos ensinou a lidar com cachorros e a não ter medo deles.

Graças a Igo, nós nos sentíamos invencíveis. Quando ele estava conosco, as crianças dos prédios do outro lado da rua, que na época eram nossos adversários mais temidos, não ousavam se aproximar de nós. Era como se tivéssemos nosso próprio tanque de guerra. Jamais perdi meu profundo amor por animais, especialmente por gatos e cachorros. Ainda hoje não consigo passar por um cachorro sem olhar para ele, assoviar algo ou acariciá-lo.

Esse mundo idílico foi destruído quando entrei na próxima fase de minha vida. O primeiro dia de aula me jogou num mundo novo, no qual fui castigado muitas vezes por causa das minhas origens. Muitos dos meus colegas de sala, mas também vários dos meus professores, trataram-me durante anos como um leproso. Na maioria das vezes, eu era para eles apenas "o filho do Kohl". Eu me sentia como um corpo estranho, entregue a poderes desconhecidos, como uma pessoa diferente entre as iguais. Fui excluído, provocado, surrado. Alguns dos meus colegas foram incentivados por seus pais. "Dê uma surra no filho do Kohl" – esta era uma das versões mais inofensivas. Muitas vezes voltei para casa sangrando.

Em 2013, quando fiz um filme sobre minha vida com a equipe do canal de TV WDR, levei-a ao banheiro do meu ginásio em Ludwigshafen. Lá, eu havia apanhado repetidas vezes com tanta brutalidade que, certa vez, me acharam inconsciente com uma ferida na cabeça. No contexto de meu trabalho de reconciliação, eu queria mostrar que é possível retornar em paz a lugares de antigo sofrimento.

"Por quê?" Ou melhor: "Por que eu?" Como criança, e também mais tarde como adolescente, eu não consegui encontrar respostas a essas perguntas. Consequentemente, o mundo se transformou para mim, cada vez mais, em um lugar hostil. Fui tomado por insegurança, inquietação, dúvidas e estresse. Eu não havia feito nada de errado. Um garoto de oito ou dez anos de idade não entende controvérsias políticas. Mas eu me tornei objeto de projeções e para-raios de agressões voltadas contra meu pai. Era um sentimento de vida estranho: eu percebia que não era tratado como as outras crianças; percebia que era castigado por coisas que eu não havia feito. E o pior era meu silêncio interior. Perdi a capacidade de falar sobre meus sentimentos e recuei para dentro de mim. Eu não tinha ninguém com quem pudesse me confidenciar.

Quando entrei no ginásio no verão de 1973, a situação se tornou ainda mais difícil. Todos os meus amigos do ensino fundamental foram transferidos para o Max-Planck-Gymnasium. Uma única criança além de mim se matriculou no Carl-Bosch--Gymnasium. Agora eu estava completamente isolado. A nossa casa havia se transformado em uma prisão de segurança máxima.

O *frenesi* da política e as questões de segurança diante da ameaça representada pela RAF determinavam o ritmo da vida familiar. Principalmente durante os primeiros anos do ginásio, eu permaneci um corpo estranho isolado, um solitário dentro do grupo.

No auge do terrorismo houve pais que proibiram seus filhos de brincarem comigo, porque temiam por sua segurança. Durante anos não fui convidado para a casa de meus colegas – para nenhuma festa de aniversário. Já em minha própria casa, em Oggersheim, meu raio de ação se limitava ao nosso terreno e ao terreno baldio vizinho. Os policiais se tornaram nossos colegas mais importantes. Isso mudou apenas nos últimos anos do ginásio, no final da década de 1970, quando comecei a tomar minhas próprias decisões e a me opor às regras. Ao mesmo tempo, diminuiu também o medo do terrorismo após o auge do "Outono Alemão" em 1977. Mas a prisão da década de 1970 havia deixado marcas profundas no meu coração.

Em casa, a política continuou dominando nossa vida. Já cedo conheci a "política interna" de um partido popular – as lutas de poder constantes, a eterna tentativa de equilibrar e calibrar os interesses, o vai e vem das frações partidárias, uma sequência incessante de eventos partidários. Tudo isso fazia parte do dia a dia familiar, como comer e beber. Aprendi, já aos doze anos, que "amigo no partido é seu pior inimigo".

Apesar de sempre ter me interessado e ainda me interessar por temas políticos, essa forma de intrigas e trabalho partidário conflituoso eram-me suspeitos desde a juventude. Já como adolescente – e principalmente após ter trabalhado como voluntário numa convenção do partido CDU em 1978, em Ludwigshafen – eu decidi de maneira clara que não pretendia me envolver nesse mundo. Meu pai nunca conseguiu entender essa postura negativa. Essa divergência certamente foi um dos fatores que contribuíram para o nosso distanciamento. Para ele, o partido era e é a poção de vida mais importante. Ele sempre zombou do meu ideal de uma política orientada por temas e livre dos jogos partidários na Alemanha. E eu mesmo sei que, muito provavelmente, esse sonho nunca se realizará.

As coisas positivas que recebi dos meus pais

Minha mãe nos ensinou o que significa assumir responsabilidade por outras pessoas. Como esposa do ministro-presidente da Renânia-Palatino, no início da década de 1970, ela recebeu muitas pessoas que passavam por necessidades. Lembro-me ainda hoje de uma ocorrência, como se tivesse acontecido ontem. Eu devia ter dez ou onze anos de idade, quando, certa noite, pouco antes da nossa hora de dormir, alguém tocou a campainha. Era uma noite fria e chuvosa de outono. Abri a porta juntamente com minha mãe. Vimos uma senhora idosa e curvada acompanhada por dois policiais. Ela contou que havia usado seu último dinheiro para vir de Koblenz a Oggersheim, porque não sabia mais o que fazer, olhando desesperada para a minha mãe. Então minha mãe apenas disse: "Primeiro, a senhora entra", e fez um sinal para os policiais – "Tudo bem, eu assumo daqui em diante", diziam seus olhos. Dirigindo-se para mim, disse: "Por favor, guarde o manto desta dama". Lembro-me ainda muito bem que ela disse "dama", e não "senhora". Compreendi que agora acontecia algo especial, algo que me impressionaria. Obedeci e pendurei o manto molhado da senhora. Depois, todos nós fomos até a cozinha. A mulher estava exausta e apoiava sua cabeça nas mãos, sentada à mesa da cozinha. Eu quase não consegui entendê-la e demorei para descobrir por quê: Ela não tinha dentes. Minha mãe assumiu o controle vigorosamente. Primeiro, fez um chá quente. Depois foi até o fogão e preparou um purê de batata. Eu lhe ajudei. Mamãe disse apenas: "Uma refeição quente é o que a senhora precisa agora!"

Após comer, a senhora começou a contar sua história. Minha mãe a interrompeu após poucos minutos, alegando que precisava me colocar na cama, mas eu acredito que ela queria me poupar daquela triste história. Subimos até o quarto, e quando eu já estava deitado, minha mãe se sentou ao meu lado e disse: "Walter, nós somos privilegiados. Temos uma casa linda, não passamos frio e temos comida. Outras pessoas não têm tudo isso. Precisamos cuidar delas". Ela passou sua mão no meu cabelo e se despediu. Mil perguntas me passaram pela cabeça: O que será que a mulher lhe contou? O que fez minha mãe? Mas eu me acalmei rapidamente, sentindo orgulho dela. Seu jeito calmo e confiante havia me passado uma sensação de segurança, e eu tinha esta certeza: a mamãe sabe o que precisa ser feito, tudo ficará bem. Fechei os olhos e adormeci com essa certeza.

Na manhã seguinte a senhora havia desaparecido. Minha mãe disse apenas: "Ela não quer que todos falem sobre sua história". E voltando-se para mim, disse: "Quando temos a oportunidade de fazer o bem não devemos deixá-la passar. Precisamos cuidar dos outros". – Mais uma vez aquela afirmação. Nunca voltei a conversar com minha mãe sobre aquela noite, mas, no decorrer dos anos, vivenciei muitas situações semelhantes, nas quais ela ajudou e se preocupou com o próximo, por convicção e sem grande alarde.

Meu pai me marcou de modo bem diferente. Quando estávamos viajando para algum lugar, ele costumava contar fatos interessantes sobre a história daquele lugar. Narrava tão bem, que sentíamos o que havia ocorrido ali. Naqueles anos passamos muitos fins de semana na Alsácia. Perto de Wissembourg ficam as ruínas dos castelos de Wasigenstein e Fleckenstein. Foi lá que Walther von der Vogelweide cantou seus cânticos de amor. É nessa região fronteiriça entre a Alemanha e a França que ocorrem os eventos narrados pelo hino de Valtário, que fala da luta de Walther da Aquitânia contra os cavaleiros do rei dos francos. Meu pai narrou de forma quase cinematográfica a vida dos cavaleiros, com que recursos simples as pessoas construíram esses castelos. A Idade Média de repente voltou à vida, e, na minha imaginação juvenil, nela teriam acontecido coisas grandiosas e excitantes aventuras.

Na época ainda existiam alfândegas entre a Alemanha e a França. A fronteira passava a poucas centenas de metros dos castelos. Na época, a Segunda Guerra Mundial e os muitos conflitos entre alemães e franceses ainda estavam muito presentes na consciência das pessoas. Meu pai falou também sobre isso. O Palatinado é uma região com uma experiência de guerra terrível e secular marcada por uma velha "inimizade de herança". A destruição de Speyer e de sua catedral, do Castelo de Heidelberg durante a Guerra de Sucessão do Palatinado... todas essas histórias me ensinaram desde cedo que a guerra não traz respostas e que nós precisamos trabalhar em prol da paz.

Meu pai me ensinou também a importância da reconciliação política. Em 1984, pude acompanhá-lo quando ele e François Mitterrand se abraçaram em Verdun sobre os túmulos dos soldados caídos. Para ele, como filho da Segunda Guerra Mundial, a paz na Europa sempre foi uma das maiores metas políticas. Admiro isso em meu pai até hoje.

Quando estendi esse pensamento para o trabalho de reconciliação individual, devo isso ao seu impulso de então. Durante essas excursões com ele aprendi que história não se limita ao decorar estúpido de fatos, datas e nomes, mas que é um processo poderoso que descreve as fontes das quais podemos extrair força e respostas novas para o presente. Meu pai não me passou apenas o fundamento do meu amor pela história. Hoje, quando tento construir minha vida, ciente dos vínculos entre passado, presente e futuro, isso remete a algo que ele nos ensinou quando ainda éramos crianças.

Dele também aprendi coisas práticas, como, por exemplo, organizar e reconhecer claramente as fases de cada processo. Sempre me impressionou como ele, com uma pequena agenda preta e uma caneta ainda menor, coordenava o trabalho de vários escritórios e dirigia um grande número de funcionários. O que eu aprendi com isso: Tempo é algo que devemos administrar com cuidado: *Carpe diem* – aproveite o dia.

E outra coisa: quando criança, vivenciei meu pai como alguém que falava na frente de muitas pessoas. Por isso, parecia-me completamente normal tomar a palavra na frente de outros. E no oitavo ano, quando estava enfrentando algumas dificuldades em várias matérias, encontrei uma solução surpreendente: para evitar que meus pais recebessem cartas informando-os sobre meu desempenho fraco, eu me ofereci para fazer palestras voluntárias sobre determinados temas. Assim, impedi contatos desnecessários entre minha mãe e os professores. Além disso, isso era muito mais interessante do que estudar para uma prova. Rapidamente desenvolvi um sistema para isso. Eu adorava traçar meu próprio caminho numa escola que eu tanto odiava.

Foi a minha professora de Alemão e História, a Sra. Trollope, quem me encorajou na época a manifestar minha opinião na frente de outros como maneira de ser eu mesmo. Um de seus lemas era: "A palavra lhe dá grande poder, use-o com respeito e sabedoria". Quando discursei na nossa formatura do ensino médio, ela estava sentada na primeira fila. Depois, ela me procurou e me parabenizou, dando-me algumas dicas valiosas para melhorar ainda mais a fala. Hoje em dia, quando falo em eventos, pergunto-me sobre o que a Sra. Trollope diria e se ela teria gostado da minha palestra. Isso também é uma sensação agradável de continuidade.

Minha origem me permitiu conhecer a política de modo extraordinário, e nesse meio encontrei muitas pessoas interessantes. A política abriu muitas portas, mas trouxe também muitos fardos. Isso é bom ou ruim? Não existe uma resposta clara à pergunta, e acredito que ela não deveria ocupar o centro das atenções. Nós recebemos *uma* vida, e a pergunta muito mais importante é: O que podemos fazer com nossa vida, com a nossa origem? Como podemos moldá-la?

Sonhos e desejos para a vida

Quando criança, e ainda mais na juventude, meu maior sonho era ser libertado dos rótulos e de todos os preconceitos vinculados à minha origem. Queria romper a corrente aparentemente infinita de projeções. Mais tarde, esse sonho me levou literalmente a rodar meio mundo. No início eu queria ser oficial do exército alemão. Mas apenas três dias após a posse do meu pai como chanceler da Alemanha, no início de outubro de 1982, eu me alistei num batalhão de elite da infantaria. Esse sonho rapidamente ruiu. Com um pai que era praticamente o comandante-chefe do exército, meu sonho de uma vida própria e autônoma, na qual poderia simplesmente ser o Walter, dissolveu-se no ar. Servi os dois anos obrigatórios como oficial de reserva e fugi para os Estados Unidos em 1985. Eu queria me distanciar ao máximo da política cotidiana alemã.

Durante algum tempo meu plano parecia funcionar. Meus anos de estudo entre 1985 e 1989 foram, talvez, os anos de maior liberdade em minha vida. Eu havia me assimilado ao cotidiano dos Estados Unidos, e a maioria dos norte-americanos acreditava em mim quando lhes dizia que eu era de Wisconsin, um Estado com muitos habitantes de descendência alemã. Lá existia até um Kohl's Departmentstore®, um grande e famoso magazine, de modo que meu nome não chamava muita atenção.

Mas a vida tem seus próprios planos. Finalmente, os eventos políticos na Alemanha me alcançaram. Poucos eventos me alegraram tanto quanto a reunificação pacífica da Alemanha em 1990. Para mim, esse foi e é o evento que mais me marcou, o auge político e histórico da minha vida. Mas para mim, como Walter – que, na privacidade, queria deixar para trás todo envolvimento em contextos públicos e políticos –, esse evento da política alemã destruiu também de vez a nova situação tão agradável. Antes de 1989, nenhum norte-americano se interessava pela Alemanha. Depois da reunificação, porém, Alemanha, Europa e Helmut Kohl se tornaram temas principais na sociedade, nas mídias e na política. O medo de um "Quarto *Reich*" se propagou nos Estados Unidos, e meu pai de repente se transformou em foco dos conflitos. No início, fiquei muito frustrado por causa disso. Havia aprendido uma língua nova, havia me acostumado com uma nova cultura, havia me dedicado a estudos exigentes, e agora estava prestes a iniciar meu primeiro trabalho num dos maiores bancos de investimento na Wall Street. De repente, tudo aquilo do qual eu tentara fugir voltou a invadir minha vida.

Levei muito tempo para reconhecer e aceitar que é impossível se livrar da própria sombra e fugir dos temas biográficos não resolvidos. E tudo aquilo que nós não resolvemos nos alcança em algum momento; geralmente em momento inoportuno. Mas aqui está a notícia boa: todas as respostas e soluções estão dentro de nós mesmos. Apenas aquele que assumir sua vida de modo ativo e autocrítico conseguirá vencer os desafios pessoais e superar as dificuldades vinculadas a eles. Essa foi a minha experiência nesse tempo difícil.

Difícil desprendimento e conscientização

Reconheço a existência de certa ironia: quando vivia a milhares de quilômetros de Oggersheim, minha origem exercia uma forte influência sobre mim. Hoje essa influência, agora que vivo apenas a mais ou menos 100km desse lugar da minha infância, diminuiu muito. Entre esses dois momentos se estende um longo processo de desprendimento e de autobusca. No início, esse processo me levou a um beco sem saída. Um primeiro casamento infeliz e uma carreira profissional como executivo em grandes empresas, que garantiu um emprego, mas não uma profissão e muito menos uma vocação, deram-me pouco sentido e alegria. E o vazio interior foi aumentando cada vez mais. Minha vida se orientava por necessidades externas e materiais. Vivia as ideias de outras pessoas, principalmente da minha mãe. Ela havia desistido de sua carreira profissional em prol da carreira de seu marido, o que era comum para muitas mulheres da sua geração. Mas ela queria que eu conquistasse uma posição de liderança, de preferência na área administrativa de uma grande empresa. Dizia: Você pode estudar história, mas apenas se estudar também economia – ou seja, algo "concreto". Mais tarde, eu me especializei nas áreas de *controlling*, liderança empresarial e desenvolvimento de recursos humanos. Na verdade, eu estava realizando os sonhos de minha mãe, não os meus próprios. Na época, eu não tinha a coragem para seguir minha bússola também em momentos de resistência familiar.

Foi apenas no final de 2004, quando, depois do meu divórcio, abri minha própria empresa juntamente com minha atual esposa, Kyung-Sook. Ali também teve início minha verdadeira independência interior. Agora, completamente independente e responsável por mim mesmo, precisava nadar ou afundar. Criamos nossa empresa a partir do nada, sem ter referências como fornecedores da indústria automobilística. Por isso, a criação da nossa firma parecia um comando suicida. Mas com muita parceria, trabalho duro e empenho conseguimos construir a empresa e estabelecê-la no mercado.

Minha conscientização também começou nessa época de reorientação profissional. Um impulso decisivo foi minha profunda crise pessoal, que começou em 2002. Ela me confrontou com a opção existencial de seguir o caminho da minha mãe ou de me reinventar, isto é, de redescobrir meu coração e, aos poucos, permitir novas perspectivas. Durante muito tempo procurei *justiça*, até que, finalmente, compreendi que o meu desejo era algo completamente diferente: *paz interior*. Apenas quando desisti de lutar contra as realidades da minha vida abriu-se dentro de mim um espaço para um pensamento novo. Essas novas perspectivas começaram a me dar novas liberdades.

Novas respostas a perguntas antigas na forma de novas perspectivas são a nossa chance de levar uma vida mais ativa e de nos libertar da passividade de uma vida determinada por pressões externas. Na época, aprendi algo importante: o que deve dominar a nossa vida não é a pergunta *O quê?* ("O que aconteceu?"), mas *Como?*, ou seja, "Como devemos lidar com aquilo que nos aconteceu?" A vida é como é e as pessoas são como são. Precisamos aceitá-las desse jeito. Isso é realismo. Porém essa opção não deve nos levar ao cinismo ou à autocomiseração.

"Cada tempo tem suas próprias respostas." Essa afirmação de Willy Brandt me marcou profundamente. O que era tido como correto ainda ontem não precisa ser válido hoje. Se eu acatar essa afirmação, não defendo a arbitrariedade ou o oportunismo. Estou me referindo a uma reflexão sincera, uma abertura incondicional diante de nós mesmos; coragem, clareza e determinação. Tudo isso nos levará à resposta certa. Não é um caminho fácil, mas vale o esforço.

Essa foi a lição que tive de aprender penosamente. Levei anos para aceitá-la. Mas foi apenas com essa nova postura fundamental ou reorientação do coração que eu consegui encontrar uma nova paz dentro de mim por meio do poder da reconciliação. Hoje, para mim, reconciliação significa fazer as pazes – se necessário unilateralmente – com pessoas e experiências, e encontrar soluções novas e resistentes. Eu reconheci que uma reconciliação unilateral pode ser tão valiosa quanto uma paz construída pelas duas partes. Essa descoberta foi outro marco importante em meu caminho de reorientação interna.

No fluxo das gerações

Em 2013, completei cinquenta anos de vida. Passei a tarde do meu aniversário com minha família em um dos meus lugares favoritos, ao pé do Castelo de Pfalzgrafenstein, perto de Kaub, onde organizamos um pequeno piquenique. Esse lugar tem um grande valor simbólico para mim, pois ele se encontra em uma ilha no meio do Rio Reno – no sentido literal da palavra.

Ao sul da ilha abre-se a vista para o estreito vale do Reno, sendo possível sentir a força da correnteza. O ar cheira a água e um pouco de lama. Uma sensação especial de vida, de fluxo, no sentido de fluir, surge dentro de mim. Qual é meu lugar no fluxo das gerações? Em algum lugar no meio, assim como Kaub também se encontra no meio entre o Lago de Constança e Roterdã. As crianças crescem e a geração dos pais envelhece aos poucos. Cinquenta anos de vida são o centro entre vir e ir. Pensamentos sobre a continuidade e as rupturas da própria biografia e também sobre a própria posição no fluxo das gerações surgem automaticamente num dia assim.

Lembro-me ainda de como, com a água até os joelhos, consegui sentir a correnteza nas minhas pernas. A constância do rio me deu força naquele momento. Finalmente, pulei na água, deixei-me levar pela correnteza e senti novamente a sua força. Sim, as enchentes do rio também podem destruir, mas no fim das contas esse rio é um doador de vida – e uma imagem para o fluxo da vida. Ele simboliza para mim a energia da pátria e da origem, mas também do desenvolvimento, da continuidade.

O que transforma o Rio Reno em uma correnteza poderosa são seus afluentes. Sem esses tributários ele permaneceria um pequeno riacho. Ele se transforma em soma de muitos rios como o Aare, o Neckar, o Main, o Nahe, o Mosel, o Sieg ou o Ruhr. É essa confluência de muitos lados que criam e determinam o Rio Reno. O Reno é a soma de seus afluentes. Não importa se uma gota de chuva teve sua origem na Floresta Negra, nos Vosges ou no Eiffel; juntas, todas as gotas formam o Reno. Não vale o mesmo para o ser humano e seus afluentes?

O que me marcou? Minha origem – com certeza –, meu conhecimento, minhas experiências, minha fé cristã e minhas convicções. Tudo isso ainda continua a me marcar, como igualmente acontece com as pessoas que amo e com as quais convivo. As pessoas que me machucaram também deixaram suas marcas em mim; o que acontece, da mesma forma, com meus sucessos e fracassos. O que, de tudo isso, é essencial, e o que é insignificante? Não sei dizer. Acredito que devemos aceitar a totalidade de tudo que nos marcou, integrar tudo na forma como vivemos nossa vida, não estabelecendo uma hierarquia interna.

No caminho para a reconciliação e para a paz interior é importante não deixar para trás nenhum sentimento, nenhuma influência, nenhuma gota; sejam eles bons ou ruins, agradáveis ou dolorosos. Somos sempre a totalidade da nossa existência, a soma daquilo que nos marcou e daquilo que sentimos. Nessa mistura se escondem as chances e os riscos de nossa vida. Aqui sentimos nossa dor, aquilo que suga nossas forças, mas também a energia positiva. E apenas quando aceitarmos a totalidade de nossa realidade, e nada recalcar nem negar, poderemos transformar essa dor antiga em uma nova energia e descobrir novas fontes de força.

Como então lidar com essa mistura da vida? Com amor e respeito, mas também com a distância interior necessária. E também com sinceridade, disposição ativa e coragem. Incluo aqui toda a gama de sentimentos e reações humanas, até o ataque de raiva, a revolta, o grito. Sim, gritar também liberta. Colocar todos os sentimentos na mesa é um passo importante no caminho da reconciliação. As coisas feias também precisam ser ditas; precisamos nos esvaziar de vez em quando. Isso nem sempre é agradável, mas é libertador.

A minha própria história me ensinou aquilo que hoje quero compartilhar com os outros: a consciência da liberdade própria e a convicção de que sempre podemos recriar a nossa vida. Precisamos nos perguntar: Não entregamos muitas vezes o controle sobre a nossa vida a outros? Não escolhemos o caminho fácil quando culpamos as "circunstâncias" ou "os outros" pela nossa miséria? Muitas vezes não desistimos rápido demais?

Quem encarar essas perguntas com sinceridade sentirá o desafio. Ele consiste em não se deixar determinar e guiar por algo externo, mas em assumir a responsabilidade pela própria vida e criá-la de forma consciente. Cada dia oferece uma nova oportunidade para isso. Nessa chance de criar a nossa vida encontramos também a missão dela. Se aproveitarmos essa chance ela se transforma em fonte da nossa felicidade.

Todos nós recebemos algo dos nossos pais. Algumas coisas nós adotamos de forma inconsciente; outras, de forma consciente; e em algumas coisas decidimos mais tarde seguir nosso próprio caminho.

Anselm Grün

Contextos que me marcaram

Quaisquer que tenham sido as experiências da nossa infância e qualquer que tenha sido a direção em que nos desenvolvemos – é bom nos conscientizar daquilo que a nossa origem nos legou. Apenas assim podemos encontrar nosso próprio caminho e continuar nele. Quando penso em minha infância, reconheço o quanto ela me marcou. As lembranças são boas. Nasci no final da guerra, em janeiro de 1945, numa pequena aldeia na Francônia, para a qual minha família havia sido evacuada. Meu pai permanecia em Munique, para cuidar de sua loja, e ainda foi recrutado pela milícia nacional alemã para conter o avanço dos norte-americanos. Por causa do perigo constante de bombardeios em Munique, minha mãe com seus três filhos e sua irmã com seus quatro filhos foram levados para o campo. Por isso, nasci longe da minha terra materna. Mas já seis meses após meu nascimento, nós voltamos para Munique, para a casa que meu pai havia construído pouco antes da guerra. Eu era o quarto filho. Depois de mim nasceram mais um irmão e duas irmãs. Lembro-me das nossas muitas brincadeiras e das histórias do meu pai, que nos contou episódios interessantes de sua vida. Aos vinte e quatro anos de idade ele havia deixado o Vale do Ruhr e se mudado para a Bavária católica, porque se irritara com o fato de precisar trabalhar em feriados católicos – principalmente no Dia da Epifania do Senhor. Seus pais haviam morrido precocemente. Sem dinheiro, partiu para terras desconhecidas e sobreviveu trabalhando em construções, até fundar sua própria empresa de artigos elétricos.

Meu pai vinha de uma família muito religiosa. À procura de trabalho, seus avós haviam se mudado da região de Eifel para o Vale do Ruhr. Todos os três irmãos de meu pai haviam se tornado beneditinos: Seu irmão mais novo era monge em Münsterschwarzach: o Padre Sturmius Grün. Ele possuía um caráter tempestuoso e rebelde. Havia sido marcado pelo movimento dos jovens, e no mosteiro se irritava com todos que não se dedicavam totalmente aos estudos. Seu grande sonho era, por meio da ocupação com a filosofia e a literatura contemporâneas, encontrar uma nova linguagem para as proclamações. Era muito culto e escreveu alguns livros. Um deles era intitulado *Glaube als Last und Erlösung* [A fé como fardo e salvação], tendo sido publicado em 1950. Nesse livro, tentou representar a fé numa conversa com um cético como mensagem libertadora de Jesus. Nele pergunta e responde: "Você quer saber o que eu experimentei como pessoa de fé? Que a fé sobrenatural da minha natureza é a coisa mais natural: sua luz, sua resposta, seu poder. Descobri que não é a fé que exige esforço, mas a descrença". Na época, ele tentou, contra uma "Igreja Católica mesquinha e retrógrada", mostrar às pessoas como a fé pode levar a uma vida realizada.

As duas irmãs do meu pai se tornaram beneditinas. Uma delas ingressou em Herstelle como Monja Synkletika, e foi marcada pela teologia de Odo Casel. A outra se juntou às beneditinas missionárias de Tutzing e passou sua vida inteira em Manila. Lá trabalhou como dentista.

A fé dos pais

Meu pai foi um homem profundamente religioso. Assim, a fé me foi transmitida desde cedo. Mas sua fé sempre foi refletida. Ele lia muitos livros religiosos; assistia as palestras de Romano Guardini, realizadas na Universidade de Munique para o grande público; todas as manhãs ele participava da santa missa e não trabalhava aos domingos. Na época, o carteiro também entregava as cartas aos domingos, mas ele não as tocava. Dedicava o domingo à missa, e a tarde a uma caminhada com os filhos. Nesses passeios ele nos explicava a natureza, chamava nossa atenção para a beleza das árvores e das flores, e nunca se cansava de repetir: "Na beleza da natureza manifesta-se a glória do Senhor".

Minha mãe havia sido criada numa fazenda na região de Eifel. Ela havia deixado seu lar já cedo e absorveu seu aprendizado numa cidade vizinha, onde também morou. Apenas aos domingos ela podia visitar seus pais, percorrendo os 7km a pé. Ela era uma mulher prática na organização da vida doméstica. Também era uma mulher piedosa, e gostava de cantar hinos antigos que aprendera em sua paróquia. Mas não falava muito sobre sua fé, pois para ela a fé era algo natural. Quando seus filhos já eram maiores, ela acompanhava meu pai todos os dias à santa missa. Apenas quando meu pai faleceu, em 1971, ela passou a falar mais sobre a sua fé, que a sustentou durante os difíceis tempos da guerra e do pós-guerra. Dois de seus irmãos haviam se tornado missionários do Verbo Divino. Seu irmão, Padre Konrad Dederichs, serviu durante muito tempo como administrador, e sua irmã, a Irmã Sophiane, era enfermeira e trabalhou durante muito tempo em Kerkrade, num hospital holandês.

A religiosidade dos meus pais era simples e de grande naturalidade. Era normal ir à igreja. A imagem de Deus que eles nos transmitiram era marcada pela grandeza, pelo mistério, pela beleza e pelo amor. Deus não provocava medo.

Na minha infância, familiarizei-me intensivamente com o calendário litúrgico, e todos participávamos de suas festas. Nossa casa ficava ao lado da igreja. Eu e meus irmãos éramos coroinhas. Durante as férias nós servíamos todos os dias como coroinhas. Para mim, a liturgia sempre foi algo fascinante; eu sentia o entusiasmo de meu pai e de minha mãe durante as missas. Esse fascínio contagiou também seus filhos. Gostávamos de ir à igreja; depois da missa nós encontrávamos as outras crianças. No mês de maio participávamos diariamente das devoções marianas. Não se tratava apenas de uma linda celebração com cânticos emocionantes; sempre nos encontrávamos também para conversar e brincar.

Dote do pai e herança da mãe

Todos nós recebemos algo dos nossos pais. Algumas coisas adotamos de forma inconsciente; outras, de forma consciente; e em algumas coisas decidimos mais tarde seguir nosso próprio caminho. Quando me pergunto hoje o que meus pais me deram, vejo que meu pai me transmitiu a liberdade e a ousadia que marcaram sua vida inteira. Ele foi corajoso ao se mudar para Munique, sem saber como sobreviveria. Também foi corajoso quando abriu sua empresa. Mas não era o empreendedor típico; principalmente quando já estava mais velho as pessoas o procuravam para conversar. E ele sempre tinha uma aura de tranquilidade e serenidade. Mas por trás dela escondia-se um espírito rebelde; quando sentia que ele ou seus filhos estavam sendo tratados de forma injusta, lutava. Certa vez procurou o diretor da escola porque percebeu nas palavras de sua filha que esse homem – um ex-nazista – espalhava terror. Na época, meu pai foi até o Ministério da Cultura; porém, o reitor possuía amigos que o protegiam. Meu pai escrevia cartas a políticos quando se irritava com regulamentos injustos. Durante o Terceiro Reich foi destemido. Certa vez, o policial que viera para prendê-lo teve de ir embora sozinho, porque meu pai se mostrou inabalável e exigiu um fundamento jurídico para a sua prisão.

Outro aspecto do meu pai era sua grandeza interior. Todos os anos convidava um estudante estrangeiro do Colégio St. Pius dos Missionários do Verbo Divino para passar o Natal conosco. Esses estudantes vinham do Paquistão, da Índia e da África. E essa abertura e hospitalidade nos permitiu desde cedo conhecer culturas estrangeiras. Em 1955, quando minha irmã foi para a França trabalhar como *au pair* e alguns amigos se mostraram preocupados por causa das relações difíceis entre os franceses e os alemães, meu pai simplesmente disse a ela: "Você vai, e vai construir pontes".

O que meu pai me transmitiu em medida especial foi confiança. Ele confiava em seus filhos e acreditava que nós éramos capazes de nos superar. Quando, aos quinze ou dezesseis anos, fazíamos excursões de bicicleta pelos Alpes, ele não se preocupava. Pelo contrário, orgulhava-se de seus filhos e contava a respeito das excursões de bicicleta que ele também havia feito em sua juventude. Ele nunca nos instruía, mostrando-se preocupado. Simplesmente confiava que nós seríamos sensatos o bastante para saber lidar com os perigos nas montanhas e se despedia de nós fazendo o sinal da cruz na nossa testa. Esse era o seu símbolo: "Que Deus os proteja e abençoe. Agora, divirtam-se".

Creio que tenha herdado o senso prático da minha mãe. Ela simplesmente fazia o que precisava ser feito; sempre apresentava uma postura positiva e transmitia esperança aos outros. Igualmente gostava de conhecer pessoas, conversava com todas e ousava conversar também com aqueles que sofriam ou estavam de luto. E também mais tarde, a despeito dos impedimentos da idade, ela continuou a ser uma pessoa alegre, não se deixando oprimir pelas restrições da idade. Para ela, tudo isso fazia parte da vida, e nunca se queixou. Suportava as dificuldades para o bem de seus filhos e netos, transformando o que lhe acontecia em um ato de amor.

A expectativa dos pais e meus próprios sonhos

Meus pais não tinham expectativas específicas referentes àquilo que eu deveria fazer profissionalmente. Evidentemente, esperavam que seus filhos fossem corretos, que nós nos comportássemos e nos esforçássemos na escola. Mas não havia pressão; nunca controlavam nossos deveres de casa. Eles confiavam que os fazíamos por conta própria. Aos dez anos, quando disse ao meu pai que queria ser padre, ele ficou muito feliz. Apoiou-me e fez de tudo para viabilizar minha transferência para a escola interna de Münsterschwarzach. Ele organizou isso com seu irmão, o Padre Sturmius. A partir de então, a minha meta era tornar-me padre e beneditino. Meus pais tinham orgulho disso, mas nunca exerceram qualquer tipo de pressão. Certamente recebi deles o anseio espiritual, mas foi sempre o meu próprio anseio que tentei viver – sempre me senti livre em minhas decisões referentes ao que eu queria ser.

Como todas as crianças, tive diversos sonhos em minha infância. Desejava em ser um bom jogador de futebol, um ótimo goleiro. Mas esses eram devaneios típicos da idade. Meu verdadeiro sonho era contribuir com algo para um mundo melhor, para a modernização da Igreja, como padre e missionário. Pretendia me dedicar aos estudos de Filosofia e Teologia, para poder responder a todas as perguntas das pessoas. Como jovem, eu me entusiasmava facilmente, incluindo nossas excursões de bicicleta pelos Alpes. Mas eu me entusiasmava igualmente quando ouvia o que um padre ou um monge havia feito para as pessoas. E eu estava fascinado com a sensação de renovação que surgiu na Igreja no início da década de 1960.

Esse entusiasmo foi um legado do meu pai; ele sempre falava com entusiasmo sobre suas experiências. Sempre tentei transmitir esse entusiasmo para os jovens durante os vinte e cinco anos em que organizei cursos para jovens. Consegui entusiasmá-los pela liturgia, pela meditação, pelo poder curador da fé. Ainda hoje quero transmitir esse entusiasmo aos monges jovens. Muitas vezes percebo que eles se preocupam demais com sua própria segurança. Mas o que importa é aquilo pelo que eles "ardem", aquilo pelo que eles se empenham. Também é importante que eles reconheçam onde podem criar algo novo.

Esperança para todos

Em tudo o que faço quero transmitir esperança; não é da minha natureza lamentar o mundo ruim. Faço palestras porque tenho a esperança de plantar nas pessoas uma semente que em algum momento brotará. Quando faço palestras à diretoria de empresas, sempre tenho a esperança de que os meus ouvintes, a despeito das tendências negativas de economia, sejam tocados por um espírito positivo e que eles possam mudar aos poucos o clima em sua empresa. Também quero transmitir aos meus ouvintes a esperança de que vale a pena lutar por um mundo melhor. Algumas pessoas dizem que minhas palestras dadas aos representantes de empresas não fazem sentido, que a estrutura da economia está estabelecida e que nenhum executivo está disposto a mudá-la. Não gosto desse tipo de pensamento; pois se eu desprezar os executivos e julgá-los incapazes de qualquer mudança, não poderei fazer palestras para eles. Só faço palestras para pessoas nas quais acredito. Penso que a maioria dos executivos – incluindo os de firmas importantes e grandes – tem o desejo de tratar bem as pessoas e de assumir responsabilidade pelos funcionários e clientes. Evidentemente, não posso resolver seus conflitos e revelar truques de como ser um líder bem-sucedido. Mas confio que minhas palestras ajudam a despertar neles seu próprio anseio; que eles conseguem se encontrar e, assim, reagir de forma mais saudável em seu ambiente, mudando aos poucos a atmosfera da economia.

Em muitas conversas, lembro-me com gratidão de minha infância. Hoje em dia as famílias sofrem pressões de muitos lados, e o que eu pude experimentar já não é algo natural. Muitos que procuram ajuda vêm de famílias danificadas. Pode-se constatar frieza, violência, como também rejeição ou decepção – com o pai ausente ou a mãe estressada, que precisava dos cuidados dos próprios filhos. E a religião já não é a força estabilizadora para a maioria das famílias. Muitos jovens que me procuram não participaram na Igreja. Grande quantidade de pessoas mais idosas sofre porque seus filhos, que até tinham sido coroinhas, afastaram-se da Igreja e já não cultivam a fé.

Ao ouvir o que elas dizem, aprofundo-me em suas palavras para encontrar uma resposta que lhes ajude. Um ponto importante para mim é sempre este: por mais caótica que tenha sido sua infância, toda criança encontrou para si lugares em que se sentiu acolhida e aceita, em que pôde entrar em contato consigo mesma. Os adultos devem se lembrar desses lugares e entrar em contato com a segurança, oásis e liberdade.

Quando ouço histórias que mostram o quanto as pessoas perderam suas raízes na Igreja e como sua fé simplesmente evapora, isso me assusta, pois me preocupo com o futuro da Igreja e dos mosteiros. Mas também existem experiências que me deixam gratos e me enchem de esperança. Por exemplo, quando vejo pessoas que não conviveram com a Igreja buscarem a fé e a espiritualidade, ou lendo meus livros e se inscrevendo em algum curso no nosso mosteiro. Esses encontros despertam em mim a esperança de que as raízes espirituais estão voltando a se aprofundar.

2
Exemplos ao longo do caminho

Cada fase da vida merece seus próprios exemplos. Para mim, eles são como árvores que ladeiam a estrada da nossa vida.

Walter Kohl

Acompanhantes para novos espaços

Tornam-se exemplo as pessoas que inspiram por meio de suas qualidades e de seus atos, que transmitem força, segurança e determinação, que estabelecem novos padrões. Os exemplos nos acompanham na estrada de nossa vida. Por um lado, eles nos mostram nossos limites e nos encorajam, ao mesmo tempo, a superá-los por meio da criação de novos espaços. Por outro, eles nos fazem refletir sobre aquelas coisas de nossa vida que sentimos falta e pelas quais ansiamos profundamente. Exemplos refletem aquilo em nós que ainda não é perfeito. Por isso, acredito que eles exercem uma função importante em nossa vida; são um motor do nosso desenvolvimento. Eles nos encorajam e dão asas à nossa imaginação e à nossa vontade; assim, podemos começar a fazer coisas que jamais achávamos ser capazes. "Se ele [ou ela] consegue fazer isso [pensamos], talvez eu também consiga." Basta esse pensamento para liberar forças dentro de nós. Exemplos – e esta é a sua grande qualidade – derrubam paredes mentais e estabelecem novos padrões. O pensamento antigo de repente é superado, e somos tomados por uma nova perspectiva. Por isso, os exemplos também são sempre uma chance. Eles não nos oferecem apenas apoio, mas nos ajudam a crescer, a adquirir conhecimentos e a nos transformar em outra pessoa. Com sua ajuda podemos conquistar mundos novos.

O primeiro voo sem escalas de Charles Lindbergh sobre o Atlântico em 1927 é um desses casos de um exemplo que superou limites. Um desconhecido embarca em Nova Jersey num avião frágil e sobrecarregado, luta contra tempestades, frio e cansaço e pousa, após 5.780km e 33h39min, em Paris. Seu voo transformou em fato algo que até então havia sido inimaginável. Uma sensação: O mundo está de ponta-cabeça, um novo horizonte se abriu. Imediatamente surgem novas perguntas: Outros conseguirão o mesmo? Ou: Que tipo de aviões precisamos para transportar por essa distância correio, carga e passageiros de forma segura?

O voo de Charles Lindbergh em sua Spirit of St. Louis não foi apenas uma grande proeza pessoal; ele simboliza também o rompimento de uma fronteira. É como se uma parede fosse derrubada; de repente, abre-se espaço para algo novo. Um ato, uma conquista transforma a perspectiva das pessoas e de seu tempo. O voo transatlântico de Lindbergh realizou um desejo de seu tempo, dando origem aos voos de longa distância.

Outros exemplos agem mais em nível pessoal. Em minha infância e juventude eu era um grande fã do pesquisador marítimo Jacques Cousteau. Meus colegas queriam ser policiais ou bombeiros. Eu, porém, acompanhava na TV cada aventura de Cousteau em seu navio de pesquisa Calypso. Os mergulhadores com seus capacetes amarelos eram meus heróis. Jacques Cousteau, com suas narrativas e explicações simples, mas impressionantes, foi a minha chave para um mundo novo, que me era totalmente desconhecido. Minha paixão pela água e o mergulho teve sua origem naquela época. Cousteau representava em seu ser e em seus atos o prazer da aventura, o fascínio de mundos estranhos e o aprendizado na forma de pesquisa e conhecimento. Ao mesmo tempo, parecia ser um capitão cuidadoso e atencioso, que evitava expor sua tripulação a perigos e que preferia cancelar um mergulho do que arriscar a vida de um de seus homens. Quando o tempo era ruim ele cancelava expedições inteiras. Cousteau me transmitia a imagem de um homem caridoso que seguia sua vocação e que, com sua natureza calma, tocava os corações das pessoas com a mensagem: "Tratem bem da natureza, principalmente do mar".

O caminho de Wallenberg

Durante a faculdade conheci meu maior exemplo: Raoul Wallenberg. Nascido em 1912, em uma das famílias mais ricas da Suécia, completou seus estudos de Arquitetura nos Estados Unidos, quando irrompeu a Segunda Guerra Mundial, que não afetou muito a Suécia como país neutro. Raoul Wallenberg vivia num oásis de paz no meio de um continente que destruía a si mesmo e que estabeleceu um recorde triste com milhões de mortes. Mas em julho de 1944, esse homem de apenas trinta e dois anos de idade de repente se levanta. A derrota da Alemanha já era previsível. O Exército Vermelho já ocupava a Polônia Oriental e os aliados já haviam avançado na França. Varsóvia e Paris são alcançados em agosto. Wallenberg não permanece na Suécia segura; ele não espera o fim da guerra. Embarca num trem em Estocolmo, viaja por Berlim até Budapeste, diretamente para a toca do leão. Disfarçado como primeiro-secretário da embaixada sueca na Hungria, enfrenta praticamente sozinho a luta contra o Holocausto. Munido de uma mochila, um revólver, seu *status* de diplomata e (graças ao apoio do US War Refugee Board) muito dinheiro, declara guerra à máquina de destruição nazista. Sua missão é clara: salvar o maior número possível de pessoas. Estima-se que durante os mais ou menos seis meses de sua atividade – de julho de 1944 até a chegada do Exército Vermelho, em janeiro de 1945 – ele conseguiu salvar dezenas de milhares de pessoas em Budapeste por meio de seus passaportes de segurança, das 30 casas de proteção instaladas por ele e de muitas outras medidas.

Como uma barra de aço, lançou-se no mecanismo da máquina de destruição nazista; parou pessoalmente trens de deportação, que já estavam a caminho dos campos de extermínio; libertou, com a ajuda de passaportes suecos falsificados, as pessoas dos vagões de trem. Salvou pessoas usando medidas absurdamente aventureiras. Ele não temia qualquer confrontação perigosa com os soldados da SS ou outros nazistas, vivendo em constante perigo de morte.

Em janeiro de 1945 atravessou as linhas de batalha para contactar o general-comandante do Exército Vermelho. Ele queria proteger as casas de proteção suecas dos ataques do Exército Vermelho e fechar pessoalmente um acordo com os comandantes soviéticos. Nesse dia, seus rastros se perdem. Provavelmente deve ter sido preso pelo serviço secreto soviético, em janeiro de 1945, como espião – um absurdo. Os últimos traços deixados por ele o identificam em 1947 como prisioneiro número 7 da temida prisão de Lubianka, em Moscou. Em 1989, sua família recebeu suas roupas, seu dinheiro e seu diário. Até hoje não sabemos qual foi o seu destino, mas é muito provável que tenha sido morto após a guerra pelo serviço secreto soviético.

Sem jamais tê-lo conhecido pessoalmente, ouso dizer: ele seguiu seu sentido, que era salvar e preservar vidas, defender a vida humana contra a tirania e a loucura. Ele não pensou em si mesmo, mas em outras pessoas, não importava se eram judeus, cristãos, ateus, conterrâneos ou estrangeiros. Num "tempo de apocalipse", optou pela humanidade e viveu essa decisão com todas as consequências. Para mim, Raoul Wallenberg é um ícone do humanismo. Ao colocar as pessoas e a humanidade acima de seus próprios medos, acima de seu risco pessoal, ele se tornou aquilo que foi: um herói.

Raoul Wallenberg era corajoso ou apenas ingênuo? Durante muito tempo não consegui responder a esta pergunta. Senti apenas admiração profunda, atração quase magnética. Hoje acredito ter encontrado respostas a essas perguntas. Seus atos refletem algo do qual eu me havia privado durante muito tempo: seguir meu próprio caminho, de modo consequente e, se necessário, radical. Ele seguiu sua bússola interior sem compromissos e partiu para uma viagem extremamente perigosa. Superou seu medo e seguiu seu sentido. Ele se libertou de todas as pressões e de todas as tentativas de sua família de impedi-lo. Foi fiel a si mesmo, sem medo e com grande clareza.

A sabedoria de uma "pérola"

Raoul Wallenberg é uma figura da história mundial. Às vezes, porém, os exemplos na arte de viver se aproximam de nós também de forma pouco chamativa: no dia a dia e sorrateiramente; e eu também fiz essa experiência: Muitos anos atrás morávamos em Colônia e precisávamos de uma faxineira. Uma amiga da minha mãe nos recomendou sua "pérola", como ela a chamava. E assim conheci essa mulher de cinquenta e poucos anos de idade e fiquei sabendo de sua história. Ainda antes da construção do Muro de Berlim ela havia fugido da Alemanha Oriental – não por motivos políticos, mas porque queria escapar da opressão de sua casa paterna. Buscava ter uma vida livre para, como ela dizia, "aproveitar a vida ao máximo". Queria viver numa cidade grande no Ocidente livre da Alemanha, numa cidade cheia de vida e aventuras. Assim, acabou indo para Colônia e se lançou literalmente na vida. Constituiu uma família, mas de repente tudo se encaminhou de forma diferente do que havia esperado. Seu marido se tornou alcoólatra e largou tudo, tornando a vida dela muito difícil. Forçosamente teve de sustentar sozinha seus filhos e começou a trabalhar em dupla jornada: à noite, limpava os trens, de dia limpava casas – durante décadas.

Ela se separou de seu marido e criou seus filhos sozinha. Quando a conheci senti um sorriso profundo e autêntico em seu coração. Fiquei fascinado quando a vi pela primeira vez. Meu filho, que na época ainda era muito pequeno, imediatamente se encantou por ela. E o amor de uma criança é sempre um indicador genuíno da autenticidade de uma pessoa. Com ela nunca havia discussões filosóficas profundas. Os problemas do dia a dia eram sempre resolvidos de forma rápida e pragmática. Ela sempre tinha uma resposta e instruções práticas para qualquer situação. Sobretudo os maridos precisavam estar atentos, pois com esses ela não tinha compaixão. Ela atravessava a cidade em seu Ford® azul, que a levava de um emprego a outro. Podíamos confiar cegamente nela: dinheiro, chaves, filhos – tudo estava em boas mãos quando estava com ela.

Certo dia encontrei-a sozinha e lhe perguntei qual era o motivo de seu bom humor e o segredo de sua postura positiva. Ela olhou para mim e disse algo em sua mistura típica dos sotaques da Saxônia e da Colônia, do qual me lembro até hoje: "Senhor Kohl, eu não faço comparações". Isso me pegou de surpresa, e ela viu. Então, continuou: "É tudo uma questão de comparações. Os outros têm mais do que eu. Uma casa grande, um emprego maravilhoso, muito dinheiro. Eu sou apenas uma pequena faxineira. E daí? Isso não significa que preciso ser infeliz".

Fiquei profundamente comovido e a abracei. Eu sabia que, naquele momento, havia sido tocado pela sabedoria, que nada tem a ver com inteligência ou formação formal. As pessoas podem ser extremamente cultas e mesmo assim serem totalmente tolas em seu comportamento no dia a dia. Ao mesmo tempo, eu me senti miserável naquela situação, pois aquela mulher havia me mostrado um espelho, e nele eu vi uma verdade que não conseguia suportar. Nesse espelho vi um homem que se apresentava para fora como um homem que não correspondia ao seu sentimento e à sua autoavaliação. Esse homem era definido por terceiros. As opiniões e os juízos das outras pessoas possuíam muito poder sobre ele. Era prisioneiro de um crítico interno que o interrogava como um procurador rígido e sempre lhe fazia a mesma pergunta: "Você é bom o bastante?" Também havia o juiz interior. Lá do alto de seu trono ele apontava o polegar para baixo, como se estivesse dizendo: "Não, Walter, você não é bom o bastante. Você nunca será bom o bastante". Percebi que as palavras daquela mulher continham um conselho para mim. Mas naquela situação eu não consegui fazer o que era certo, mas o que sempre fazia: fugi da verdade e desviei minha atenção para algo que me parecia importante, qualquer coisa – para não ter de lidar comigo mesmo. Na época, isso funcionou bem, e rapidamente esqueci o episódio. Mais uma vez entreguei-me ao meu passatempo favorito, à fuga de mim mesmo. Apenas vários anos após essa conversa, quando já estava afundado em profunda crise, comecei a refletir sobre uma nova forma de convívio comigo mesmo. Comecei a ler muito escritos inteligentes de homens sábios: Sêneca, Epicuro, Lao Tsé. Todos eles conseguiram afetar minha mente. Mas a resposta daquela mulher havia aberto a porta do meu coração, abrindo assim o caminho para um novo convívio comigo mesmo. Com poucas palavras ela me descreveu um caminho para uma vida de mais alegria e serenidade. Foi o presente que ela me deu. Palavras podem ser veneno, elas podem exercer violência e destruir vidas. Mas elas também podem desdobrar forças positivas enormes. Às vezes, poucas palavras são melhores do que um livro inteiro e mais eficientes do que qualquer curso acadêmico. O jeito autêntico e direto daquela mulher era incrível. Ela conseguia dizer essas coisas e, segundos depois, expulsar-me da sala porque eu atrapalhava a limpeza.

Assim, ela se tornou meu exemplo na vida real, e suas palavras são uma verdadeira preciosidade, pérolas de verdade. Hoje, muitos anos após aquela cena, escrevo num livro o que ela me disse. Esse é o meu jeito de lhe agradecer e de mostrar que suas palavras alcançaram seu destino.

Árvores que ladeiam a estrada da nossa vida

Cada fase da vida merece seus próprios exemplos. Para mim, são como árvores que ladeiam a estrada da nossa vida. Quando olhamos para trás e vinculamos os exemplos de então com sua situação respectiva, surge uma imagem muito especial do caminho de nossa vida. A imagem da estrada ladeada por árvores já diz tudo: não precisamos deixar para trás os nossos exemplos ou nos desligar deles. Não deveríamos jogar fora os nossos exemplos, mesmo quando não precisarmos mais deles. Também não derrubamos as árvores quando passamos por elas em nosso caminho. Os diversos exemplos no caminho da nossa vida devem permanecer, mas com outro sentido. Hoje contemplamos com olhos diferentes as pessoas que representaram nossos ideais em nossa juventude. Isso não diminui seu valor, não as torna supérfluas. Elas fazem parte do nosso caminho, da nossa biografia. Por isso, merecem nosso respeito eterno.

No entanto, vale também isto: exemplos só são exemplos enquanto servirem como imagem que nos aponta uma direção e um caminho. Um exemplo nunca pode se transformar em "personalidade substituta"; não pode se tornar autônomo nem se transformar em obsessões ou manias. Um exemplo que nos obriga a seguir determinada direção se transforma em peso, que então passa a assumir a liderança sobre nossa vida e nos impõe uma determinação alheia. Quem perder de vista seu próprio caminho por causa de um exemplo acaba se prejudicando, pois transforma o exemplo originalmente positivo em algo negativo; entrega-lhe sua personalidade.

Às vezes, porém, reconhecemos que tivemos exemplos errados. Exemplos que nos levaram para um caminho errado, a cometer erros, prejudicando ou machucando outras pessoas. Nesses casos, precisamos nos desligar deles. Porém, também vale o seguinte: jamais podemos nos livrar completamente deles. O que quero dizer com isso?

Conheço um homem que, em sua juventude, se envolveu com um movimento de extrema-direita. Hoje ele sabe que, na época, havia deixado se seduzir por exemplos errados, machucando pessoas e cometendo injustiças. Hoje ele se desligou completamente desse movimento e está vivendo uma nova vida. Sua esposa é polonesa e, juntos, estão construindo uma nova existência; segundo os padrões de seus pensamentos antigos, um caminho inimaginável. Mas as antigas tatuagens ainda estampam seu corpo, tatuagens que narram o seu passado. Ele não nega essas tatuagens; não defende mais seus conteúdos, mas assume o fato de que, no passado, eles determinaram sua vida. As tatuagens sempre farão parte de sua vida, mas elas deixaram de ter poder sobre ele; hoje são apenas acessórios de sua história. Ele confessa seu passado no sentido de: "Eu era assim antigamente". Ou para retomar nossa imagem inicial: essa árvore ainda está de pé, mas hoje ela tem um significado completamente diferente para ele.

Exemplos me ajudam a encontrar meu caminho apenas quando reconheço minha própria imagem na imagem do meu exemplo e quando a faço brilhar cada vez mais.

Anselm Grün

Pessoas importantes em meu caminho

É normal que uma pessoa jovem se oriente por outras pessoas e molde seu eu espelhando-se nelas. Em minha infância e juventude, meus maiores exemplos foram meu pai e minha mãe. Tudo o que eles me contavam de suas ricas vidas me fascinava. Também ficava impressionado pelo modo com que viviam; para mim, eram autênticos. Mas nunca os idolatrei. Por serem meus pais, sempre os respeitei, na convivência diária. E nesse dia a dia conheci também seus limites e fraquezas. Apenas hoje reconheço a força de suas personalidades, a força com que lidaram com suas vidas e com que se empenharam para o bem de seus filhos.

A figura do padre também era importante para mim, e o capelão me entusiasmava; foi através dele que surgiu em mim a ideia de me tornar padre. Meus parentes que eram membros do clero também foram meus exemplos; eu queria ser como eles. Meu tio Sturmius me impressionou sobretudo com seu conhecimento e sua profundeza teológica. Mais tarde conheci alguns confrades que também foram exemplos para mim, como o Padre Willigis, meu professor de Educação Física e de Religião, que nos transmitiu um espírito amplo e aberto; também menciono o Padre Otto, meu professor de Música, que me ensinou a tocar violoncelo e me aproximou do sentido da música. Outro exemplo para mim foi o mestre de noviços, Padre Augustin. Esse homem humilde também tinha – à semelhança de outros confrades – seu lado sombrio. Não obstante, possuía um grande coração e uma elevada sensibilidade litúrgica, como também grande paixão pela poesia e pela arte. Quando tocava órgão sentíamos o espírito que se manifestava em sua música; ele tocava os corais de tal modo, que a natureza dessas peças se manifestava. Mais tarde, ele me procurou muitas vezes em meu escritório para perguntar pelos meus livros mais recentes, e leu todos eles. Durante determinado tempo os exemplos dessas pessoas me marcaram. Depois também descobri o lado oposto deles. O Padre Otto teve problemas relacionados ao álcool, e eu sempre tive minhas dúvidas e perguntas sobre o desenvolvimento teológico do Padre Willigis.

Quando comecei a estudar Teologia, Karl Rahner se tornou meu exemplo. Ele me ensinou a repensar todas as perguntas teológicas e a tentar respondê-las de forma compreensível para as pessoas de hoje. Ele me fascinou com seus conhecimentos enormes sobre a tradição dogmática da Igreja. Ao escrever minha dissertação sobre ele, pude admirar sua capacidade de contemplar no ser humano a dinâmica da fé em Deus e em Jesus Cristo. No início dos meus estudos, o jesuíta Ladislaus Boros também foi uma das pessoas que eu admirava por causa de sua capacidade de encontrar novas respostas teológicas no diálogo com a filosofia, e tudo isso numa linguagem que me tocava profundamente.

Mais tarde comoveu-me também Henri Nouwen, como ser humano e escritor. Eu podia perceber, em seus livros, seu enorme coração e sua grande sensibilidade, que às vezes lhe causavam problemas. Eu o encontrei duas vezes; a primeira em Friburgo, em um encontro com teólogos. Pudemos conviver durante uma tarde, e para encerrar nosso encontro ele celebrou conosco a Eucaristia. Fiquei fascinado com sua exegese da Bíblia. Em tudo o que dizia, Nouwen vinculava a psicologia à espiritualidade. Porém sua psicologia não era uma psicologia científica, mas vivenciada, servindo como pano de fundo para seus pensamentos espirituais. O que sempre me impressionou foi sua honestidade absoluta; ele não queria criar teorias, mas falar de forma muito pessoal: O que realmente me sustenta? O que me comove como padre, como cristão? Como minha fé me ajuda a lidar com a vida? Ele não se apresentava como autor bem-sucedido, mas como um ser humano sensível que procurava, que duvidava. Meu segundo encontro com ele ocorreu por ocasião da inauguração da Casa Recollectio, onde as pessoas com votos religiosos fazem uma pausa para recuperar suas forças. Na ocasião Henri observou sobre a importância de se integrar os conflitos emocionais ao desenvolvimento espiritual. A palestra que ele fez em nossa pequena capela me comoveu tanto, que mais tarde pude citá-la de cor. Acho que pude mencioná-la com grande fidelidade, apesar de não ter feito qualquer tipo de anotação.

Durante muito tempo eu igualmente me ocupei com Romano Guardini. Estive muitas vezes no Castelo Rothenfels e segui o mesmo caminho pelo qual Guardini passeava todas as manhãs – o chamado caminho do filósofo, meditando na capela construída por Rudolf Schwarz, amigo dele. Constantemente me perguntava: Qual foi o segredo dessa pessoa? Por que exerceu um fascínio tão grande sobre tantos jovens nas décadas de 1920 e 1930? Li sobre jovens que se reuniam ao redor de fogueiras para discutir perguntas filosóficas e teológicas até altas horas da noite. Quando lia seus livros, que comoviam tanto o coração das pessoas, perguntava-me: Como posso tocar os corações das pessoas hoje? Ao mesmo tempo, porém, eu sabia que eu jamais conseguiria copiar Guardini. Não tenho seus enormes conhecimentos na área da poesia – de, por exemplo, Rilke, Hölderlin ou Dostoiévski – e não posso copiar seu estilo. Mas, como ele, eu queria escrever de forma simples, que permitisse às pessoas entenderem meus pensamentos.

Mais tarde, os primeiros livros de Eugen Drewermann me cativaram. Encontrei neles um novo linguajar; fiquei impressionado com sua tentativa de estabelecer vínculos entre a psicologia e a teologia, entre a psicologia e a exegese bíblica. Seus livros eram alimento para a minha alma. Mas descobri também as sombras dele. E em algum momento, seus livros também começaram a me irritar por causa de sua pretensão de verdade absoluta. E, finalmente, vi nele um espelho para mim mesmo. Será que eu também estava caindo na armadilha de me deixar levar pelos meus fãs em uma direção que não corresponde a mim mesmo? Também queria bancar o mártir, revoltando-me contra uma Igreja mesquinha? Constatei que esse não poderia ser o meu caminho. No conflito com Drewermann eu tive de encontrar meu próprio caminho, que é, em primeira linha, um caminho espiritual.

Credibilidade até o fim

Repetidas vezes tenho conhecido pessoas por meio de livros que me fascinaram e me impressionam até hoje: Dietrich Bonhoeffer, por exemplo, cuja biografia me deixou impressionado e de quem eu li não só suas anotações da prisão, mas também as cartas de amor à sua jovem noiva. E também Alfred Delp, membro da resistência contra Hitler e executado pelos nazistas ainda em fevereiro de 1945, me comoveu. Em seus escritos e meditações, levados para fora da prisão, impressionam-me seu pensamento claro e sua piedade sincera. E nesse contexto, ao me lembrar também do pregador batista negro e defensor dos direitos civis Martin Luther King, percebo que foram pessoas marcadas pela religião, que morreram cedo e que pagaram por seus pensamentos com a própria vida. Pessoas que, diante da morte, fizeram descobertas profundas e que, a despeito de sua vida limitada e curta, causaram grande impacto. Creio que esta seja uma das razões pelas quais seus escritos continuam a ser lidos e a nos comover. Trata-se de pessoas que se dedicaram completamente a suas ideias e que sabiam que sua vida estava em perigo. Mesmo na hora da morte, irradiaram esperança e serenidade. Elas não concentraram suas forças no desenvolvimento de grandes teorias ou para transmitir descobertas teológicas; escreveram o que as comovia. E não pouparam suas vidas; antes, defenderam de forma consequente aquilo que pregavam.

Uma nova visão

Em minha juventude quis imitar e copiar os meus exemplos. Quanto mais vivia, mais percebia que isso não é possível. Mesmo assim, em retrospectiva, esse entusiasmo juvenil foi algo bom, pois aqueles exemplos me incentivaram a trabalhar em mim. Eles me encorajaram a não ter uma imagem pequena demais de mim mesmo; ajudaram-me a confiar que também existe uma tarefa para mim neste mundo. Essas pessoas me desafiaram, perguntando: Qual é o meu chamado neste mundo? O que Deus está planejando para mim? Onde preciso arriscar a minha vida? Em que causa devo investir todas as minhas forças? Qual é a fé que realmente me sustenta? Como posso transmiti-la a outros? Essas perguntas impulsionam meu desenvolvimento; elas me ajudam a não ficar parado. Meus exemplos me puseram num caminho, me acompanharam e me apoiaram nele. Mas já não pretendo mais imitar e copiá-los.

Descobrir a própria imagem

Eu não tenho a ambição de ser exemplo para outros. Porém, sinto que existem pessoas que gostam de me apresentar ou ver como exemplo, como elas projetam sobre mim seus anseios. Não posso nem quero impedi-las, pois acredito que muitas delas precisam de outras pessoas para se orientar. Por outro lado, preciso ter consciência de que não sou um exemplo; que não sou essa pessoa ideal que reconhecem em mim. Aprendi isso de Henri Nouwen. Ele escreveu com grande sinceridade sobre seus aspectos sombrios, sobre sua necessidade de se relacionar, de encontrar outras pessoas e também sobre sua sensibilidade desmedida quando não recebia a atenção que desejava. Sua sinceridade sempre me impressiona. Para mim, o importante é seguir o próprio caminho. Mas não penso nem quero ser um exemplo para outros; isso me elevaria acima de minha humanidade e falibilidade. Quero ser autêntico. Se isso faz de mim um exemplo para eles, a decisão não é minha; não é tarefa que compete a mim. Assim, não me apresento como exemplo; antes, tento viver como creio ser a forma correta. Porém, sinto responsabilidade pelas pessoas às quais escrevo, não querendo decepcioná-las pela minha conduta.

Percebo hoje que pessoas são elevadas à categoria de ícone, com muitos seguidores. Mas igualmente constato que muitas vezes essa orientação não traz consequências pessoais. É mais um "banho de sol" no brilho de outros, como, por exemplo: Dalai Lama, Madre Teresa, Oscar Romero, Thomas Merton... Não ocorrendo um verdadeiro diálogo com o seu modo de vida. Às vezes, tenho a impressão de que os exemplos funcionam como álibi: já que existem pessoas tão boas e eu as admiro, compartilho de sua aura. Mas esses exemplos não levam tais admiradores a procurarem ter uma vida autêntica; são exemplos que se tornam inférteis, mais parecidos como veneração de heróis. Os exemplos somente são válidos para nós quando nos ajudam a encontrar nosso próprio caminho, ao nos espelhar neles, procurando reconhecer nossa imagem e nos permitirmos brilhar sempre mais.

3
Autoconsciência e respeito próprio

> *A ocupação com a própria autoconsciência é semelhante ao cultivo de um jardim. Devemos e podemos sempre nos ocupar com ela.*
>
> Walter Kohl

Podemos praticar a autoconsciência?

A autoconsciência é um elemento central de nossa autoimagem e da forma como criamos nossa vida; creio que seja um dos elementos mais importantes da vida. Uma autoconsciência saudável é fonte de energia essencial para uma existência plena, que nos satisfaça. No entanto, não devemos confundi-la com um ego inflado ou com uma egomania. Nossa autoconsciência é determinada essencialmente pelo relacionamento que temos conosco mesmos, por nossa integração social e pela posição e função exercidas em nosso ambiente social. Por isso, a pergunta referente à nossa autoconsciência deveria ocupar também uma posição privilegiada de nosso viver.

Nossa autoconsciência reflete o desenvolvimento de nossa vida. Ela pode crescer, mas também pode atrofiar, pois se desenvolve conforme nossas metas, nossos anseios, nossas possibilidades e sua realização. Por isso, não existe uma autoconsciência "final"; em cada fase da vida ela precisa encontrar sua forma adequada, sempre harmonizada conosco, e se desenvolver de acordo com as dinâmicas do nosso dia a dia. Somos chamados constantemente a nos ocupar de forma atenciosa com nossa autoconsciência, pois assim como cada tempo exige suas próprias respostas, cada fase da vida exige uma autoconsciência específica.

Em meus eventos e seminários falo muito sobre esse tema, empregando uma combinação especial de três conceitos independentes:

Selbst-Bewusstsein-Sein*.

A separação das palavras evidencia as partes distintas que compõem a autoconsciência. Ao mesmo tempo, essa junção contém um desafio: cada ocupação com a nossa autoconsciência deveria, a meu ver, incluir esses três elementos.

Percepção própria e percepção alheia, autoconsciência

O "self" descreve nossa percepção própria e alheia. Quem sou eu? Como eu me vejo? Como as pessoas de meu convívio me veem? O "self" não trata tanto do nosso comportamento e das nossas ações concretas, mas principalmente das reações e percepções provocadas pela nossa conduta. Ele é o resultado dos nossos atos, de certa forma uma avaliação que fazemos de nós mesmos ou como o nosso contexto nos avalia, descrevendo como nos autopercebemos e como somos vistos pelas pessoas próximas. Portanto, é uma espécie de "radar relacional".

Uma mulher pediu minha ajuda em uma situação de vida muito difícil. Durante trinta anos ela havia se sacrificado

---

* Em alemão, a palavra "autoconsciência" [Selbstbewusstsein] é composta pelas palavras "selbst" ["self", "auto" ou "próprio"], "Bewusstsein" [consciência] e "sein" [ser/estar] = estar consciente de si mesmo ou ter consciência própria [N.T.].

completamente pelo bem de sua família; quis fazer tudo corretamente e criar um lar perfeito para seu marido, seu filho e sua filha. Durante muitos anos tudo parecia correr bem: a casa estava organizada, os filhos já eram adultos, todos haviam recebido uma boa educação, seu marido tinha um emprego respeitado; sua família vivia numa linda casa, não conhecendo preocupações financeiras nem de saúde. Após todos esses anos de trabalho duro havia chegado a hora de aproveitar uma nova fase da vida, com mais tranquilidade. No entanto, a realidade era outra. Entrementes, seu marido havia iniciado um relacionamento com uma mulher muito mais nova, e o filho havia se distanciado dela sob a influência do pai. Apenas sua filha continuava do seu lado.

Certo dia aconteceu o que precisava acontecer: o conflito estourou. Seu marido e seu filho lhe disseram claramente: Não precisamos mais de você. Vá embora. Queremos que nos deixe em paz. Sua existência como dona de casa é uma vergonha para nós. Queremos uma vida nova sem você.

Isso a deixou sem ar para respirar. Em poucos dias, toda a obra de sua vida, todo o sentido de sua existência foi destruído. Essa era a sua impressão. Ela me disse que sentiu como se um terremoto gigantesco tivesse lhe tirado o chão sob seus pés. Tudo teria sido em vão? E todos aqueles anos de preocupações, trabalho e esforço? Ela se sentiu usada, abusada e não aguentava mais a dor e a pressão. Então, saiu de casa e se refugiou num pequeno apartamento no outro lado da cidade. Seu marido pediu o divórcio, o que resultou em "guerra violenta", com disputas jurídicas. De repente, ela estava sem dinheiro, sozinha, e se viu obrigada a recorrer à assistência social. Lá estava ela, em seu apartamento de um quarto, envergonhada por causa de sua vida em ruínas.

Sem querer julgar qualquer aspecto dessa história, esse exemplo demonstra a importância de nossa percepção, própria e alheia. Durante décadas aquela mulher se via como motor, solo que nutria sua família, definindo-se como "instância responsável". Seu marido e seu filho, porém, cansaram-se dela. Agora que o filho era independente e o marido havia encontrado uma mulher mais nova, irrompeu-se um conflito. Como mulher, sentiu-se jogada fora, à semelhança de um móvel antigo que já não combina com o restante da casa.

A consciência está intimamente ligada à percepção própria e alheia. "Consciente" significa: com espírito atento, desperto e claro. Quando falamos sobre consciência também pensamos em clareza. Já o oposto de consciência, a inconsciência, descreve um estado de impotência, de perda de controle sobre nós mesmos, sobre nosso corpo e nosso espírito. Voltando para o exemplo daquela mulher: Ela realmente estava ciente de sua situação antes da irrupção do conflito?

Perguntei-lhe se aquele episódio havia surgido do nada ou se tivera indícios. Após refletir um pouco ela respondeu que há alguns houvera uma briga doméstica, mas que, habitualmente, ela cedera em prol da paz. Aparentemente, ignorar os problemas era mais fácil.

Parte importante de nossa autoconsciência consiste de um convívio mais consciente conosco e com as outras pessoas. Somos encorajados a ser e a agir de forma consciente. Se conscientemente nos esquivarmos de temas importantes como dificuldades conjugais ou problemas no relacionamento com os pais, não deveremos ficar surpresos se esses problemas nos alcançarem posteriormente. Fuga, ignorância, luta, agressão e violência serão nossa reação. Mas esses comportamentos não oferecem soluções reais; não, pelo menos, para os grandes temas de nossa vida.

A pergunta necessária pelo "ser" se esconde na palavra "autoconsciência" [Selbstbewusstsein]: O "ser" representa nosso modo de levar a vida. Como nós somos? Barulhentos ou silenciosos, generosos ou duros, mais passivos do que agressivos? Precisamos de muito ou de pouco para viver? O quanto dependemos do reconhecimento de outros, ou nosso respeito próprio nos basta? Precisamos ter sempre mais, ou conseguimos apenas ser? Cada um deveria encarar essas perguntas. Particularmente, considero a pergunta sobre o ser uma das mais interessantes da vida, principalmente no contexto da autoconsciência. Como pretendemos lidar com os desafios e as chances da vida? Quem queremos ser e quem não queremos ser?

A ocupação com a própria autoconfiança é, a meu ver, muito parecida com o cultivo de um jardim; devemos e podemos nos ocupar constantemente com ela. Ao cuidarmos com amor do jardim do nosso coração, da nossa autoconsciência, arrancando dele as ervas daninhas, removendo matéria morta e plantando algo novo, o nosso jardim evolui cada vez mais. Nós o preparamos para as mudanças de estações, assumimos a responsabilidade pelo seu bem-estar, e ele demonstra sua gratidão. Nossos cuidados permitem que ele floresça e dê bons frutos, que nos nutra e renove nossas forças. Assim, precisamos trabalhar nossa autoconsciência, nela e com ela. Em minha opinião, isso é expressão de uma vida ativa, envolvendo muito mais do que praticar e aprender; é a chance de viver mais e de diminuir a influência de outros sobre a nossa vida, e tudo isso de forma consciente, responsável e comedida. Ou seja, com autoconsciência.

Desdém e zombaria

Quando minha família estava sob ameaças durante os anos de terrorismo da esquerda, eu vivi muitos anos isolado e separado das outras crianças. A solidão e o medo daqueles anos foram dolorosos. Eu não sabia como lidar com aquela situação, e o que era pior: Eu me culpava por tudo. Se todos me tratavam daquela forma, totalmente diferente das outras crianças, havia algo de errado comigo, eu seria uma pessoa má – essa era a minha lógica.

Hoje sei que esse comportamento e esse pensamento eram tolos e errados, mas na época eu não sabia disso. A questão não era culpa, mas percepção; eu não era melhor nem pior do que as outras crianças. A percepção que os outros tinham de mim era diferente unicamente por causa da minha origem; eu era "diferente entre iguais". Opiniões, preconceitos e sentimentos, que, na verdade, diziam respeito ao meu pai, eram projetados sobre mim, pois eu estava ali, meu pai não. Eu era o saco de areia que foi obrigado a suportar os socos destinados a outros. Eram as opiniões dos outros que dificultavam minha vida, não era o fato de eu ser um garoto que era obrigado a ir para a escola. Minha autoconsciência incompleta não soube lidar com o ímpeto daquela situação.

Hoje eu sei que reações desse tipo são compreensíveis, mas elas nos levam a nos ver como vítimas. Quando somos desdenhados e zombados, primeiramente precisamos nos perguntar quais seriam as causas concretas para esse tipo de tratamento. Seria a nossa aparência, nossa origem, nossa conduta, nossa fé, nossas convicções, aquilo que nos diferencia dos outros? Então descobriremos se nós somos capazes de mudar essa causa, ou seja, afastar aquilo que alimenta o desdém e a zombaria. Difíceis são as situações em que não podemos mudar a causa. Foi assim no meu caso; afinal de contas, ninguém pode mudar sua origem como muda de sapato. Quando reconhecemos que não podemos mudar a causa dos ataques, então a pergunta passa a ser: Temos a vontade e a força para mudar a forma como lidamos com o desdém, como tratamos os outros e a nós mesmos? Temos a liberdade de aceitar a causa e de tentar a nossa sorte com uma nova reação, uma nova forma de lidar conosco mesmos?

A resposta a essa pergunta representou uma virada em minha vida. Eu encarei o fato de que minha origem sempre me acompanhará; não poderei mudá-la. A despeito de todo o meu sucesso nos Estados Unidos, tive de reconhecer que a fuga da minha origem havia sido um fracasso, pois minha vida antiga, que eu acreditava ter deixado para trás, me alcançou do outro lado do Atlântico. Tornou-se cada vez mais claro que eu realmente precisava encontrar respostas novas e não podia continuar me iludindo. Após algumas lutas internas decidi aceitar a minha origem como imutável e comecei a trabalhar e a desenvolver uma nova forma de lidar comigo mesmo. Depois disso senti um grande alívio. Sentimentos antigos caíram de mim como frutas podres caem de uma árvore: culpa, baixa autoestima e solidão. A ideia de que eu poderia me identificar de forma positiva e construtiva com a minha origem provocou uma revolução interna, dando-me força e confiança enormes. De repente, eu não precisava mais fugir de mim mesmo; eu podia criar uma vida nova e ser aquilo que sou.

Hoje eu penso: Até mesmo o assédio moral, o desprezo e a zombaria podem conter chances. Eles servem como alarmes para a nossa vida e oferecem – por mais incrível que isso possa parecer num primeiro momento – também uma oportunidade de questionar e mudar nossa vida de forma fundamental. A partir de certo ponto nossa dor nos obriga a agir. Precisamos de uma nova visão para uma situação antiga e de uma nova forma de lidar conosco mesmos. Em meio a toda dor, em meio a toda a injustiça que acreditamos estar sofrendo, essas experiências funcionam como um despertador: levante-se, assuma a responsabilidade por sua vida de forma responsável e soberana e aplique de modo consequente as novas formas de convívio consigo mesmo e também com os outros. Aceite-se, e não desperdice sua vida.

Humildade pode fortalecer

Uma autoaceitação realista tem muito a ver com humildade. Essa palavra "humildade", que soa tão antiquada em nossos ouvidos, também contém o conceito de coragem, que descreve a confiança em nossa própria força e possibilidades; ou seja, a fé em nós mesmos. Humildade não significa submissão.

No caso da submissão, negamos a nós mesmos, apresentamos um teatro, um faz de conta para o bem da situação e permitimos que outros nos definam. Se formos sempre submissos perderemos nossa identidade. Já no caso da humildade decidimos baseados em nossa nossa própria força: Como e onde queremos nos integrar? Precisamos sempre ser o centro de todas as atenções? Precisamos sempre ser aquele que tem a última palavra? Ou será que temos a grandeza para nos contentar com um lugar na segunda fila? Humildade tem muito a ver com integração, com ocupação do lugar certo. Somos humildes em uma situação ou relação a determinada pessoa quando nos integramos e subordinamos conscientemente, quando colocamos o bem-estar dela ou as necessidades de uma situação acima dos nossos próprios interesses e necessidades. A humildade age mediante uma soberania serena. Ela é expressão da nossa capacidade de influenciar uma situação da vida por meio de uma redução do eu e de um aumento de atividade própria.

Humildade e modéstia são parentes próximos. A humildade reconhece que existem coisas mais importantes do que nós mesmos. A modéstia acredita que podemos encontrar força em nosso interior e que não precisamos do aplauso dos outros. A humildade é, portanto, uma qualidade que torna a vida mais agradável e mais fácil. Ela tem a capacidade de afastar conflitos e brigas humanas, e quase sempre tem efeito duradouro. Se formos humildes nesse sentido, seremos capazes de transformar a fraqueza inicial em força e coragem.

*A experiência de que Deus me aceita
incondicionalmente é, para mim, uma
ajuda para confiar em mim mesmo.*

Anselm Grün

Autoconfiança e fachada

Minha experiência, também no acompanhamento de outras pessoas, sempre me mostra que a autoconfiança, a autoestima e a autossegurança são conceitos usados de forma muito variada e muitas vezes também de forma inapropriada. Muitos confundem autoconfiança com autossegurança. Apresentando-se seguros de si, passam a impressão de estarem cheios de autoconfiança. Porém, muitas vezes sinto que por trás disso se esconde profunda insegurança. Muitas vezes têm pouca autoconfiança e se veem obrigados a se apresentarem de forma segura para convencer a si mesmos que têm autossegurança. Geralmente não conseguem ficar sozinhas, pois têm medo da sensação de abandono, e, assim, sua aparente autossegurança nada mais é do que uma confirmação de sua estrutura narcisista, necessitando acobertar seu abandono interior com gestos de grandiosidade. Muitos desses atores que se apresentam de forma tão grandiosa não têm consciência de si mesmos; agem de acordo com sua estrutura narcisista. Ao se apresentarem como grandiosos tentam sufocar sua insegurança.

Já a autoconsciência significa, na verdade, tornar-se ciente de si mesmo, ou seja, ciente de sua própria verdade. E isso exige um autoconhecimento sincero: eu me olho como realmente sou. Então me conscientizo do fato de que possuo qualidades e fraquezas, que tenho aspectos de luz e de sombra; nada ignoro e reconheço isso. Uma pessoa com autoconsciência não precisa se apresentar como sendo forte. Ela não precisa provar nada a si mesma, mas simplesmente ser a pessoa que é.

Quanto à autoconfiança, penso que seu fundamento mais profundo está na confiança em Deus; eu confio em mim mesmo porque me sinto sustentado por Deus, porque sei que Ele me aceita completamente. Autoconfiança não significa tanto confiança em minha própria força e segurança ou em minha aparência exterior. Mas, antes, que eu confio em meu próprio *self* no sentido de que me conscientizo da minha essência mais íntima; que essa essência íntima se encontra além de quaisquer categorias como segurança e insegurança, como qualidades e fraquezas. Ela corresponde à imagem única que Deus tem de mim. Quando me conscientizo dessa imagem, não preciso me provar a ninguém; posso simplesmente ser. E esse modo simples de ser é liberdade verdadeira e, ao mesmo tempo, confiança real. Quando me liberto da pressão de ter que provar alguma coisa a alguém, deixo de me sentir inseguro. Simplesmente sou; estou em contato comigo mesmo, eu me sinto, estou no meu centro. E esse meu ser puro está livre de qualquer pressão por autoavaliações ou de avaliações e julgamento de outrem.

Mágoas e crítica

O caminho que leva para a essência da autoconfiança passa pela humildade. Quando falo em humildade refiro-me à *humilitas*: à coragem de descer para as profundezas da minha existência humana, para as sombras da minha alma. Já que nada tenho a esconder de mim mesmo e de Deus, posso ser internamente livre também em relação àquilo que os outros pensam ou dizem sobre mim. Essa liberdade interior se aplica, porém, apenas à essência mais íntima do meu *self*. Quando alguém me machuca, desrespeita ou zomba de mim, isso dói, afetando meu lado emocional, que sempre é sensível. Assim, não consigo me defender contra palavras que ferem e magoam. No entanto, posso atravessar as minhas emoções e alcançar o fundamento da alma, onde as palavras que magoam não têm lugar; no fundo da alma estou livre de mágoas e desdém. Mas eu não estou apenas em minha essência mais íntima, mas também em meu corpo. Consequentemente, determinada categoria de palavra sempre poderá me magoar e ferir. A feliz saída para isso é relativizar o ocorrido e mergulhar fundo em minha alma.

Eu mesmo sou alvo frequente de palavras duras em cartas que recebo. Sou acusado de distorcer o cristianismo, de ser herege ou de escrever apenas para ganhar muito dinheiro. Instintivamente, essas palavras provocam em mim o impulso de me justificar e explicar. Mas logo a seguir percebo que esse tipo de atitude não adiantaria, pois os autores desse tipo de carta não querem dialogar comigo. Eles criaram uma imagem fixa de mim e dificilmente abrirão mão dela. Embora sabedor de que uma boa parte deles projeta seus problemas sobre mim, esse tipo de linguajar me machuca, movendo a explicar que o meu motivo verdadeiro é proclamar as boas-novas de Jesus em uma linguagem que todos possam entender. Evidentemente não me defendo contra todas as críticas com o argumento de que elas não passam de projeção de problemas pessoais; isso seria fácil demais. Costumo levar as críticas a sério e me perguntar se elas são justificadas. Então tento ouvir meu interior e me perguntar como provoquei determinado tipo de reação. Mas, quando começo a me questionar, muitas vezes percebo grande harmonia interior. Então, na maior parte das vezes percebo que aquele tipo de crítica não se dirige primeiramente contra a minha pessoa e as ideias empregadas, mas que não passa de defesa do próprio medo diante de ideias novas.

Bode expiatório e pelourinho

Uma boa parte das pessoas consegue lidar equilibradamente com suas mágoas. Hoje, porém, muitas mágoas também têm dimensão pública. A mídia costuma atacar qualquer um que tenha cometido erro, expondo-o publicamente no "pelourinho". Fazem dele bode expiatório de toda a sujeira da sociedade. Tornando-se projeção de todas as sombras recalcadas, esse bode expiatório passa a ser visto como monstro nojento, como pessoa totalmente depravada e má. Para não ter de enfrentar suas maldades, o grupo social fica escandalizado com determinada pessoa. E se de fato ela cometeu determinado erro, este se torna imperdoável. Agindo com impiedade, a sociedade não se dá conta de que está criando uma atmosfera em que as pessoas se tornam cada vez mais indispostas a assumir responsabilidades; pois, agindo assim, elas correrão o risco de serem transformadas em caça dos que se autodenominam caçadores. Nesse contexto exige-se muita autoconfiança para se proteger de ataques públicos, além de contar com pessoas sábias e inteligentes que conseguem ver além do "teatro do pelourinho", respeitando quem permanece fiel a si mesmo, mesmo quando é atacado de todos os lados.

Eu nunca fui exposto dessa forma, mas sei que isso poderia acontecer facilmente. Quando imagino isso, as palavras que Jesus disse a Pilatos me ajudam: "Meu reino não é deste mundo" (Jo 18,36). Jesus também está no pelourinho diante de Pilatos. Os sumos sacerdotes o acusam de muitas coisas e Pilatos não se interessa por esse judeu acusado. Mas Jesus exala uma soberania que impressiona até mesmo o frio e violento Pilatos. Jesus sabe que toda aquela acusação não podia afetar sua dignidade, pois ela vem de Deus. E aos olhos de Deus, Jesus se apresenta como o rei verdadeiro. Isso o liberta interiormente do julgamento das pessoas. Quem meditar sobre isso encontrará uma dignidade interior que ninguém poderá retirar.

Cada ser humano é único

Frequentemente ouço frases como: "Não tenho autoconfiança". "Tenho medo de dizer algo na frente do grupo." "Os outros sabem falar melhor do que eu." "Eu me envergonho rapidamente." Então, tento transmitir ao interlocutor que ele não precisa se comparar com os autoconfiantes; ele pode ser como realmente é. Se, por exemplo, ele for tímido, isso o deixará ainda mais simpático. Tento tirar o peso deles, pois alguns acreditam estar doentes por terem pouca autoconfiança. Dou-lhes este conselho: "Quando estiver no grupo, tente simplesmente sentir o que se passa dentro de você. Segure-se pelas suas mãos e tente entrar em seus sentimentos por meio delas. Então imagine: Não preciso dizer qualquer coisa e não preciso deixar qualquer impressão. Posso ser eu mesmo. Posso ser assim como sou. Se você tiver vontade de dizer algo, fale. Diga o que estiver sentindo naquele momento, mas não pense no que os outros poderiam estar pensando sobre você. – Isso é problema deles. Seja apenas você mesmo, e não se pressione".

A autoconfiança depende, evidentemente, de experiências feitas na infância. Alguns receberam um pouco mais de autoconfiança, outros um pouco menos. Não podemos mudar o passado. No entanto, essa falta de autoconfiança, que provém da nossa infância, não nos define. O que me ajuda a confiar em mim mesmo é a experiência de que Deus me aceita incondicionalmente. Assim, eu me conscientizo da minha singularidade. Sabendo que todo ser humano é único, deixo de me comparar com os outros. Não preciso ser tão seguro quanto o outro, não preciso saber falar tão bem quanto ele. Eu sou eu. Posso repetir e interiorizar isso constantemente. E seria bom se todos nós pudéssemos encontrar nosso próprio *self* em meio a todas as inseguranças externas e em meio a todos os bloqueios do fundo de nossa alma.

4
Grupos e individualidade

> *Quanto mais egoístas formos, mais pobres e fracos ficaremos. Pois o egoísmo tem um preço: a solidão. Felicidade é uma experiência comunal.*
>
> Walter Kohl

Eu mesmo – com amigos

Existem vínculos que nós podemos escolher; outros nos são impostos. Não escolhemos nossa família nem nosso local de nascimento, mas somos nós que escolhemos nossos amigos. Querendo ou não, somos indivíduos e "membros grupais", com papéis respectivos bem diferentes. Assim, nosso eu é vinculado de modo inseparável ao nós, como dois lados de uma mesma moeda. Se não existisse o "nós" não existiria o espelho que os outros nos apresentam todos os dias. Isso resultaria numa compreensão muito unilateral do nosso eu. Sem os outros, sem o grupo, não teríamos ponto de referência além da nossa pessoa. Por isso, ambos, o eu e o nós, vivem em uma relação fatídica um com o outro. Um depende do outro a partir do primeiro dia de nossa vida.

A amizade nos conecta a nós mesmos e aos outros. Em nenhuma outra condição somos tão transparentes e abertos para outras pessoas – e, portanto, para nós mesmos – quanto em nossas amizades. Elas são os verdadeiros espelhos do nosso eu.

Ao refletir sobre a amizade penso nas três amizades centrais de nossa vida: conosco mesmos, com outras pessoas e, por fim, com Deus. Essa imagem reúne em si a minha compreensão de amizade, pertença e individualidade.

Juntamente com a família, as amizades representam o núcleo do convívio humano. Um mundo sem amizades seria o lado invisível da lua, insuportavelmente escuro, frio e morto. Amizades são decisões conscientes em prol de uma comunhão, de um vínculo íntimo entre pessoas. Um provérbio diz: "Você não pode escolher sua família, mas pode escolher seus amigos". Portanto, deveríamos ser muito cautelosos ao escolher nossos amigos, pois com a intimidade crescem também as expectativas e, portanto, também a vulnerabilidade.

Por meio dos nossos amigos nós nos conhecemos melhor, crescemos com eles, compartilhamos experiências e sentimentos, beleza e os fardos da vida. Nós podemos nos abrir para um amigo e nos sentir seguros em sua presença. Amigos guardam segredos. Por isso, um bom amigo é muitas coisas ao mesmo tempo: apoio, refúgio, orientação e, quando necessário, também impulsionador do nosso desenvolvimento. Um bom amigo não diz o que queremos ouvir, antes nos ajuda expressando sua opinião independente e sincera. Ou seja, uma amizade tem muitas funções e pode enriquecer nossa vida de modo significativo; é uma das escolas mais lindas da vida.

Mas existe uma coisa que a amizade não pode ser: um substituto daquilo que nós mesmos precisamos esclarecer em nossa vida ou do que nós mesmos precisamos conquistar. Uma amizade não pode ser um meio para um fim. Quando procuramos determinado tipo de amizade porque o outro pode nos oferecer algo que nós mesmos não temos ou podemos fazer, ela se romperá no mesmo momento em que a necessidade original deixar de existir. Por isso, não deveríamos falar de amizades nesses casos, mas de "sociedades" criadas para determinado fim.

Quando nos tornamos amigo de alguém, dizemos "sim" a essa pessoa, nós a aceitamos; com suas qualidades e fraquezas, com suas manias e seus erros e também com sua singularidade – da mesma forma como nosso amigo nos aceita. Amizade é a expressão de uma comunhão bem-sucedida. Podemos confiar num amigo e gostamos de estar em sua presença; ele nos dá força e alegria.

Quando procuramos ter amizade também conosco mesmos, precisamos começar igualmente por nós. Precisamos nos tratar como se fôssemos outra pessoa e aceitar nossas qualidades e fraquezas, como também nossa singularidade. As pessoas tendem a ser seu pior crítico e juiz. Sei do que estou falando, pois durante muito tempo eu aplicava a mim mesmo o dogma da insuficiência, do "você não é bom o bastante". Quando somos amigos de nós mesmos exercitamos a aceitação própria, inclusive tudo aquilo que ainda precisa ser desenvolvido. Sim, é bom ser crítico em relação a si mesmo. Mas essa crítica não pode se transformar em fim; crítica em prol da crítica não faz sentido. Também a autocrítica – e talvez especialmente esta – precisa ser construtiva e ter em vista o aprimoramento e o crescimento pessoal.

Nobody is perfect (ninguém é perfeito). Isso vale sobretudo para nós mesmos. Por isso, fazemos bem se nos tratarmos com um pouco de generosidade. A nossa aceitação própria deveria incluir também os nossos erros e as nossas fraquezas. Como poderemos esperar amizade de outra pessoa se nós mesmos não nos aceitarmos? Apenas se dissermos sim a nós mesmos poderemos esperar também que outras pessoas nos aceitem. Quem for seu próprio e pior inimigo não pode encontrar amizade nem consigo mesmo nem com outras pessoas ou com Deus.

A meu ver, a amizade espiritual com Deus representa o auge das três relações de amizade. Deus não é visível ou palpável como uma outra pessoa. A amizade com Deus exige de nós uma medida especial de fé. E fé significa conhecimento sem provas, é um cheque sem fundo de experiência para o futuro, um adiantamento de confiança. E é justamente nesse adiantamento de confiança que se encontra a força e a beleza singulares da amizade com Deus.

Para ilustrar isso falo de uma experiência que tive. Como aluno do ensino médio e após viver anos sob proteção policial num prédio de alta segurança, finalmente pude começar a me movimentar com liberdade e fazer passeios com uma pequena motocicleta. Um destino popular do nosso grupo no verão eram os lagos ao sul de Ludwigshafen. A caminho de nossas festinhas eu costumava fazer um desvio e visitar a Catedral de Speyer. Sentava-me em meu lugar preferido na Capela de Afra, ao lado de uma janela redonda e colorida, por onde passava uma luz colorida e agradável. O silêncio da capela, a aura de uma construção quase milenar e essa luz especial me transmitiam um calor interior e uma sensação de acolhimento, sendo de grande ajuda durante as minhas orações. Na época, a oração se transformou em amizade, e até hoje esse relacionamento me dá força e alegria. Quando regularmente visito a Catedral de Speyer procuro meu lugar na Capela de Afra e olho para a figura de Cristo no altar.

Quanto ao relacionamento humano, o egoísmo é um grande perigo para as amizades. Ele tem início quando os próprios interesses e desejos começam a transpor e invadir os limites de outras pessoas. Esses limites não são fixos, e devemos diferenciar entre os egoísmos pequenos e os grandes. Quando um recém-nascido acorda seus pais várias vezes durante a noite, chega o momento em que estes se perguntam: Isso realmente é necessário? Qual o pai que não conhece este fato: sonolento, ele cuida do bebê e olha para o relógio para ver quanto de sono lhe resta antes de se levantar para o trabalho. Sim, ele ama o bebê, mas esse teatro noturno realmente é necessário? Sim.

Como crianças podemos ou até mesmo precisamos ser egoístas; caso contrário não sobreviveríamos. Mas quanto mais crescemos, menos necessidade temos disso. Egoísmo tem muito a ver com nossa visão de mundo. Nós o vemos como lugar hostil, que nos obriga a lutar pela sobrevivência? Ou, ao contrário, acreditamos que a vida reservou o bastante para nós, de forma que podemos compartilhar o que temos? Sim, precisamos de um egoísmo saudável para persistir na vida. Mas em que momento o nosso egoísmo saudável se transforma em sofrimento do outro?

Isso começa quando ultrapassamos limites, quando nos deixamos seduzir pelo próprio ego, principalmente em forma de ganância. Quanto mais egoístas formos, mais pobres e fracos seremos, sendo que a solidão é o preço do egoísmo. Isso porque tudo que o nosso egoísmo causa aos outros acaba retornando a nós. De que adianta toda a riqueza e fama deste mundo se não pudermos compartilhá-las com outras pessoas por causa do nosso egoísmo? Felicidade também é experiência de comunhão com outros.

Autoridade, obediência e vontade própria

Quando falamos sobre comunhão precisamos falar também sobre o campo de tensão entre obrigação, obediência e vontade própria. Eles representam um tema complexo, pois nenhum deles pode ser definido de forma absoluta; todos são relativos e subjetivos. Aqui também vale a máxima: Sempre temos uma escolha. Queremos definir para nós mesmos o que significa obrigação, obediência e vontade própria em uma situação concreta? Ou permitimos que outras pessoas ou uma instituição decidam por nós, para então nos submetermos a essa definição?

O significado da decisão própria se evidencia principalmente na questão da obediência como postura interna ou ato externo. Para mim não é um problema obedecer no sentido de submissão voluntária à vontade de uma pessoa com autoridade, ou seja, de uma pessoa cujo caráter, conhecimento e habilidade merece meu respeito e que eu reconheço como figura de liderança em minha vida. Essa autoridade precisa ser conquistada, ela resulta de experiência e soberania.

Autoridade verdadeira é resultado de caráter. Por isso, não tenho dificuldade em seguir pessoas com esse tipo de autoridade e de ser obediente a elas no sentido de ouvir o que dizem, sabendo que elas não tirarão proveito da minha disposição e da minha confiança, pois esse tipo de relacionamento se baseia em confiança.

A situação é bem diferente quando se trata do convívio com pessoas autoritárias, que extraem seu poder, de alguma forma, da dominação ou violência. Aqui, a obediência se transforma em submissão, em obediência cega. Pessoas autoritárias usam e abusam das pessoas para alcançar seus próprios fins. É melhor não obedecer a essas pessoas e não confiar nelas.

A confiança precisa ser substituída pela desconfiança quando a obediência correr o perigo de se transformar em discipulado cego. E não estou me referindo a cenários históricos distantes, como os que conhecemos do Terceiro Reich ou outras ditaduras. Um exemplo da política atual: No *Bundestag* alemão, a coerção que obriga os membros de uma fração a votarem de forma unânime e que – a meu ver – é inconstitucional é prática comum. Aparentemente, nenhum governo consegue viver sem isso. Na *House of Commons* da Inglaterra existe até uma função especial: o *whip*, ou seja, o chicoteador. O *whip* é uma pessoa que, principalmente em tempos de crise, garante ordem e obediência no próprio partido. No *Bundestag* alemão, os títulos são mais cordiais. Lá essas pessoas são chamadas de líder parlamentar ou presidente. Sua função, porém, é a mesma.

No entanto, não quero perder meu tempo criticando a política. Basta olhar para o nosso dia a dia e para nossa casa. Como executivo de grandes empresas, minha experiência muitas vezes é esta: o conselho sempre tem razão, e é melhor subordinar-se ao seu poder. Não importa quais sejam os fatos, a vassoura sempre começa a varrer no alto da escada. Por isso, acreditamos muitas vezes que não podemos nos dar ao luxo de criticar ou resistir. Aparentemente nos sentimos dependentes e impotentes demais. Em consequência disso, nós nos adaptamos e olhamos para o lado, e a resposta pragmática parece ser obediência, mesmo que ela deixe um gosto ruim na boca. Mas será que isso nos proporciona felicidade a longo prazo? Duvido disso. Nesse sentido precisamos decidir sobre quem pretendemos seguir e a quem não; a quem queremos nos subordinar e a quem devemos negar nossa obediência. É importante saber que obediência e responsabilidade se complementam, não se excluem mutuamente. De um modo geral é inaceitável alegar "situação de emergência" para esse tipo de conduta.

O dever e a vontade própria têm muito a ver com a nossa consciência. Nosso dever é sempre aquilo que reconhecemos como tal. Quando vemos a educação dos filhos como dever, isso sempre é uma decisão consciente, não importa se é uma decisão nossa ou se ela nos foi incutida por terceiros. No capítulo 2 escrevi sobre duas pessoas que me marcaram profundamente com sua postura e cumprimento do dever: Raoul Wallenberg e Jacques Cousteau. Esses homens decidiram pessoalmente por seu dever; para um deles era salvar vidas; para o outro, a proteção da natureza por meio da pesquisa, educação e conhecimento.

A tensão entre obrigação, obediência e vontade própria sempre existirá. Esse é o desafio. E constantemente precisamos decidir: Queremos assumir esses temas ou preferimos ser recipientes passivos de concepções e definições alheias? Preferimos viver esses valores de forma consciente ou preferimos ser definidos por concepções pré-formuladas? Onde precisamos resistir e onde recusar? Não temos como evitar a necessidade de encontrar respostas pessoais a essas perguntas.

Onde termina a obrigação?

Até onde vai minha obediência? Onde termina minha obrigação? Minha mãe me deixou uma carta de despedida, na qual me pediu explicitamente para cuidar do meu pai. Eu sabia o que ela queria dizer: cuidar das coisas práticas, como banco, seguro, casa, carro... ou seja, das coisas que ela havia administrado. Eu aceitei isso como minha obrigação, levei esse dever muito a sério e durante anos me considerava assistente de meu pai. Com a ajuda de meu irmão consegui pôr em ordem muitas coisas e processar muito daquilo que havia sido ignorado nos anos anteriores à morte dela.

Mas com o passar do tempo foi se tornando evidente que a situação havia mudado. Uma nova mulher havia entrado na vida do meu pai e meus serviços não eram mais desejados. Eu senti isso, iniciando-se um lento processo de alienação. Certo dia, enquanto estava processando algo para meu pai, percebi que estávamos vivendo uma mentira. Não pude ignorar esses fatos por mais tempo. Meu sentimento naquele momento era: Isso já não é mais o meu dever. Ficou absolutamente claro que eu precisava tomar uma decisão. Continuar da mesma forma ou encontrar um caminho novo? Optei pelo caminho novo, coloquei todos os arquivos em caixas de papelão e os levei para Oggersheim. Lá, coloquei todas as caixas com uma lista de todos os itens no corredor da casa; acreditando ter entregue tudo em sua devida ordem e me demitindo da função de assistente. Na volta, passei pelo túmulo de minha mãe e queimei sua carta de despedida no lugar onde se encontrava seu peito. Simbolicamente, eu estava lhe devolvendo a missão que ela me dera. No túmulo, eu lhe disse: "Mamãe, não posso e não quero mais. Por favor, revogue sua missão".

Quando acompanho pessoas em seu caminho de reconciliação, sempre chegamos a essa encruzilhada, na qual precisamos nos confrontar com nossa própria vontade e tomar uma decisão. Principalmente em casos de divórcio, morte, abusos ou amizades rompidas, o campo de tensão entre dever, obediência e vontade própria se manifesta de forma dolorosa. Essa dor é positiva, pois apenas nessa intensificação conseguimos aprender a tomar decisões próprias e a abandonar padrões de comportamento antigos que nos levaram a esse problema. Eu sempre conto a história da carta de despedida da minha mãe e pergunto: "Eu fiz bem?" "Agi corretamente?" Rapidamente a conversa se concentra na situação do meu interlocutor, e pergunto: "E o que é certo para você agora? Qual é a resposta que você dá hoje?"

Fazer parte de uma comunidade religiosa me dá uma identidade clara. E, assim, não preciso provar nada a ninguém; antes, posso ser e me dar como alguém que faz parte de algo.

Anselm Grün

A vida monástica em transição

Quando reflito sobre identidade, pertença e individualidade, não posso ignorar o fato de que eu vivo sob condições especiais: monge na comunidade de um mosteiro. Por ocasião de minha profissão como monge beneditino, jurei obediência à Regra de São Bento, permanência na comunidade (*stabilitas*) e uma vida monástica (*conversatio morum*). Uma vida monástica significa uma conversão interior, mas também a adoção da ordem monástica, ou seja, o convívio diário em uma clara ordenação de oração e trabalho. Obediência nem sempre é fácil, pois nem sempre posso decidir sozinho sobre a minha vida. Por outro lado, fiz a experiência de que a obediência também pode me desafiar e levar para regiões que eu não teria escolhido para mim, mas nas quais é possível desenvolver talentos até então ocultos.

Entrei no mosteiro em 1964. O ano de 1968 foi marcado por renovações e revoltas não só na sociedade, mas também no mosteiro. Assim, também nós, que estudávamos no ambiente do mosteiro, acatamos muitos pensamentos da revolução estudantil. Nos anos entre 1968 e 1975 muitos confrades abandonaram a vida monástica. Isso me deixou inseguro, e me perguntei: "Por que devo ficar?" "O que farei se este ou aquele também for embora?" Mas decidi ficar. Não se tratava de uma permanência resignada, mas se apoiava na disposição de questionar e encontrar uma justificativa nova para a existência monástica. Na época havia uma concepção dentro do mosteiro de que a vida monástica estava ultrapassada. Então, alguns confrades jovens se perguntavam: "Como podemos ser monges autênticos nos dias de hoje, e qual é a função da vida monástica em nosso tempo?" "Como podemos revivificá-la e transformá-la em sinal contra o cristianismo burguês?" Desse conflito surgiu uma nova visão da vida monástica e recuperamos uma autoconfiança saudável como monges.

Uma nova compreensão de obediência

Nosso questionamento da vida monástica envolvia também uma nova compreensão de obediência. Nós nos revoltamos contra uma definição de obediência que se limitava ao cumprimento das ordens do abade. Para nós, obediência era, em primeira linha, estar atento à vontade de Deus, que nos fala principalmente por meio de impulsos silenciosos de nossa alma. Obediência significa, portanto, ouvir a própria alma e aquilo que Deus fala no fundo dela. É preciso seguir o caminho do silêncio para alcançar esse fundo da alma, também é necessário ser muito honesto. Apenas ali, no fundo de minha alma, quando estou em completa harmonia comigo mesmo, a vontade de Deus é idêntica à minha vontade mais profunda. Muitas vezes, porém, minha vontade superficial quer algo completamente diferente daquilo que Deus quer. Sendo assim, no mosteiro essa atenção à voz de Deus também envolve a atenção às diretrizes do abade. Não posso igualar a vontade do abade à vontade de Deus, mas preciso levar em consideração a possibilidade de que Deus poderia falar comigo também por meio da voz do abade. Justamente quando a voz deste não me agrada preciso pelo menos perguntar se Deus não está me desafiando por meio do abade de me aventurar em novos caminhos.

Foi o que aconteceu comigo quando, após meu doutorado em Teologia, voltei de Roma e o abade pediu que eu assumisse a função de administrador do mosteiro, e, para isso, estudasse Administração. Foi um choque para mim. Não era o que eu havia planejado para o meu futuro no mosteiro; eu queria permanecer na teologia ou traçar novos caminhos no aconselhamento. Mas quando conversei com meus confrades jovens, que também eram filhos do movimento de 1968, eles me disseram que era importante que um dos jovens assumisse essa posição, pois nessa função era possível fazer contribuições essenciais para a espiritualidade da comunidade. Pois – assim me disseram – o dinheiro permitia impedir, mas também viabilizar muitas coisas. A renovação da comunhão não acontecerá apenas por meio de apelos por uma vida de mais oração e espiritualidade; a criação de outro clima de trabalho, de outra cultura de convívio no trabalho e de emprego do dinheiro poderia ser uma contribuição importante para o aprimoramento da comunhão. Entendendo isso, aceitei o pedido do abade com um coração pesado. Eu tinha toda liberdade e poderia ter dito não. Obediência no mosteiro não significa cumprir imediatamente cada desejo do abade. Mas aquele seu desejo era um desafio para encarar algo que não tinha sido fruto de minhas próprias ideias.

Olhando para trás, posso dizer: Foi bom eu ter sido obediente na época. Obediência não significava fazer contra a minha vontade o que o abade pedia de mim. Eu preenchi esse ofício com imaginação e criatividade, e me diverti, conseguindo provocar algumas mudanças no mosteiro. No início, eu temia de que o trabalho consumiria todo o meu tempo e que não me restariam energia e forças para o estudo teológico ou o aconselhamento espiritual. Mas o que aconteceu foi o contrário: como administrador pude desenvolver o trabalho com jovens na abadia. Antes de mim, esse trabalho havia fracassado por questões financeiras. Mas, já que eu queria trabalhar com os jovens, o dinheiro não importava mais. Naquela época também comecei a escrever livros. Como administrador construí a casa de hóspedes, mudando assim um pouco o foco da comunidade. De repente, muitas pessoas vieram para o mosteiro para frequentar nossos cursos ou para buscar acompanhamento espiritual. Eu mesmo organizei muitos cursos e fiz palestras também sobre administração. Ou seja, tudo aquilo que eu queria fazer desde o início pude realizar em minha nova função. De um lado, eu estava "preso" ao meu trabalho, mas de outro eu estava livre para fazer o que correspondia ao meu íntimo.

Abrir-se para a sociedade

A obediência também me abriu outra porta: como administrador, bancos e empresas começaram a me convidar para fazer palestras ou realizar seminários. Escrevi livros sobre liderança baseando-me na Regra de São Bento. Assim, igualmente pude exercer influência sobre a cultura corporativa de empresas, e tenho a impressão de que esse trabalho foi uma bênção para as pessoas. Meu medo inicial não se realizou, pois foi justamente como administrador que eu pude causar grande impacto no mundo lá fora.

Mesmo que o trabalho como autor e palestrante tenha se tornado minha especial paixão pessoal, sinto-me parte da comunhão dos monges e uma obrigação em relação a eles. Eu sempre discuto minha agenda com o abade e respeito as necessidades do mosteiro; envolvo-me com a comunidade, que me sustenta; gosto de participar das orações comunitárias e respeito a estrutura cotidiana do mosteiro, como todos os outros, cumprindo as tarefas comuns. Uma delas é limpar os banheiros no corredor a cada três semanas. É claro que existem exceções, como, por exemplo, quando estou em viagem, fazendo palestras. Normalmente, porém, eu volto para casa à noite. Para mim, é importante participar do ritmo da comunidade.

Pertença e solidão

Envolver-me totalmente com a comunidade e mesmo assim seguir meu caminho espiritual gera uma tensão que preciso enfrentar constantemente. Meu relacionamento pessoal com Deus é uma questão exclusivamente minha. Assim, preciso seguir meu caminho interior com Deus, sozinho. Também sou livre em relação aos meus pensamentos; não basta simplesmente copiar os pensamentos dos outros. Sou responsável pelo meu próprio caminho, por aquilo que faço, por aquilo que escrevo. A vida na comunidade só é bem-sucedida se houver uma relação correta entre proximidade e distância, se houver um equilíbrio entre comunhão e individualidade.

Outra tensão que experimento como monge é entre comunhão e solidão. A palavra "monge" ("*monachos*") se refere a alguém que se retirou da comunhão. Alguns Padres da Igreja associaram a palavra "monge" à palavra *"monas"*, da unidade, isto é: monge é aquele que é um consigo mesmo. Mas essa unidade também significa ser um com Deus e com todas as pessoas. E é assim que experimento também minha solidão. Às vezes sinto de forma dolorosa o fato de estar sozinho, de não ter uma esposa ao meu lado. Mas quando permito esses sentimentos tristes e os atravesso até o fundo da minha alma, de repente passo a me vivenciar como um comigo mesmo, com todas as pessoas e toda a criação. E no fundo de minha alma me sinto igualmente um com Deus. Então ocorre o que o psicólogo Peter Schellen-baum expressa com sua fórmula: "solidão = ser um com tudo" [*"Alleinsein" = "All-eins-Sein"*]. Schellenbaum fez a experiência de que pode ser maravilhoso ser um com tudo que existe. Na solidão eu alcanço não só o fundo da minha alma, mas igualmente o fundamento de toda existência. Assim, sinto uma ligação profunda com tudo o que existe. Não me sinto separado, mas ligado com tudo e com todos.

Fazer parte da comunidade de monges é também uma bênção pessoal para mim. Quando faço palestras, sempre me apresento como monge da Abadia de Münsterschwarzach. Se eu me apresentasse apenas como Anselm Grün, sem o contexto da comunidade monástica, eu não conseguiria alcançar muitas pessoas. O fato de eu fazer parte dessa comunidade me confere uma identidade clara. E assim não preciso me apresentar como indivíduo, mas como homem com vínculos distintos.

No entanto, não me sinto membro apenas da comunidade de monges, mas também membro da minha família. Hoje, porém, eu diria: Meu lar não é mais Lochham, mas Münsterschwarzach. Mantenho um bom relacionamento com meus confrades; nas férias faço caminhadas longas com eles; juntos celebramos festas, como as de aniversário. Às vezes, quando não me sinto compreendido, procuro o diálogo com meus confrades. Eu me sinto compreendido e sustentado por eles.

Evidentemente, também me sinto membro da sociedade, sobretudo do grupo de pessoas com as quais convivo no contexto do mosteiro. E sempre me pergunto: O que nós, como comunidade monástica, podemos oferecer à sociedade de hoje e o que podemos aprender dela. Não queremos simplesmente nos perder na sociedade, mas preservar nossa identidade e representar-lhe um desafio. Encontramos nossa identidade principalmente no diálogo com a sociedade.

5
Sobre relacionamento e intimidade

> *Intimidade surge quando as almas de pessoas diferentes entram em contato umas com as outras. Para experimentar esse tipo de intimidade precisamos nos abrir muito para o outro e confiar nele. Mas isso nos torna também vulneráveis.*
>
> Walter Kohl

Intimidade como necessidade básica

Uma das minhas músicas preferidas do grupo de *rock* Cinderella tem o título *You don't know what you've got till it is gone* [Você não sabe o que tem até aquilo desaparecer]. A meu ver, a música fala de relacionamentos e me lembra da beleza da proximidade humana. Sobretudo os momentos de intimidade são um presente; eles criam uma ligação mais profunda e mais duradoura com outras pessoas. Pode existir algo mais lindo do que isso? No entanto, sabemos também que eles são passageiros e frágeis; um presente que, muitas vezes, só prezamos quando o perdemos, *when it's gone*.

A experiência de intimidade se inicia no nascimento, na comunhão íntima entre mãe e filho. Vivenciamos esse relacionamento íntimo, mesmo que ele se transforme ao longo da vida e do processo de separação da mãe, como grande fonte de energia. Como seres humanos, dependemos durante toda a vida da comunhão e do relacionamento com outros; dependemos da comunicação e da ressonância deles. Procuramos a comunhão e seríamos incapazes de viver sem o vínculo social. A forma mais intensiva de comunhão é aquela que experimentamos no espaço protegido da intimidade. Ela é uma necessidade psicológica básica; o sentimento de fazer parte, a procura pelo aconchego, por confiança, proteção e proximidade são elementares. "Tornar-se íntimo" ou "ter intimidade" tem uma conotação sexual em nossa língua. Mas além da comunicação física na sexualidade, intimidade também significa a forma de relacionamento e comunhão próxima, altamente emocional e confiável. Isso pode ocorrer entre os membros da família, numa amizade ou entre cônjuges. Essa intimidade surge quando as almas de pessoas diferentes entram em contato umas com as outras. Para poder vivenciar esse tipo de intimidade precisamos nos abrir para o outro e confiar nele. Isso, porém, nos torna vulneráveis.

A intimidade, sobretudo no relacionamento sexual, marca profundamente o ser humano. A sexualidade é uma parte importante da natureza humana, pois o ser humano também é um ser sexual. Pessoas diferentes têm necessidades sexuais diferentes, e ao longo da vida os hábitos sexuais se transformam. A sexualidade de um adolescente certamente é diferente da sexualidade de pessoas no meio ou no final da vida. Cada ser humano deveria ter a liberdade de decidir sobre sua sexualidade, e isso também vale para sua orientação sexual. No entanto, com duas ressalvas importantes: a sexualidade de um indivíduo não pode ser exercida às custas de outras pessoas, e a liberdade sexual de uma pessoa sempre encontra seu limite na dignidade do outro. Estupro, abuso de incapazes ou pornografia infantil são absolutamente inaceitáveis, porque prejudicam o outro, o humilham e o transformam em vítima. São práticas criminosas, e precisamos lutar, com todo vigor, contra esse tipo de crime.

Certamente não é possível dar uma resposta generalizada à pergunta sobre o que seria uma sexualidade desenvolvida ou integrada. Uma senhora experiente e de idade já mais avançada revelou à minha esposa o seu segredo: "Em um casamento três coisas deveriam funcionar bem. É preciso saber dialogar bem com o outro, comer bem com o outro e dormir bem com o outro". Gostei dessa visão conjunta de alegria e comunicação, das dimensões espiritual e física no convívio. Pouco posso acrescentar a essa sabedoria de vida.

Recuo e silêncio – ressonância e comunicação

Somos seres sociais, ao mesmo tempo, porém, permanecemos indivíduos. A solidão é uma parte essencial nossa, e ela se apresenta de muitas formas. Existe a forma dolorosa, quando nos sentimos abandonados, no pior dos casos, abandonados até mesmo por Deus. Sentimo-nos isolados, separados do mundo, de nós mesmos e de outras pessoas. Essa solidão pode provocar dores físicas. Quando nosso coração chora, nosso corpo também adoece. Essa experiência nos impede também de entrar em contato conosco mesmos e com outras pessoas. O símbolo disso é a prisão, aquilo que eu chamo de "terra da vítima".

Passei por essa experiência durante minha profunda crise em 2002. Na época, eu sofria de dores quase insuportáveis na coluna, não conseguia andar nem ficar de pé e precisava de muitas injeções para suportar a dor. A maioria dessas crises ocorria nos fins de semana, quando o trabalho não desviava minha atenção e eu ficava a sós, encarando a parede. Mas as injeções não ajudam, elas amenizam apenas o sintoma, a dor aguda. Após várias visitas à emergência no hospital, o médico me disse: "Senhor Kohl, acreditamos que o senhor tem uma hérnia de disco. O senhor precisa passar por uma cirurgia. Não podemos continuar com essas injeções".

Eu, porém, lutei com todas as forças contra uma cirurgia. Algo dentro de mim sabia que as dores eram apenas o efeito de uma causa mais profunda. Com a coragem do desesperado, comecei a aceitar o fato de que não poderia continuar a fugir de mim mesmo e que precisava encarar os fatos.

A primeira etapa dessa viagem à procura de mim mesmo foi a solidão. Quanto mais eu me ocupava com esse sentimento, mais ambíguos se tornavam meus sentimentos. Visto de fora, eu não era uma pessoa solitária. Eu tinha amigos, tinha minha esposa, Kyung-Sook, meu irmão, meu filho. Mas essas pessoas, que continuavam próximas de mim, me pareciam inalcançáveis, como que separadas de mim por uma parede de vidro. Eu me sentia como se nos encontrássemos no mesmo quarto, mas mesmo assim estivéssemos infinitamente distantes um do outro. Eu precisei de algum tempo para aceitar que o problema não eram os outros, mas eu mesmo.

Vi uma charge que revolucionou completamente o meu pensamento e sentimento. A imagem mostrava um macaco em sua jaula no zoológico. Do lado de fora da jaula estavam os visitantes, admirando o animal exótico. O macaco se agarrava às barras de ferro e dizia: "Alguém pode me dizer por que todo mundo vive atrás de grades?" De repente, eu entendi: esse macaco sou eu! Pior ainda: eu me encontrava numa prisão que eu mesmo havia construído. Eu mesmo havia me isolado, havia erguido barricadas internas e perdido qualquer contato com outras pessoas, e sobretudo comigo mesmo. Eu não estava sozinho, mas eu mesmo havia me isolado por medo de experimentar outras dores e decepções. Quando reconheci isso, senti um primeiro alívio. Com o passar do tempo consegui transformar minha bagagem biográfica em um novo tipo de paz. O que me ajudou muito foi o caminho da reconciliação. E com cada passo que eu tomava nesse caminho as dores na minha coluna diminuíam. Hoje essa dor se foi. Não era uma hérnia de disco; era meu coração que doía, e minha coluna teve que pagar o preço, pois não conseguia mais suportar esses pesos antigos e irreconciliados, não conseguia mais carregar essa velha cruz.

Algo completamente diferente é o exame de consciência, o silêncio, a concentração. Em tempos marcados pelo corre-corre ele nos dá a oportunidade de nos reencontrar, de voltarmos para o nosso centro. Essa solidão é uma fonte de novas forças.

Às vezes precisamos trabalhar duro para encontrar essa solidão contemplativa numa fase de grandes desafios e muita correria. Todos os temas do dia a dia precisam ser organizados. Antes disso, a nossa mente não consegue se desligar. Telefone, televisão, rádio, e-mail e internet precisam se calar; a família nos libera por um tempo; os assuntos profissionais podem e devem esperar, pois o que importa no momento somos nós mesmos. Precisamos de uma pausa. Então surge aquele silêncio maravilhoso, aquele espaço deliciosamente vazio no qual o vaso da nossa alma se abre e pode receber algo novo. Lao Tsé descreve esse vazio em seu capítulo sobre "O ser do nada":

> Trinta raios se encontram no meio,
> O vazio entre eles forma a roda.
> O oleiro transforma o barro em vasos,
> O vazio lá dentro forma o vaso.

Esse vazio fértil não precisa demorar muito tempo, talvez poucas horas ou um dia. Apesar de ser um tempo sem palavras dirigidas para fora, não é um tempo mudo. É a nossa oportunidade de dirigir palavras, pensamentos e sentimentos para dentro, é o nosso próprio diálogo conosco mesmos. Para mim, essas fases de solidão criativa são sempre uma inversão de impulso: a força que costuma se dirigir para fora é invertida, preenchendo-me com alegria, e nesse silêncio eu encontro concentração e serenidade. Esse vazio fértil nos presenteia com uma nova conexão conosco mesmos.

Por que relacionamentos fracassam?

Relacionamentos crescem no solo das expectativas. Todos os envolvidos contribuem com expectativas, anseios e necessidades. Se essas expectativas recíprocas – de intimidade, comunhão, aconchego ou qualquer outra coisa – são cumpridas, o relacionamento cresce e floresce, pois todos se sentem bem. Os relacionamentos podem ser extasiantes; obviamente, porém, também podem fracassar. Até amizades se rompem, e esse tipo de rompimento nos abala intimamente. Muitas vezes, trata-se de confiança traída, de traição ou decepção. Justamente pelo fato de uma amizade ter sido tão preciosa, tão próxima, talvez até íntima, seu fim nos dói ainda mais.

Na maioria das vezes os relacionamentos fracassam devido a expectativas não cumpridas, sejam elas de natureza explícita ou implícita. Todo relacionamento próximo desenvolve rapidamente suas próprias regras, e quando essas regras são ignoradas, inicia-se o estresse. Quando expectativas são frustradas e limites são transpostos também ocorrem ferimentos na alma. No início, isso pode causar apenas um olhar irritado, mas com o passar do tempo o protesto se torna cada vez mais audível e palpável. A pressão aumenta, e em algum momento a panela de pressão estoura.

"Nunca pensei que você seria capaz disso, sempre esperei que..." Ou: "Você realmente acha que pode se permitir tudo?" Estas são as formulações típicas quando a crise irrompe. Quando isso acontece, precisamos agir, esclarecer, encontrar novas respostas e novas regras. O relacionamento ameaçado precisa de novos fundamentos; caso contrário, ele fracassará. Quando uma briga se intensifica costuma ser sintoma de que um "eu" se elevou acima do "nós". Se não conseguirmos mudar essa situação e reestabelecer o nós como centro dos interesses, a continuação do relacionamento se tornará difícil.

Como lidar com o fracasso?

O fracasso existe não só em relacionamentos, mas também no trabalho, na tentativa de atingir determinadas metas, em todos os projetos imagináveis: Fracasso e sucesso fazem parte da vida como luz e sombra. Quando buscamos o sucesso precisamos reconhecer e também aceitar o fracasso como possibilidade. Nossa cultura atual de consumo e desempenho nos sugere que a única coisa que conta é o sucesso financeiro e social. Mas isso é besteira; o fracasso também conta. Em nenhuma outra situação aprendemos e crescemos mais do que no fracasso; mas apenas se o aceitarmos e respeitarmos tanto quanto o sucesso. Erros e fracassos podem ser chances se estivermos abertos para eles.

Muitas vezes o fracasso profissional é percebido como falência pessoal: "Aquele cara faliu; ele não sabe fazer nada; ele é nada". "Eu sempre soube. Não me surpreende que você fracassou." Mas o fato de fracassarmos num projeto ou num emprego não significa que fracassamos também como ser humano. Todos merecem uma segunda chance, mas apenas se souberem aproveitar com honestidade e aprenderem com seus erros.

Também nesse sentido Jesus é um grande exemplo para mim. No Getsêmani Ele parece ter sido abandonado por todos os seus seguidores e implora que o Pai deixe passar o cálice da morte e da dor. Mas o Pai não intervém. Além disso, a conduta de seus amigos e companheiros mais próximos também não ajuda: Pedro o nega três vezes e Judas o entrega ao inimigo. Quando Pôncio Pilatos pede a opinião do povo, este vota contra a absolvição de Jesus. Segundo os nossos padrões atuais, a vida de Jesus não é uma história de sucesso. Pior ainda, Ele sofreu uma morte terrível na cruz. Exemplo de um fracasso? Essa história deixa claro quão próximos são fracasso e sucesso e como nossas avaliações podem ser complexas. Afinal de contas, sua morte fez surgir o cristianismo, hoje a maior religião do mundo.

Muitas vezes o fracasso e o sucesso são tão próximos, que fica difícil distingui-los. Quando não consegui a promoção que eu queria no meu último emprego, eu acreditava ter fracassado. Meu chefe preferiu outra pessoa. E o pior: ele pediu para que eu apoiasse meu concorrente com todas as minhas forças, e meus colegas me disseram que todos haviam torcido por mim. Eu me senti o maior idiota. No fim das contas, pedi demissão para abrir minha própria empresa. As duas colunas do empreendedor autônomo são "eu mesmo" e "constantemente". Agora eu tive a chance de experimentar essa verdade na própria pele. Mas esse "fracasso" aparente abriu uma porta nova na minha vida. Agora eu estava livre para fazer o que eu queria, contanto que conseguisse justificar minhas ações diante de mim mesmo e da minha família. Sem essa nova liberdade, sem essa independência no sentido literal da palavra, o caminho da minha vida nos últimos dez anos certamente teria sido completamente diferente.

Confiança e traição da confiança

A confiança mantém comunhões e amizades humanas unidas. Trata-se de uma certeza sem provas; por isso falamos também de um "adiantamento de confiança". Ela precisa crescer, ser provada; necessita de tempo e de oportunidade. Vista de outro lado observamos que ela também é um presente. Quando alguém confia em mim, ele me presenteia; e quando eu confio em alguém, eu o presenteio. Particularmente sou muito cuidadoso em depositar minha confiança em alguém. Por vezes, confio numa pessoa em uma área da vida e levo sua opinião muito a sério, mas em outras áreas julgo essa mesma pessoa como pouco confiável.

Quando a confiança é traída a dor é grande. Muitas vezes essa dor ainda é sentida anos depois. A traição da confiança é um ato de violência cometido contra um relacionamento humano até então importante e intacto. Confiança e autoconfiança são muito próximas, não só linguisticamente; um golpe contra a confiança também afeta a autoconfiança. Começamos a duvidar de nós mesmos e corremos perigo de sermos puxados para baixo. No entanto, e isso pode parecer estranho, a prática faz o mestre também aqui. Foi justamente após meu divórcio que eu tive de aprender que uma confiança traída também pode ser parte de um relacionamento. Quem quiser o sol precisa aceitar a chuva.

Hoje em dia, o caminho da reconciliação me ajuda nesses casos. Algum tempo atrás sofri uma traição de confiança por parte de um sócio. Eu acreditava que éramos amigos; afinal de contas, eu havia sido padrinho de seu casamento. Mas quando nossa firma começou a se desenvolver ele não quis compartilhar o sucesso comigo e encontrou caminhos para se livrar de mim. Aproveitou-se de uma falha jurídica em nosso contrato e seduziu nossos funcionários; golpeou-me pelas costas. Seu impulso era a ganância, e os fatos pareciam confirmar sua tática. Querendo se separar de mim, eu tive de reconhecer que não tinha como me defender. Quando desmascarei seu jogo, senti-me profundamente magoado e traído. No entanto, os dados haviam sido lançados, e demorou um certo tempo para que eu realmente reconhecesse que, nesse caso, eu era perdedor. Quando comecei a encarar essa verdade, meus sentimentos mudaram. Sim, eu disse a mim mesmo: Você é o perdedor. Em sua ingenuidade você acreditou na amizade e agora está pagando o preço por isso.

Mais ou menos um ano após essa crise eu estava num trem a caminho de casa, após um evento. Quando cheguei à estação ferroviária percebi que havia me atrasado meio minuto e perdido o próximo trem. Eu teria de esperar uma hora até a chegada do próximo. Enquanto tentava decidir o que fazer com essa hora, meu celular tocou. Surpreso, reconheci o número de nossa antiga empresa. Era um dos meus ex-funcionários. Ele me contou que meu antigo sócio havia falecido na noite anterior em decorrência de uma insuficiência cardíaca. Fiquei sem palavras e agradeci pela informação. Após desligar o telefone, todos os sentimentos antigos voltaram à tona. Sentei-me num banco e perguntei sobre o que fazer. Mil pensamentos e sentimentos passaram pela minha cabeça como um bando de pássaros assustados. Por fim, tirei o bloco de anotações do meu casaco e nele comecei a trilhar o caminho da reconciliação. Eu queria fazer as pazes com minha decepção e passei toda a minha frustração e dor para aquelas páginas; eu precisava tirar tudo de mim. Esqueci o mundo ao meu redor, não senti o frio nem o vento. Reconhecendo meu juízo equivocado em relação àquela pessoa e à situação, eu o aceitei. Fui seguindo o caminho da reconciliação passo a passo, só que daquela vez de forma muito mais rápida. Finalmente percebi onde se encontrava o núcleo da minha dor: eu estava decepcionado comigo mesmo, com minha ingenuidade infantil. Eu havia julgado outras pessoas de acordo com meus próprios padrões e ignorado totalmente que elas agiam, pensavam e sentiam de acordo com os próprios delas: Walter, você não é o padrão; cada pessoa é seu próprio padrão.

Foi quando eu senti um grande peso sendo retirado de mim. Até então a raiva havia me dominado: Fizeram-me de idiota. Agora aquela raiva havia se transformado em um reconhecimento sereno dos meus próprios limites. Ok, pensei, você errou. Mas você está vivo. Outros se engasgaram com sua ganância, mas eu estava em paz comigo mesmo. Houve uma transformação de energia e pude sentir meu corpo relaxado. Tudo havia acontecido daquela forma, e nada poderia ter sido previsto. Mas agora a realidade era outra, podendo conviver com ela de forma relaxada.

Eu havia passado quase 50 minutos no frio, mas não o sentia. Faltavam apenas poucos minutos até a chegada do próximo trem, e uma voz gritava dentro de mim que eu precisava pôr um ponto-final nessa história. Sem refletir muito, tirei meu celular do casaco, disquei o número da esposa do meu ex-sócio, viúva há poucas horas. Ela ficou muito surpresa. Sob lágrimas, contou-me da morte de seu marido. Eu fiquei em silêncio durante alguns minutos, e depois disse: "Você sabe que não nos separamos como amigos e que eu vivenciei toda essa história como uma grande fraude. Mas hoje isso não importa mais. Nessa noite você o perdeu, e essa perda é grande. Acho que sei o quanto isso dói, agora que perdi a minha mãe. Por isso estou ligando, para lhe transmitir meus pêsames. Desejo-lhe forças para esse tempo difícil. Meus pensamentos estão com você e com ele". Disse-me o quanto aquele telefonema significava para ela. Não existia mais vínculos entre nós, mas foi um momento de profunda paz e serenidade. Após desligar o telefone, eu relaxei. Um peso enorme havia sido tirado de mim. Mais uma vez, a vida havia sido mais surpreendente do que qualquer roteiro.

Podemos deduzir disso uma lei geral? A pergunta se uma confiança traída pode ser recuperada precisa encontrar sua resposta em cada caso. As perguntas são: Queremos restaurar a velha confiança? Podemos encontrar um novo fundamento de confiança? Ou será que essa confiança traída nos mostra que cada um deve seguir seu próprio caminho? Cada período e cada situação exigem suas próprias respostas. O que importa é que a vítima de uma traição recupere seu equilíbrio interno. Caso contrário, a confiança traída pode se transformar em uma espécie de câncer que se espalha pela nossa autoconfiança e por outras áreas de nossa vida. O caminho para a cura de uma confiança traída começa pela instauração da paz interior.

Quando um relacionamento fracassa precisamos analisar sobriamente o que deu errado, qual foi a parte do meu parceiro e qual foi a minha contribuição para esse fracasso. Não deveríamos nos corroer com sentimentos de culpa, mas tampouco negar qualquer responsabilidade, jogando toda a culpa no outro.

Anselm Grün

A bênção da solidão e a bênção da amizade

Como monge vivencio ambas: a bênção da solidão e a bênção da amizade. Gosto da solidão, convivo com ela. Mas às vezes fere-me estar sozinho, não ter uma esposa. Eu preciso encarar essa ferida e permitir a tristeza que ela provoca; preciso atravessar a dor da necessidade. Apenas assim consigo alcançar o fundo da alma. A solidão é parte essencial do ser humano, e apenas quando a encaramos podemos desenvolver relacionamentos saudáveis. Quando entramos num relacionamento apenas para fugir da solidão, esse relacionamento fracassará.

Mas além da solidão também preciso de amigos e de amigas. Quando me aproximo de um amigo ou de uma amiga durante uma conversa, quando sinto que estamos sintonizados na mesma frequência, que não preciso provar nada a ele/ela e que posso lhe revelar tudo o que está dentro de mim, isso é uma experiência espiritual profunda. Nesses momentos sinto que a amizade apenas com Deus não basta; preciso também de amizades humanas. Ao mesmo tempo, porém, procuro preservar a tensão entre a amizade com Deus e a amizade com seres humanos. Se eu esperar receber tudo da amizade humana, eu a esmagarei, passando a esperar uma compreensão absoluta, um amor e acolhimento absolutos. Mas Deus é o único que pode nos dar algo absoluto. Por outro lado, é uma ilusão dizer: Preciso apenas de Deus. Já que tenho Deus/Cristo como meu amigo, não preciso de amizades humanas. Ouço esses argumentos muitas vezes no acompanhamento. Mas então eu sinto que tal pessoa está ignorando e negligenciando uma necessidade humana fundamental. Diante da ausência de um amigo ou de uma amiga, a pessoa foge de sua necessidade e tenta se refugiar na ideia grandiosa da amizade com Deus, que satisfaz todas as necessidades. Quando contemplo as duas coisas juntas, vejo que a amizade com Deus e a amizade com as pessoas se complementam. Para mim, a amizade com uma pessoa é mais emocional do que a amizade com Deus. E assim essa qualidade emocional pode enriquecer o meu relacionamento com Deus.

O celibato como caminho

Já antes do vestibular eu havia tomado a decisão de seguir o caminho monástico e, com isso, o caminho do celibato. Evidentemente, na época eu não pude prever todas as consequências dessa decisão. Durante os primeiros anos no mosteiro surgiu repetidas vezes o desejo de casar. Percebi que, mesmo solteiro, eu não podia ignorar minha sexualidade. Mas conversas com confrades e também com Karlfried Graf Dürckheim – que em seu trabalho terapêutico uniu a psicologia junguiana à meditação zen – me mostraram caminhos de conviver com minha sexualidade. Não se trata de recalcá-la, mas tampouco de vivê-la. Para mim, ajudou muito a reflexão profunda sobre ela: Qual é a ansiedade que surge em mim quando sou atacado por sentimentos e impulsos sexuais? Reconheci que era o desejo de ser um, o desejo de êxtase, o desejo de me sentir em seu próprio corpo e de me entregar a outra pessoa. E então tentei descobrir maneiras de expressar esse anseio de modo que não conflitasse com minha vida celibatária. Esse caminho nem sempre é fácil, passando por erros e equívocos. Mas é um caminho viável. Sinto que só posso segui-lo se eu conseguir transformar a sexualidade em criatividade, e escrever é uma maneira de expressá-la. E somente consigo seguir esse caminho se eu tiver um bom relacionamento comigo, aceitar o meu corpo e me permitir ter amizade com homens e mulheres.

À procura de um relacionamento com Deus

No acompanhamento espiritual conheço muitos padres e religiosas que apostaram toda a sua esperança no relacionamento com Deus. Durante anos vivenciaram uma proximidade íntima com Deus por meio da oração. Mas, em determinada ocasião, fazem a experiência de um Deus que se afasta, e eles nada mais sentem de sua proximidade e de seu amor. Então, procuro com meus interlocutores um caminho em três direções. O primeiro caminho é aquele que João da Cruz chama de "noite escura". A experiência da distância de Deus me obriga a purificar minha imagem dele. Talvez eu o tenha imaginado de modo excessivamente humano, como um bom amigo. Essa imagem agora foi destruída pela experiência do vazio. Mas é importante estender a mão para além dessa imagem e buscar um Deus completamente diferente. O segundo caminho: pergunto se tenho ignorado minha necessidade de intimidade humana. Talvez o que esteja surgindo agora é o desejo de proximidade humana. Nesse caso, é preciso encontrar uma forma de satisfazer essa necessidade em conformidade com meu caminho como padre ou religioso/religiosa. O terceiro caminho: muitas vezes não sinto a presença de Deus porque perdi o contato comigo mesmo. Não apresento a Deus toda a minha realidade, mas apenas o meu lado piedoso, separando e me desligando do outro lado vital. No entanto, só consigo sentir a presença de Deus quando eu sentir a mim mesmo. Por isso, sempre sugiro que a pessoa se perceba de forma intensa, que sinta-se em seu corpo, preste atenção em seus sentimentos e desejos. Quando eu me sinto intensamente também percebo que estou diante de Deus, que a presença dele me envolve. Em meu anseio de Deus eu já percebo rastros dele em meu coração.

Quando relacionamentos fracassam

Nas conversas que tenho durante os cursos, um dos temas principais sempre é o fracasso nos relacionamentos. Muitas vezes, cada um dos parceiros seguiu sua vida, e essas vidas seguiram em direções diferentes. Agora não há mais nada para ser dito um ao outro. Muitas vezes o início também foi marcado por expectativas exageradas. Queriam sentir sempre amor e proximidade. Mas o amor é mais do que um sentimento; também é uma decisão. Enquanto o casamento ainda estiver de pé, tento encorajar a parte que me procura a mudar sua postura. Sugiro que não se concentre no relacionamento, mas que cuide primeiro de si mesmo e faça aquilo que lhe ajude. Talvez devam tentar conviver de forma justa um com o outro, na esperança de que desse convívio surja um relacionamento justo, sem que eles se esqueçam de sua liberdade. Mas se o convívio não for possível, se a pessoa ficar doente por causa disso, é melhor partir.

Quando o relacionamento já fracassou não cabe a mim fazer um julgamento. O que importa é a forma como se lida com o fracasso. No início ele provoca sentimentos fortes de ferimento, dor, mas também de raiva e ódio. Muitos são atormentados também por sentimentos de culpa; perguntam a si mesmos se teriam conseguido salvar o relacionamento se tivessem se esforçado um pouco mais. Talvez foram muito egoístas; talvez não confiaram mais no potencial do outro. Sempre que um relacionamento fracassa, ambas as partes são culpadas. Evidentemente, a culpa não se distribui igualmente, mas é importante reconhecer a sua própria culpa. No entanto, não se deve atribuir toda a culpa em si mesmo. É preciso analisar sobriamente o que deu errado no relacionamento, qual foi a parte do parceiro e qual foi a sua contribuição para esse fracasso. A pessoa não deveria se corroer com sentimentos de culpa, mas tampouco negar qualquer responsabilidade, jogando toda a culpa no outro. É preciso assumir a responsabilidade pela própria parcela de culpa, apresentando-a a Deus e pedindo-lhe perdão. Também chega o momento de pedir perdão ao parceiro. Mas não é salutar ficar girando em torno da própria culpa, mas libertar-se dela, aceitando-a como desafio para desenvolver uma autoimagem mais humilde e mais realista. Nesse caso, a culpa também poderá ser uma chance para entrar no próximo relacionamento com uma postura mais atenta. Temos a ilusão de que podemos passar pela vida sem sujar as mãos, mas a culpa destuiu essa possibilidade. E isso dói. Mas é saudável saber que jamais conseguiremos escapar totalmente da culpa. Esse conhecimento nos convida a descer do trono da própria justiça e nos tornar homem entre homens.

Chorar e soltar

Um passo importante no fracasso de um relacionamento é o luto. Eu choro porque esse casamento fracassou, porque esse sonho foi destruído. Luto significa atravessar a dor do fracasso até alcançar o fundo da alma. Lá é possível encontrar meu eu verdadeiro; ali igualmente encontro o meu desejo mais profundo. O sonho de vida concreto foi destruído, mas a essência desse sonho não pode ser destruída. Assim, tento descobrir no fundo de minha alma a essência do sonho de minha vida. Então posso me abrir para aquilo que representa o meu verdadeiro ser, encontrando no fundo de minha alma a paz interior. Se eu me recusar ao luto, ou passo a lamuriar ou passo a acusar. Quando choramingo e me lamento, afogo-me na autocomiseração, andando em círculos, e não avanço; permaneço preso no passado e tenho pena de mim mesmo porque tudo está terrível. A outra reação é a acusação, jogando toda a culpa no outro e o acusando: "Você destruiu minha vida". "Você não fez jus à responsabilidade que assumiu." A autocomiseração suga minhas energias e a acusação dá ao outro poder sobre mim. Continuo ligado a ele, mas de forma negativa. O fracasso exige que eu libere o outro. E só posso fazer isso se atravessar o luto e alcançar o fundo da minha alma. Lá, o outro não tem poder sobre mim. Lá, ele não pode me machucar.

Como curar uma confiança traída

Muitas vezes o fracasso de um casamento é provocado pelo fato de que um dos parceiros tem um amante. Às vezes, a esposa confronta o marido porque ela suspeita de um caso. Mas ele nega. Então, a esposa descobre no celular dele uma mensagem inequívoca da outra mulher. Ela volta a confrontar o marido. Ele a acusa de espionar sua vida. Mas em algum momento eles precisam encarar a realidade. Para a mulher, isso representa uma traição de sua confiança, e muitas vezes ela não é capaz de voltar a confiar no marido. Talvez este jure que a ama e que permanecerá do seu lado, que ele encerrará o relacionamento com a outra mulher. Às vezes, o marido se arrepende de seu relacionamento com a outra, pedindo perdão à esposa. Mas esta não consegue perdoar, sentindo-se profundamente magoada porque sempre confiou em seu marido. Não é fácil restaurar a confiança nessa situação. Ambos os lados precisam estar dispostos a perdoar e a desenvolver uma nova confiança. Nesses casos, é bom aceitar a ajuda de um terapeuta de casais ou de iniciar uma terapia como casal. Assim, a traição da confiança poderia dar início a um relacionamento mais sincero e intensivo. Às vezes, porém, a confiança não pode ser recuperada. E também aqui não cabe a mim julgar.

No entanto, creio que, em geral, uma confiança traída pode ser curada. Mas para isso ambos precisam estar dispostos. Aquele que traiu precisa encarar as consequências de seus atos, precisa se colocar na situação do parceiro e pedir perdão de todo coração. Ao mesmo tempo, deve se esforçar para reconquistar a confiança do parceiro. Mas também o parceiro traído precisa fazer a sua parte. A ferida causada pela traição ressuscita feridas da infância. Talvez alguma delas volte a se abrir; a experiência de ter sido abandonado na infância pelos pais ou o trauma do divórcio deles. Nesses casos, a confiança traída provoca um medo profundo de ser ferido novamente. Para não sentir esse medo, o parceiro traído prefere se separar; ele não suporta o medo. Às vezes, porém, a confiança traída resulta em outra postura: "Ele/ela vai me pagar por seu erro e eu farei com que nunca mais se esqueça daquilo que fez. Agora, sou mais forte. Sempre que ele/ela me criticar, responderei: 'Olha quem fala. Foi você que me magoou. Foi você quem traiu nosso casamento'". Mas se a reação for esta, o relacionamento não será bem-sucedido, transformando-se num inferno. E, em algum momento, o parceiro não aguentará mais esse inferno.

A traição de nossa confiança abala os fundamentos de nossa vida. Ela exige que nos conscientizemos do nosso próprio fundamento: O que realmente me sustenta? O que sustenta nosso relacionamento? Qual é o fundamento comum, sobre o qual podemos recuperar a estabilidade ou reconstruir a estrutura abalada? A traição nos evidencia a fragilidade da nossa existência e a fragilidade do nosso amor. Isso exige humildade. Precisamos reconhecer nossa fragilidade e assim conquistar a confiança necessária para ousar seguir juntos o caminho em direção ao futuro.

Uma questão de reciprocidade

Confiança é um tema não só no casamento; mas também no convívio com outras pessoas, e especialmente com colegas e funcionários. Durante meu tempo como administrador, sempre considerei importante confiar em meus confrades e funcionários. Quando dou confiança, também desperto confiança neles. Consequentemente, passam a gostar de trabalhar, e não ficam olhando o relógio. Quando desconfio deles, tentarão se proteger disso e investirão menos no trabalho. Mas a minha experiência também diz que não podemos simplesmente usar a confiança como truque para criar uma melhor atmosfera de trabalho. Ela precisa vir de dentro. Alguém até pode usar palavras para afirmar como é importante a confiança, mas isso não vem de dentro. A confiança precisa se tornar carne e osso; emanar de gestos, de palavras, do corpo. Caso contrário, é artificial. Sendo assim, confiar em si mesmo e nos outros se torna um desafio para a vida toda; é preciso decidir sempre de novo em prol do ser humano e da confiança. Confiar também significa considerar que o outro é capaz de se superar, pois isso desperta forças e habilidades ocultas. Quando alguém acredita que eu consigo fazer algo, eu também acredito.

6
O poder dos sentimentos

> *Sentimentos podem nos proteger quando temos medo. Podem nos transformar em modeladores da vida quando possuímos paz e autoconfiança. Ou podem se transformar em tortura quando somos atormentados por dúvidas e preocupações.*
>
> Walter Kohl

Sentimentos sempre estão presentes

"A natureza nos fez de tal modo, que os filhos são amados pelos pais, e este é o ponto de partida para uma comunhão universal da raça humana" (Zenão de Cítio, 333-262/261 a.C.). Com essa sentença o fundador da escola filosófica grega dos estoicos destaca um dos distintivos principais da vida humana: o significado do sentido como necessidade primordial. Para mim isso significa, parafraseando a Bíblia, que já no início da existência humana, estavam também os nossos sentimentos, sobretudo o amor.

Aparentemente, porém, o que conta no nosso mundo é apenas o sucesso que podemos medir. Será que os sentimentos interferem na lógica da eficiência? As emoções devem ser reservadas para a vida particular? Qual é o perigo, qual é a produtividade que elas representam na esfera pública, política e social? Qualquer que seja a resposta a essas perguntas, ela trará consequências para a nossa vida. Sei apenas que o poder das emoções marca a nossa existência. Caso contrário, por que os seres humanos no mundo inteiro buscariam amor, felicidade, bem-estar; ou seja, coisas que não podemos contar, medir ou pesar? Inúmeras músicas, romances, poesias e obras de arte de todos os tempos e de todas as culturas falam sobre o fato de que o ser humano é, em primeira linha, um ser emocional. As grandes obras da literatura mundial igualmente trazem histórias sobre emoções. *Odisseu*, *Romeu e Julieta*, *Fausto* e *Os sofrimentos do jovem Werther*, por exemplo, nos impressionam por causa de seus sentimentos.

O amor é o primeiro sentimento que conhecemos quando entramos no mundo. Assim, ele se transforma em um tipo de sentimento primordial, em uma fonte para muitos outros sentimentos; sejam no bem, como a compaixão e a amizade; sejam na dor, como a decepção e o ódio. Não há dúvida: com a nossa entrada no mundo teve início a nossa vida emocional, e nossos sentimentos se tornaram nossos companheiros constantes, permanecendo conosco durante toda a nossa existência. Como seres humanos – portanto, possuidores de sentimentos – queremos ser amados e aceitos, fazer parte de uma comunidade e sendo socialmente felizes. Não podemos fugir dos nossos sentimentos, e quando o fazemos eles sempre nos alcançam em algum momento. Sentimentos determinam de modo essencial a forma como vivenciamos o mundo e a vida: satisfeitos ou infelizes, tranquilos e relaxados ou ansiosos e estressados. Eles podem nos proteger quando temos medo; podem nos transformar em modeladores da vida quando temos paz interna e autoconfiança; ou podem se transformar em tortura quando somos atormentados por dúvidas e preocupações. Seus efeitos também podem ser variados: de maldição ou de bênção; sucção de energia ou fonte de poder. Isso, porém, não depende dos sentimentos em si, mas da forma como convivemos conosco. Até mesmo em tempos em que predomina a sensação de vazio ou de solidão, os sentimentos se mantêm presentes; não podemos ligar ou desligá-los com um interruptor. Portanto, a pergunta não é tanto se os sentimentos interferem, mas como lidamos com a inevitabilidade, com a onipresença dos sentimentos em nossa vida. Não importa o poder, o sucesso e o dinheiro que temos, mas todos precisamos encarar os próprios sentimentos. No fim das contas, até mesmo os piores tiranos querem ser amados e venerados por seu povo.

O modo como lidamos com os nossos sentimentos corresponde ao modo como lidamos conosco. Podemos rejeitá-los, nos revoltando e lutando contra eles. Também podemos fugir deles, tentando ignorá-los. – Nesse caso, acabamos fugindo de nós mesmos. Igualmente podemos permitir que nos dominem, nos afogando em sentimentalismo. Mas existe ainda outra possibilidade: levar nossos sentimentos a sério, ocupar-nos deles com respeito pacífico. Aceitá-los como são: sinais enviados pela vida. E esses sinais nos confrontam constantemente a mesma pergunta: "Como você pretende lidar e conviver consigo mesmo, com suas experiências, com o seu próximo e com a vida?"

Felizmente, o sucesso visível não é a única coisa que conta em nosso mundo; caso contrário, o sucesso e a vida bem-sucedida seriam reduzidos ao acúmulo de coisas palpáveis. Que mundo pobre e unidimensional seria esse, se tudo fosse contado apenas pelo *status* e pelo dinheiro? Um mundo em que o *sucesso* fosse reduzido ao sucesso externo nos obrigaria a castrar nossas emoções; seria um mundo no qual todas as pessoas teriam de marchar ao ritmo do tambor do sucesso material. De que adianta os maiores sucessos e riquezas se, no fim, eles não nos transmitem uma sensação boa? Sucessos em desarmonia com nossos sentimentos não nos trazem felicidade.

Negócios e sentimentos

E no mundo comercial? A vida econômica e os sentimentos se excluem mutuamente? Creio que não. Executivos e empreendedores bem-sucedidos costumam ser pessoas com muito sentimento, muito entusiasmo e com a disposição de investir grande parte de sua personalidade no trabalho. Seus funcionários, clientes e fornecedores vivenciam isso como autenticidade.

Ser executivo ou empreendedor significa, em primeiro lugar, liderar pessoas, e isso não funciona sem os sentimentos. Nosso convívio com eles tem muito a ver com nosso sucesso profissional. Em muitas áreas eles são o fundamento do *big business*, e não estou falando apenas sobre moda, filme e música, onde isso é evidente; alguns dos maiores sucessos comerciais se fundamentam no reconhecimento claro de sentimentos e necessidades humanas. O desenvolvimento incrível dos fornecedores de mídias sociais nos últimos anos é um bom exemplo disso. Essas empresas fundamentam seu modelo de negócios em uma necessidade emocional primordial, no desejo de uma comunicação fácil e rápida, da comunicação no próprio grupo, no desejo de compartilhar, no sentimento agradável de pertencer a uma comunidade. Em minha opinião, é um tanto irônico que justamente aplicativos de comunicação digital se transformaram em um negócio bilionário em nosso mundo supostamente tão esclarecido. Seu sucesso demonstra o poder dos sentimentos na economia, mesmo que de forma um tanto inesperada.

Por que as pessoas compram produtos de marca e caros? Sim, qualidade é um aspecto importante. Mas muitas decisões de compra são tomadas por causa do sentimento agradável causado pelo fato de que "eu tenho condições de comprar isso e vou te mostrar que eu venci na vida". A "mais-valia emocional" do produto reside em sua mensagem implícita de *status*. Podemos observar claramente esse fenômeno na compra de produtos diversificados, como roupa, carro, cozinha, móvel, celular, caneta, relógio, acessórios etc. Além do aspecto funcional sempre existe, também, o sentimento que participa na decisão de compra. Afinal, de contas, queremos nos sentir bem ao comprar algo. Assim, os produtos adquirem uma dimensão adicional; transformando-se também em mensageiros sentimentais. Vejamos, por exemplo, o carro: em primeira linha trata-se de um "produto técnico", mas ele é vendido visando às emoções. Por isso, cada montadora de automóveis procura desenvolver um *design* inconfundível, pretendendo atingir sutilmente as emoções visadas. Não importa se é esportivo, agressivo, sóbrio ou ousado, o carro é sempre um mensageiro dos valores emocionais de seu fabricante. O lema de uma grande fábrica de automóveis é "Auto Emotion" [carro emoção].

Sentimentos, comportamentos humanos e empatia se transformam cada vez mais em fatores importantes do sucesso econômico, sobretudo na concorrência, pois a empatia descreve nossa capacidade de aceitar sentimentos próprios e alheios e de integrá-los em determinada situação. Há alguns anos, conceitos como *behavioral economics* (economia comportamental) e *behavioral finance* (finanças comportamentais) voltaram a ser pesquisados pelas ciências econômicas sob o aspecto do comportamento econômico. Adam Smith, fundador do pensamento econômico moderno e precursor das teorias do capitalismo, reconheceu, já há duzentos anos, o vínculo íntimo entre economia e psicologia. No final do século XIX esse vínculo se perdeu no pensamento dos economistas por causa da industrialização e da automatização. As grandes fábricas de produção em massa transformaram o ser humano em verdadeiro escravo da produção, sujeito ao ritmo rígido dos processos de fabricação. Isso teve sua consequência lógica: num ambiente sem alma e dominado por máquinas, sentimentos não têm lugar.

A digitalização e a possibilidade que ela oferece de abandonar a produção em massa e se concentrar na produção individual, concentrada no cliente, devolveu a importância ao cliente individual. Isso aumentou a escolha, tornando os sentimentos individuais cada vez mais importantes na decisão de compra. Hoje o cliente tem mais poder do que nos últimos duzentos anos. E quanto mais importante se torna o indivíduo, mais suas emoções passam a ocupar o centro das atenções; pois agora cada cliente precisa ser conquistado individualmente, o tempo todo. O pensamento antigo de um *homo oeconomicus*, que age de forma puramente racional – modelo este que eu ainda aprendi na Faculdade de Economia na década de 1980 –, está ultrapassado. Entrementes, todos entenderam que essa visão do mundo unilateral, que ignora a dimensão humana e emocional das pessoas, está errada e nos leva a prognósticos e juízos extremamente equivocados.

Aos poucos também, a Ciência da Economia está passando por uma mudança no pensamento, e antigas convicções sobre o vínculo entre economia e psicologia estão experimentando um renascimento impulsionado pelas duras realidades do dia a dia. Adam Smith reconheceu já no século XVIII que a ganância (ou seja, um sentimento) representa o impulso principal do comércio humano. Uma ironia do destino: às vezes o progresso também pode significar o retorno a antigas fontes.

Como empreendedor, conheço a brutalidade das licitações para novos projetos de carro. Preço, qualidade e prazo parecem dominar o processo de decisão. Isso até pode ser apropriado nas primeiras fases da licitação, quando os fatos são o fator mais importante. Mas na medida em que o número de concorrentes diminui e se avança no processo de licitação, os chamados fatores emocionais vão crescendo em importância. Basta observar que na fase final da licitação os produtos praticamente não se distinguem no nível dos fatores duros e medíveis. Então, os responsáveis não se contentam em justificar sua decisão apenas no nível dos fatos, mas querem também que sua decisão lhes transmita uma sensação positiva. Assim, o coração também participa da decisão.

Já os sentimentos destrutivos também têm seu lugar no mundo. "Destrua o que te destrói" era um dos lemas do Movimento de 1968. Schumpeter, um dos maiores economistas do século XX, nos deixou o conceito de "destruição criativa", que permite a reorganização ou o desenvolvimento. Para ele, a destruição não é um erro do sistema ou uma catástrofe, mas um fundamento necessário ao progresso. Sua sentença sobre a destruição como impulsionadora do progresso e da inovação, que originalmente visava à vida econômica, pode igualmente ser aplicada a outras áreas da vida.

Em algum momento, todo desenvolvimento alcança seu auge e depois começa a murchar. Vemos isso na natureza. Às vezes, a floresta antiga com sua madeira morta precisa ser retirada para abrir espaço a uma nova floresta, a uma vida nova. Vemos aqui mais uma vez o poder dos sentimentos. Quando frustração e desilusão em determinado indivíduo ou na sociedade alcançam um ponto crítico, os sistemas supostamente tão fortes começam a ruir, como o Bloco do Leste na década de 1990 ou os grandes cartéis econômicos dos chamados *robber barons* [barões ladrões] nos Estados Unidos no final do século XIX.

Uma fonte interna

Na infância temos uma relação absolutamente natural e descomplicada com os nossos sentimentos. Mas aos poucos nossas experiências de vida nos distanciam deles. Por isso, não precisamos aprender a sentir; basta voltarmos à nossa fonte interna e permitir que eles vivam em nós. Às vezes precisamos aprender que os sentimentos precisam de espaço e atenção, à semelhança de nosso corpo e de nosso intelecto. Da mesma forma que cuidamos do nosso corpo e do nosso intelecto, deveríamos cuidar também dos nossos sentimentos. Tenho certeza de que praticamente todos podem e devem aprender a lidar com seus sentimentos, pois a amizade com eles é um passo essencial em direção a uma felicidade maior.

Durante a minha grande crise de 2002, quando eu me encontrava diante de um abismo interior, experimentei como é importante retornar aos seus sentimentos. Na época, um pequeno livro de Anselm Grün me ajudou muito. Em *Einreden* (Trad. bras.: *Autopersuasão* (Vozes)) ele descreve, recorrendo ao conhecimento dos monges do século V, a intensa interação entre pensamentos e sentimentos, e o quanto somos influenciados por aquilo que dizemos a nós mesmos. Esse livro me fez reconhecer por que eu estava sofrendo. Meu coração e meu espírito seguiam em direções opostas, e essa distância estava se tornando cada vez mais dolorosa. Por fim, cheguei a um ponto em que precisei tomar uma decisão: Continuo da mesma forma ou estou disposto a me questionar e me aventurar em caminhos novos? Anselm Grün escreve em seu livro: "Os pensamentos definem nossa postura. Pensamentos bons nos transformam em pessoas boas; pensamentos ruins, porém, nos transformam em pessoas más. Nós agimos de acordo com aquilo que somos. Por isso, se quisermos agir segundo a vontade de Deus, precisamos partir de nossos pensamentos e conformá-los ao seu Espírito. Então, agiremos de acordo com eles". Pensamentos constroem pontes, não só para os nossos sentimentos, mas também para os nossos atos. Essa imagem foi tão forte, que comecei a desistir da minha luta interna contra as minhas experiências e passei a cuidar ativamente dos meus pensamentos.

Finalmente, aceitei que meu antigo modo de lidar com meus sentimentos havia me levado à "terra de vítima" e que eu precisava de respostas novas. Não é fácil abandonar padrões antigos de pensamento, mas é possível. Para criar um apoio interno para mim mesmo formulei novos modos de convívio com meus sentimentos:

Sentimentos são importantes e não se contradizem com o intelecto. Ter e mostrar sentimentos não é falta de masculinidade nem vergonhoso, mas exige coragem e clareza.

Hoje tento aceitar e reconhecer meus sentimentos, e não recalcá-los. Atribuo a eles um lugar digno na minha vida, pois eles são parte natural e positiva de meu ser. Hoje eu sei disso: Quem desrespeita seus sentimentos desrespeita a si mesmo. Isso me deixa mais livre, mais alegre e mais independente, sem me tornar vulnerável, pois cabe a mim decidir quais sentimentos mostrarei a determinada pessoa. No entanto, é preciso diferenciar cuidadosamente entre um convívio sincero com os sentimentos e mero sentimentalismo.

Creio ser uma boa ideia esclarecer nossos sentimentos de dentro para fora. Devemos começar primeiramente por nós mesmos, para, então, gerar paz em nosso ambiente. Criando nova estabilidade e serenidade interiores, influenciaremos com elas o nosso pequeno mundo; seja no contexto profissional ou no ambiente social. Nossa conduta no trabalho sempre é também um reflexo de nosso ser. Quanto mais claro e pacífico for o convívio com nossos sentimentos, mais fácil será a experiência e a superação de situações profissionais ou sociais.

Em 2011, quando estava pensando em publicar meu livro *Leben oder gelebt werden* [Viver ou ser vivido], muitos se opuseram à ideia: "Você como empreendedor na indústria automobilística não pode escrever um livro sobre sentimentos". Era uma preocupação legítima. Eu também não tinha certeza. Após a publicação, fiquei esperando consequências comerciais. Mas em poucas semanas, para minha surpresa, pessoas de diversas empresas que eu nem conhecia entraram em contato comigo e quiseram me conhecer. "Senhor Kohl, eu li seu livro. Tenho a impressão de que nós nos conhecemos. Podemos nos encontrar?, pois talvez encontremos alguma sinergia. Quem se arrisca vence. Minhas preocupações haviam sido injustificadas. Descobri que o ser humano ocupa um papel muito importante até mesmo num mercado extremamente competitivo.

Como lidar com emoções negativas?

A ocupação com sentimentos é um dos temas mais difíceis, mas também mais enriquecedores que eu conheço. Tive que procurar muito até encontrar respostas que me satisfaziam e que eu consigo aplicar (na maioria das vezes). Mas – e isso também é uma descoberta importante – a ocupação com os sentimentos nunca termina, cada dia traz novos temas e também surpresas.

Tento tratar os sentimentos de outras pessoas com apreço e respeito. Sentimentos são como porcelana: muito valiosos e muito frágeis. Eles sempre têm uma causa, e quando outra pessoa mostra seus sentimentos, ela se torna vulnerável e aberta. Respeitar essa vulnerabilidade significa ao mesmo tempo uma oportunidade de abertura que precisamos aproveitar. Cada sentimento é um fio, e muitos fios nos permitem tecer uma corda, um vínculo forte. E não é este o sentido da vida, ter vínculos bons e fortes com outras pessoas?

Um desafio completamente diferente é conviver com os próprios sentimentos, principalmente com os sentimentos negativos; todos os conhecem: raiva, inveja, ódio... A situação se torna especialmente difícil quando eles nos inundam como uma onda e ameaçam nos levar consigo. Nesse momento eles assumem o controle sobre a nossa vida, e nossa energia é ocupada por eles. Desenvolvem uma força própria, que pode colocar uma pessoa contra a parede. E, infelizmente, eu conheço muito bem essa categoria de sentimentos.

Na casa dos meus pais raramente conversávamos sobre sentimentos. Os temas políticos predominavam; "precisávamos funcionar". Por isso, sentimentos eram algo abstrato para mim. Por desconhecê-los, quando ameaçavam me dominar, eu acreditava que a melhor coisa que podia ser feita era fugir deles. Em virtude dessa experiência, eu julgava ser algo normal oprimi-los. Mas esses sentimentos recalcados geraram um grande silêncio em relação a mim mesmo; tive de passar por experiências dolorosas para aprender que eu não precisava negar ou recalcar sentimentos negativos como raiva, ira e inveja. Eles não são vergonhosos ou ruins; simplesmente fazem parte da vida. Se quisermos modelar nossa vida de forma criativa, ou seja, se quisermos viver, em vez de sermos vividos, precisamos encontrar respostas também para esses sentimentos.

Creio que não faz sentido algum condenar sentimentos: "Raiva e ódio são algo terrível; não posso sentir essas coisas". – Esse tipo de pensamento moralizante nos aliena de nós mesmos e obstrui a busca por soluções concretas. A vida é como é, e às vezes acontecem coisas que provocam nossa raiva ou até mesmo nosso ódio. Nessas ocasiões deveríamos aceitar esses sentimentos e ter a grandeza de reconhecê-los: "Sim, estou furioso e cheio de ódio". Essa sinceridade conosco mesmos nos permite uma distância interior e encontrar novas possibilidades de ação para o nosso convívio com essas emoções. Principalmente os sentimentos fortes como raiva e ódio são energias concentradas e dolorosas, mas possuem grande potencial. Essa dor pode nos destruir ou corroer internamente. O poder desses sentimentos está em sua energia, e a energia pode ser transformada, nós podemos lhe dar uma nova direção; por exemplo, por meio de um processo da reconciliação consciente.

O objetivo desse processo de reconciliação consciente é transformar velhos sugadores de energia – como raiva, decepção e medo – em novas fontes de energia. Nosso sentimento atual é determinado pelo nosso passado e pelo nosso futuro. A reconciliação transforma experiências dolorosas antigas em paz interior e em uma nova força. Sentido e metas pessoais integram o futuro em nossa vida. Essa abordagem holística – criadora de harmonia entre passado, presente e futuro – nos transforma em capitães da vida, de uma vida autodeterminada!

Quando encaramos nossos sentimentos dolorosos com uma mente aberta e sincera, podemos curar experiências antigas e pesadas, passando a modelar de forma criativa e em paz uma nova fase da vida. Muitas vezes, porém, antigos padrões de reação como luta ou fuga nos mantêm presos. É importante, nesses casos, evitar os "becos sem saída" e seguir com determinação no caminho da reconciliação; um caminho que nos levará a nós mesmos e, assim, se transformará em fonte de energia. O caminho da reconciliação quer nos inspirar a: enfrentar ativamente a nossa realidade de vida, aprender a reconhecer nossas margens de ação e a aproveitá-las para uma vida criativa.

Uma de nossas maiores fontes de energia é o nosso sentido de vida. Quando sabemos por que fazemos o que fazemos, somos fortes e satisfeitos; quando assumimos responsabilidade e temos certeza em relação aos nossos objetivos, encontramos a força necessária para seguir nosso caminho com alegria e determinação. O caminho da reconciliação tem, como qualquer outro caminho, os seus marcos. Esboço esses marcos em cinco passos:

1) Pergunte: Qual é meu desejo? Muitas vezes, as situações da vida são emaranhadas e confusas, e muitos temas exigem, ao mesmo tempo, a nossa atenção. Por isso é importante definir primeiramente, em poucas palavras, qual é o tema concreto da reconciliação.

2) Olhe para o espelho interior com sinceridade, colocando tudo "sobre a mesa". Esse passo ajuda a tornar visíveis e palpáveis todos os sentimentos dolorosos vinculados ao nosso desejo. Sugiro escrever uma carta a si mesmo e encarar todos os pontos com honestidade irrestrita; ou seja, olhar para o espelho interno com sinceridade. Com a ajuda de vários passos intermediários você pode, então, identificar todos os sentimentos dolorosos relacionados aos seus desejos. Quando identificar o local que dói, quais são as suas causas, é possível se ocupar com elas e curá-las por meio de novas respostas.

3) Vivencie a transformação de energia. Esse é um processo de reorientação consciente e, provavelmente, o passo mais interessante no caminho da reconciliação. Ele nos transforma em criadores de nossa vida e também dos nossos sentimentos. Passamos a ser ativos e buscamos respostas novas por meio da transformação de energia. Agora, decidimos de forma concreta como pretendemos lidar de forma diferente com temas antigos, como pretendemos transformar um medo antigo em uma confiança nova ou uma impotência antiga em nova força. Transformação de energia significa aceitar o sentimento antigo, transpô-lo para uma nova resposta, que já não dói, mas dá nova força e nova alegria.

4) Assine um tratado (talvez unilateral) de paz consigo mesmo. Nosso tratado de paz é a nossa transformação de energia. É o nosso documento, nossa declaração, que diz: É assim que as coisas serão daqui em diante; assim pretendo ser e viver. Estas são as nossas novas respostas a esse tema antigo. Esse tratado de paz nos liberta, pois é nossa declaração de independência de uma antiga dor.

5) Use a nova força no dia a dia. No fim do caminho da reconciliação espera-nos a assinatura de um tratado (unilateral) de paz (e, portanto, o encerramento de uma situação difícil), mas também o apelo para aplicar a força da nossa vida de forma concentrada, responsável e sensata. Por isso, o quinto e último passo nos incentiva a realizar uma nova tarefa voltada para o futuro, um novo projeto no espírito da nossa reconciliação alcançada.

Minha experiência é que, com a ajuda desses cinco passos, é possível trazer paz para situações difíceis e aprender a não sermos dependentes dos nossos sentimentos, mas modeladores ativos da nossa vida. Isso nos permite viver de forma mais plena e independente. E quem não deseja isso?

*Para decisões claras e um trabalho sóbrio
é necessário eu saber lidar com os meus
sentimentos. Evidentemente, também
conheço sentimentos negativos como
irritação e decepção. Esses sentimentos
também são importantes para mim.*

Anselm Grün

Sentimentos nos dão vivacidade

As emoções são muito importantes para mim. Alguns sentimentos me lembram da infância. Quando vejo decoração natalina e sinto os aromas típicos do Natal, quando canto hinos de Natal... entro em contato com minha infância, com sentimentos de comoção, lar e amor. Determinados corais também suscitam em mim sentimentos fortes que eu tive ao cantar na escola de corais em Sant'Anselmo, em Roma, sob a direção de nosso antigo cantor P. Godehard Joppich; deixei-me levar pelos sentimentos fortes de Godehard. Já as festividades do calendário da Igreja sempre me despertam elevados sentimentos. Há pessoas que me acusam de romantismo. Sim, confesso que amo sentimentos românticos. Para mim, isso não é uma fuga da realidade dura; meus sentimentos me dão vivacidade. Eu sinto; portanto, sou. Eu me sinto. Eu me sinto vivo, amado e cheio de amor.

Tenho o hábito de vincular sentimentos à experiência de pessoas. Por exemplo, os sentimentos natalinos me lembram da minha família. Eu me sentia acolhido, seguro e cercado pelo mistério de Deus. Já o cheiro de feno imediatamente desperta em mim sentimento de férias. Lembro-me dos dias em que nós, coroinhas, passávamos com o padre nas proximidades do Lago de Starnberg. Era a época de recolher o feno, e assim o cheiro de feno ainda desperta em mim sentimentos de liberdade, comunhão e alegria de viver.

Evidentemente, eu não pude permitir que os sentimentos me dominassem em minha função de administrador. Nela eu tive de presidir reuniões com sobriedade e objetividade. Havia funcionários que se orientavam apenas pelos seus sentimentos, e com esse tipo de pessoa é difícil manter um diálogo objetivo. Por outro lado, nem todos os problemas podem ser resolvidos apenas de forma objetiva, e os sentimentos também têm sua importância no mundo do trabalho. É muito desgastante conviver com uma pessoa que não demonstra sentimentos. Trabalhar com uma pessoa assim, por exemplo, é como interagir com uma máquina, e isso não é muito divertido. Quando consigo sentir uma pessoa, gosto de trabalhar com ela. Percebi isso também em conversas com representantes de firmas. Quando algum deles apenas repetia os lemas de sua empresa, quando se escondia por trás da objetividade pura, eu não conseguia estabelecer um bom relacionamento. Não havia confiança e nenhum impulso de comprar algo dele, pois os negócios sempre estão vinculados a relacionamento. Não é à toa que falamos de relações comerciais ou profissionais. Quando tenho um bom relacionamento com o chefe de uma empresa, é mais agradável trabalhar com ele. Há trinta e cinco anos contratamos pela primeira vez uma construtora externa. Antes disso, nós havíamos executado todas as construções. A firma que escolhemos na época, entre as muitas outras candidatas, continua sendo uma de nossas parceiras até hoje. Quando o relacionamento é bom ninguém engana o outro. A negociação de preços sempre tem limites. Mas quando sei que o outro se esforça e está sendo sincero e honesto, posso negociar abertamente com ele; não tentarei baixar o preço o tempo todo; a cooperação será justa, para vantagem de ambos os lados. Aquele que sempre aceita a oferta mais baixa muitas vezes acaba pagando caro. Isso porque existem possibilidades para uma empresa apresentar uma conta mais alta do que a firma com a qual se trabalha na base da confiança mútua. E o que pesa na cooperação não é apenas o sentimento de confiança, mas de simpatia e sintonia.

Emoções liberam energias

A expressão latina para sentimento é "emoção", e essa palavra provém de *e-movere*, que significa: movimentar, iniciar, extrair. Os sentimentos provocam movimento, liberam energias, e uma pessoa sem sentimentos não tem fonte de energia. As emoções são uma fonte mais poderosa do que a pura vontade. Se não tiver apoio, esta se desgasta; ela precisa dos sentimentos, que a impulsionam e lhe dão força. Uma firma só consegue impulsionar um projeto quando os sentimentos se tornam presente. Um gerente frio até pode saber organizar a empresa e se impor, mas ele não consegue despertar a energia dos colaboradores, pois os sentimentos unem as pessoas; provocam o sentimento de união. Às vezes me assusto quando ouço confrades presidirem a liturgia sem sentimento, e calar e falar sempre envolve sentimentos. Uma pessoa isolada deles não consegue tocar o coração das pessoas.

Em meu trabalho como administrador do mosteiro convivi com colaboradores que reagiam a tudo de forma muito emocional. Eu sabia que eram sentimentos antigos e recalcados que ressurgiam nessas situações; aquelas manifestações emotivas não eram deles, mas os sentimentos é que os controlavam, dominavam. Mas nossa tarefa é lidar com os nossos sentimentos, e não permitir que eles nos inundem, pois ter sentimentos não significa ser sentimental. C.G. Jung disse que, quando recalcados, os sentimentos ficam "na sombra", e nela eles se manifestam como sentimentalismo. De repente eles irrompem e não podem ser controlados, impedindo decisões claras e trabalhos movidos pela sobriedade. Por isso, é preciso saber administrar os próprios sentimentos.

Sentimentos negativos também são importantes

Evidentemente, também experimento sentimentos negativos como irritação e decepção, e os considero importantes. Quando eu me irrito com algo na administração, essa irritação costuma ser um impulso para mudar algo; em vez de ficar na irritação procuro organizar melhor. Quando alguma coisa não dá certo convoco uma reunião. A irritação também pode ser um convite para não levar tudo tão a sério; é um impulso para relaxar e ver as coisas com mais serenidade maior, despedindo-se de algumas expectativas ou ilusões.

Em relação a outras tarefas que realizo, como palestras ou cursos, tento prestar muita atenção aos meus sentimentos. Quando surge irritação ou resistência, vejo isso como sinal: preciso me proteger. Quando essa resistência é sentida já no momento do convite, eu simplesmente o recuso. Mas quando tenho esse sentimento durante a palestra, eu o interpreto como sinal de que preciso prestar mais atenção aos que sinto. Durante a palestra tento fazer o melhor sem me esforçar demais. Quando não foi bem organizada eu não preciso pagar por erros alheios. Nessas ocasiões refugio em mim mesmo e digo: "Não estou fazendo esta palestra para os organizadores, mas para as pessoas que estão presentes". Eu as observo, e isso me motiva. No entanto, também faço a experiência de me ver diante de pessoas desinteressadas. Então minha estratégia é permanecer comigo mesmo e dizer o que me parece certo, mas sem me esgotar.

A inveja também faz parte dos sentimentos negativos. Eu a percebo principalmente quando se manifesta nos outros; quando outros têm inveja de mim. Mas às vezes eu também tenho esse sentimento; quando outros têm mais sucesso do que eu ou recebem mais atenção. Mas quando a percebo em mim procuro transformá-la em gratidão; olho para mim mesmo e para a minha vida e sinto gratidão por tudo o que Deus me deu, aceitando esse sentimento como um convite para abrir mão da minha ambição e das minhas expectativas exageradas. Mas ela não costuma permanecer dentro de mim por muito tempo. Quando a percebo em outras pessoas, tento não aumentá-la, gabando-me de meu sucesso. Pelo contrário, isso se torna para mim um convite à humildade. Normalmente não costumo falar aos meus confrades sobre as palestras que faço ou sobre as reações das pessoas. Se eles ouvirem de terceiros, tudo bem. Não preciso divulgar a quantidade de pessoas que foram me ouvir em determinado evento. Quando percebo a inveja de outros em relação a mim, procuro entendê-los, pois calculo que não está sendo fácil para eles. Também há esforço da parte deles, que não são reconhecidos, e isso dói. Nesses casos, procuro me interessar por eles e por seu trabalho. Muitas vezes esse sentimento desaparece, pois se sentem reconhecidos. Eu não ajudaria ninguém se me desculpasse pelo meu sucesso.

7
Sobre a força vital do medo

*Em vez de lutar contra o medo devo
aceitá-lo como amigo que me guia para o
fundamento verdadeiro da minha vida.*

Anselm Grün

Medos próprios

O medo não é um sentimento agradável. Como adolescente e adulto jovem eu era uma pessoa tímida, e meu maior medo era passar vergonha na frente dos outros. Sentia-me inseguro nos grupos, tinha medo de não conseguir falar tão bem quanto os outros. Talvez esse sentimento provinha do fato de que eu era muito protegido em casa. Posteriormente ingressei na escola interna de Münsterschwarzach. Nos últimos quatro anos nós, alunos do internato, fomos para Würzburg, onde frequentamos a escola pública. Os alunos de lá eram muito mais autoconfiantes do que nós e isso me passava a impressão de não ser bom o bastante. Apenas quando fizemos as primeiras provas escritas e o professor anunciou as notas pude perceber que não precisava me esconder, pois as minhas notas eram muito melhores do que as notas dos alunos tão autoconfiantes. Mas durante muito tempo continuei e me sentir inseguro em grupos. Quando comecei a fazer palestras temia não ser suficientemente bom, e sempre me perguntava: "Eu tenho algo a dizer que possa tocar as pessoas?" O medo de não bastar me expôs a uma pressão, e esse medo se manifestava em suor durante as palestras. Isso me irritava, pois muitas vezes falava sobre temas psicológicos. Então percebi que minha psique não era sólida. Conversei com um amigo psicólogo sobre isso, pois queria parar de suar. Mas ele me disse: "Por quê? Você simplesmente tem sentimentos. E eles têm o direito de existir". Quando me dei a permissão de suar, mostrando meus sentimentos, os ataques de suor pararam. Então aprendi que se eu lutar contra algo, ele fica ainda mais forte.

O medo de cometer erros ou de me sentir inseguro num grupo já passou há muito tempo. Agora não preciso provar nada a ninguém; não vivencio as expectativas dos ouvintes como pressão, e apenas digo aquilo que tenho a dizer. Se as pessoas não ficarem satisfeitas com a minha exposição, o problema não é meu. Além do mais, elas não precisam ficar satisfeitas comigo. O que importa é que se deixem tocar pelas palavras, que deixem se tocar por Deus. Evidentemente, não sou livre da necessidade de ter meu trabalho reconhecido. Quando alguém critica minha palestra sou impulsionado a me justificar. Mas quanto mais velho fico, mais força esse impulso vai perdendo. Assim, vou passando a aceitar críticas sem responder a elas. As expectativas das pessoas costumam ser diferentes, sendo impossível fazer jus a todas elas.

Quando me pergunto pelo meu medo de hoje, às vezes tenho como resposta o medo de ficar demente. Esse medo se manifesta quando vejo confrades sofrendo dessa doença, ou quando alguém me conta sobre uma pessoa famosa que agora não percebe seu ambiente e se tornou totalmente impotente. Mas quando esse sentimento surge em mim, sinto ao mesmo tempo a confiança de que eu serei poupado. Procuro permanecer atento, interessando-me por temas atuais e cultivando meu gosto de ler e escrever. E sempre aparecem ideias novas que me mantêm vigoroso. Não sei muito sobre essa doença nem suas causas, mas quando me deparo com pessoas dementes tenho a impressão de que elas chegaram a um ponto em que a vida não continuou, em que deixaram de ter uma meta e em que desistiram de si mesmas. Quando sinto esse medo, peço a Deus para que Ele me acompanhe até o último momento da minha vida; peço que Ele mantenha meu espírito desperto. Mas rezo sempre: "Que se faça a tua vontade". Confio que, mesmo na demência, Deus conseguirá me alcançar e que eu poderei me entregar a Ele. A ideia de Hans Küng de "encerrar sua própria vida" antes da demência me é estranha e me repulsa. Se isso acontecer, eu entregarei a Deus a imagem que tenho de mim mesmo.

O que o medo pretende me dizer?

Muitas pessoas me procuram porque estão com medo. O conselho que dou a elas é de não lutar contra esse sentimento, mas dialogar com ele, perguntando-lhe: "O que você pretende me dizer?" O medo sempre tem um sentido. Muitas vezes, ele me protege de conflitos com os quais eu não conseguiria lidar. Outras vezes aponta minhas convicções equivocadas. Por exemplo: "Não posso cometer erros, pois serei rejeitado". "Não posso passar vergonha, pois serei diminuído." O sentimento do medo me convida a desenvolver convicções mais realistas, a me despedir do pensamento perfeccionista e da expectativa de ser amado por todos. Em vez de lutar contra o medo, devo aceitá-lo como amigo que me leva até o fundamento autêntico de minha vida, que é Deus. Se eu tiver Deus como meu fundamento, não preciso me provar aos outros. Muitos têm medo de adoecer de câncer. Certamente é um medo justificado. Mas é importante imaginar: "Como seria se eu recebesse o diagnóstico de câncer? Toda minha vida desabaria? Ou isso seria um desafio para lutar pela minha vida e de viver de forma mais intensa, para que o tempo limitado que me resta possa ser um tempo valioso?" Dessa forma, o medo da doença poderia me convidar, a partir de agora, a viver de forma mais intensa, de viver no presente. O diálogo com o medo é capaz de transformá-lo. É um inimigo que se transforma em amigo, que me acompanha e me ensina a viver de forma mais atenta e, ao mesmo tempo, mais humilde.

Depressão, o medo de tudo

Outro tema frequente no acompanhamento espiritual é a depressão. Às vezes, medo e depressão estão relacionados, haja vista que a pessoa depressiva tem medo de tudo; de não dar conta da vida, de permanecer no fundo do poço, de não sentir a presença de Deus, de não poder voltar a ter as oportunidades de vida do passado. O medo faz parte da vida de todas as pessoas, pois sem ele não teríamos medida. Todos nós conhecemos bem o sentimento de tristeza, mas a depressão como doença acomete um número mais reduzido de pessoas. Nem sempre é fácil reconhecer se uma pessoa que se diz depressiva está realmente doente ou simplesmente tem pensamentos tristes ou um humor melancólico.

Quando uma pessoa depressiva me procura, não rotulo seu estado com uma categoria psicológica ou clínica. Tento ouvir como a depressão se expressa e quando ela se manifesta. Existem condições depressivas que só podem ser amenizadas com a ajuda de remédios. Muitas vezes, porém, os sentimentos depressivos surgem simplesmente porque espero demais de mim ou tento corresponder a uma imagem exagerada que faço de mim. Nesses casos, preciso me despedir dessas imagens exageradas, que me obrigam a ser sempre perfeito, a sempre ter sucesso, a sempre estar de bom humor etc. Às vezes a depressão também é um grito de socorro da alma porque eu exigi demais dela. Assim, a depressão me encoraja a reconhecer a minha medida certa e a protegê-la. Outras vezes ela mostra que estou vivendo de modo contrário à minha verdade interior. Nesse caso, ela me lança um desafio e exige que eu descubra o que eu quero fazer com a minha vida. Por tudo isso, sempre digo à pessoa depressiva: "Sua depressão tem uma razão. Ou ela quer lhe dizer que você precisa mudar sua vida, que você precisa se despedir de suas autoimagens exageradas, ou simplesmente faz parte de seu amadurecimento. Seu caminho até Deus não quer desviá-la da depressão, mas atravessá-la".

Não importa quais são as causas da depressão, tampouco sua intensidade. Porém, sempre é importante reconciliar-se com sua depressão, não condenando a si mesmo. Também ajuda desenvolver uma boa rotina diária e rituais que curam. Já que, diante da depressão, a alma é caótica e fica desestruturada, ela precisa de rituais que lhe ofereçam uma estrutura. Eu me apoio em rituais, também em meio ao caos e à impotência da depressão. É claro que os rituais não podem exigir demais de mim, mas preciso encontrar aqueles que façam bem. Realizando-os diariamente é possível a alma se organizar.

Medos ocultos

Nem sempre o medo se manifesta abertamente. Eles podem ser detectados em pessoas que não conseguem ficar sozinhas, que têm necessidade constante de falar e que sempre têm vida agitada. Tais pessoas têm medo da solidão, do silêncio, pois nessas situações elas são confrontadas com sua própria verdade. Ocorrendo isso, elas teriam de reconhecer que estão desperdiçando sua vida, que a forma como vivem não condiz com elas. De certa forma, estão fugindo de seu próprio medo. Externamente, não demonstram qualquer tipo de medo, mas sua inquietação é expressão de um medo recalcado. Quando essas pessoas conversam comigo, sempre compartilho com elas essa frase de Jesus: "A liberdade vos libertará" (Jo 8,32). Só posso superar meu medo se eu oferecer toda a minha verdade a Deus e confiar que Ele me aceita como sou; também com todo o caos e todas as discrepâncias dentro de mim.

Medos nocivos preferem o esconderijo, onde crescem melhor e onde podem agir sob a proteção de uma emboscada. Seus maiores inimigos são a abertura, a transparência e a luz da própria sinceridade.

Walter Kohl

Ter medo é humano

O medo é um dos sentimentos mais importantes na vida e, muitas vezes, um dispositivo regulador útil. Ele pode ser nosso protetor quando nos alerta para um perigo ou nos obriga a refletir antes de tomar decisões importantes. O medo é um elemento imprescindível da vida. E aqui também é importante destacar: não é o medo em si que nos causa problemas; o desafio é nosso convívio com ele. Cada fase tem seus próprios medos e suas próprias experiências com ele. Isso nos une a personagens da história. O autor russo Daniil Granin († 2017), que viveu ditadura e guerra, falava em "século do medo", já o psicólogo Wolfgang Schmidbauer fala de uma "geração medo". O medo sempre tem uma conotação histórica. Por isso, não deveríamos nos concentrar tanto nele, mas no mundo que nos cerca, definindo nosso convívio com ele em nossa realidade.

Em relação à Alemanha, por exemplo, desde 1945 vive-se o período de relativa paz mais longo de muitos séculos, acompanhado de aumento singular do bem-estar social. O desenvolvimento econômico desde a década de 1950 é incrível, mesmo levando em conta todos os problemas enfrentados na concorrência globalizada. Desde o fim da Guerra Fria, em 1989, há desmilitarização contínua da Europa Central. Quando em toda a nossa história o perigo de viver uma guerra foi menor do que hoje? Quando os alemães puderam viver num ambiente materialmente tão seguro, tão rico e tão saudável? Seriam bons motivos para uma vida sem medo, ou não?

Por que, então o medo ocupa um lugar tão importante na discussão pública da Alemanha? Acredito que muitos ataques públicos de medo são encenados, como, por exemplo, os cenários de fim do mundo em 1984 no contexto das supostas profecias de Nostradamus, os medos relacionados às catástrofes provocadas pelos computadores na virada do milênio ou o calendário dos maias. Pergunto: O medo é realmente um distintivo do nosso tempo? Ou será que não sentimos um prazer pérfido diante do medo justamente porque a nossa situação nos fornece pouquíssimas razões para senti-lo? Existiria até mesmo um prazer oculto diante do medo, justamente pelo fato de a Alemanha levar uma vida tão boa?

Desorientação gera insegurança, e esta é o solo ideal para o cultivo de medo. A cultura da informação digital e um excesso às vezes extremo de informações que ela traz torna a realidade menos compreensível. Inúmeros acidentes, catástrofes naturais, guerras ou ataques terroristas são comunicados dentro de segundos ao mundo inteiro. O ser humano moderno é bombardeado com notícias violentas; até mesmo na estação de trem ele é informado sobre catástrofes em tempo real. Outro aspecto são as inúmeras cenas de violência em filmes e jogos eletrônicos e na TV. Alguém conseguiria calcular quantos mortos e feridos um consumidor das mídias digere por ano. Certamente um número assustador, e essa onda de impulsos e imagens violentas está longe de ser saudável.

Quanto paradoxo! Por um lado reagimos com extrema sensibilidade quando se trata da poluição de nosso meio ambiente ou do nosso alimento corporal. Quando ocorrem escândalos envolvendo a indústria alimentícia o público vai às ruas, estradas ou redes elétricas não são construídas por causa de preocupações ecológicas. Porém, quanto à poluição do "meio ambiente espiritual" na forma de violência excessiva nas mídias, ninguém se manifesta. Domina aqui um mercado brutal de concorrência sem quaisquer escrúpulos. Até mesmo um aparelho eletrônico muito simples como o secador de cabelo precisa passar por muito mais testes do que um jogo eletrônico, que é vendido na internet ou no *shopping*. Como sociedade, ainda não fomos capazes de inventar um meio para determinar e impor uma "dosagem equilibrada" de convívio com a violência alastrada pela mídia. Talvez seja necessário criar um padrão para a proteção do "meio ambiente informacional" sem ter que recorrer à censura.

Muitos países falam ironicamente da *german angst*, do medo alemão, referindo-se a um tipo de preocupação ou comedimento exagerado. No entanto, o *german angst* não é possível sem sua contraparte, o *german assertiveness* (a arrogância alemã). Se contemplarmos juntos o medo excessivo e a arrogância, surgirá uma imagem diferente. Aqui não se trata mais de medo, mas de desequilíbrio; ou seja, temos uma cultura que oscila entre os extremos do medo e da arrogância.

Toda sociedade tem a responsabilidade de esclarecer sua relação com o medo e de dinamizar forças opostas para lidar com certos tipos de medo em determinado tempo. E justamente quando muitos gozam de uma vida boa e agradável é que o nosso convívio com o medo precisa ser desenvolvido. Temos a liberdade de aceitar os medos como reais e de integrá-los ativamente para não sermos dominados por eles.

Útil ou nocivo?

O medo não é apenas uma emoção que pode se infiltrar em uma sociedade e dominá-la sorrateiramente. Existem poucos sentimentos capazes de determinar nossa vida com tanto poder. Por isso, a ocupação consciente com o medo é um dos grandes desafios, também em nosso desenvolvimento pessoal. Muitas vezes temos vergonha de nossos medos ou não queremos aceitá-los, tentando recalcá-los. Isso é em vão, pois "O medo corrói a alma" – título proverbial de um filme de Fassbinder.

Muitos medos são produto de experiências que nos assombram como um eco interior. Dou um exemplo pessoal: Eu amo animais. Não existe animal do qual eu tenha medo, com exceção de cavalo. Por quê? Porque eu tive um acidente com um cavalo aos treze anos de idade, e no início não sabíamos se eu ficaria paralisado em decorrência desse acidente. Sempre que preciso lidar com cavalos ressurgem esses sentimentos antigos dentro de mim. Ainda sinto como eu me agarrei ao cavalo em galope, que tentava fugir comigo na sela. Em uma velocidade insana, o animal ia por uma trilha da floresta. Em determinado momento não consegui mais me segurar e fui de encontro a um tronco de árvore. Deitado ao chão, em total insensibilidade, não percebia meu corpo nem sentia dor alguma. Era como se meu corpo tivesse se separado de mim. E com isso veio o pânico. Pensamentos loucos me passavam pela cabeça: "Você está morto". "Você está paralisado." "Nunca mais conseguirá se mexer." "Acabou."

Hoje, quase quarenta anos depois, esses sentimentos continuam presentes apenas de forma difusa; mesmo assim, ainda tenho um respeito enorme por cavalos e evito o contato com eles. Entrementes, sou capaz de admitir o medo que tenho deles e aceitei que, provavelmente, esse mal-estar sempre me acompanhará. Já que os cavalos não ocupam nenhum lugar importante na minha vida, isso não importa tanto. Consigo viver facilmente com esse tipo de medo.

Mas o que acontece se esse tipo de experiência ocorrer numa área vital de nossa vida? Nesse caso, precisaríamos pensar muito bem se simplesmente poderíamos ignorar esse medo – como no exemplo do cavalo –, ou se precisaríamos nos ocupar ativamente com ele. Uma experiência desse tipo é como petróleo despejado num reservatório de água potável. Poucas gotas bastam para estragar milhares e milhares de litros de água. O medo pode ser uma ameaça à vida.

Experiências ruins com outras pessoas, principalmente com pessoas mais próximas, têm uma longa meia-vida. O que nos machuca muito são sobretudo decepções e invasões de nossa privacidade. Temos o medo de que as dores causadas por essa experiência se repitam em um novo relacionamento. O grito interno "Nunca mais!" provoca condutas de proteção orientadas pelo medo; experiências antigas são recicladas na forma de um novo comportamento preventivo. Esses novos medos não se apoiam em fatos, mas em sentimentos internalizados, em avaliações fixas e em imagens antigas de nossa cabeça. Acreditamos que algo possa acontecer, que uma nova dor possa surgir. Nossa imaginação substitui a realidade; nossos sentimentos de medo passam a ser não o resultado de fatos objetivos, mas produto de nossa fantasia e de nossas opiniões; nosso "cinema mental" assume a direção de nossa vida. Assim, medos ocultos se transformam nos dominadores mais cruéis de nossa vida.

É importante diferenciar entre medos úteis e medos nocivos. Úteis são aqueles medos que nos protegem de erros e acidentes. Quando tenho medo de determinadas ameaças naturais ou de um animal perigoso estou tendo um medo útil, pois ele me ajuda a me proteger do perigo. Precisamos cultivar uma postura aberta e positiva em relação a esses medos construtivos e encará-los com mente aberta. Precisamos integrá-los com serenidade, como sinais de alarme em nossa vida.

Há um quadro completamente diferente quando se trata de medos nocivos. Eles nos impedem de viver e destroem nossa alegria, e têm muitos nomes: o medo de não ser bom o suficiente, o medo de não conseguir confiar, o medo de não ser reconhecido e aceito, ou o medo de não ser amado. Esses medos são como algemas; eles nos impõem sua vontade e, às vezes, exercem um poder cruel sobre a nossa vida. Medos nocivos preferem o esconderijo, onde crescem melhor e onde podem agir sob a proteção de uma emboscada. Seus maiores inimigos são a abertura, a transparência e a luz da própria sinceridade. Quando admitimos esse tipo de medo, já tomamos um passo decisivo para a sua superação; quando conseguimos dizer honestamente: "Sim, existe esse medo na minha vida", essa afirmação é uma primeira vitória importante.

Medos nocivos são sorrateiros e gostam de trabalhar em conjunto com a vergonha, a insegurança e a falta de palavras. Eles fazem isso para desviar a atenção de si mesmos e para nos confundir. Quando conseguem voltar nossa atenção para seus aliados, eles se protegem. E o resultado é uma confusão entre causa e efeito, sendo que inseguranças sempre são efeito e resultado de medos. Se quisermos superar esse tormento não devemos perder nosso tempo com as inseguranças, mas avançar para a causa verdadeira, o nosso medo. É como uma planta: os efeitos são visíveis, manifestam-se acima do solo, mas as causas, as raízes, permanecem invisíveis. Por isso, precisamos escavar e perguntar: Qual é o nome do medo em sua raiz?

A chave para um convívio terapêutico

Os medos como expressão de nossa imperfeição nos apontam as partes da vida que ainda não se desenvolveram completamente. Se os entendermos como indicadores de nossa imperfeição anulamos grande parte de sua força e já nos preparamos para a cura.

Durante muitos anos um medo profundo me assombrava, o de não ser bom o bastante. Já que grande parte do meu ambiente na escola, no exército e mais tarde na profissão me definia na base de minha origem, eu estava sempre insatisfeito comigo mesmo. Com o tempo, esse sentimento se transformou em ideia fixa. Isso fez de mim meu pior inimigo, pois meu crítico interior era alimentado diariamente pelas minhas inúmeras comparações com os outros, "que eram sempre muito melhores do que eu". Com o tempo, desenvolvi uma capacidade surpreendente de minimizar minhas conquistas e de exagerar os sucessos dos outros. Assim, eu me diminuía e aumentava os outros o tempo todo. E lá estava ele, esse medo totalmente irracional de não ser bom o bastante. Ele havia se acomodado no íntimo da minha alma e se cercado com muitos aliados: falta de autoconfiança, desequilíbrio emocional, insegurança no convívio com outras pessoas. Isso causou problemas nos relacionamentos e no casamento.

O medo trabalhava muito bem em mim. Ele conseguiu me dominar durante muitos anos, pois cada nova comparação confirmava minha ideia fixa. Durante muitos anos, meu vício de fazer comparações fertilizou as raízes do medo, e eu não percebi como, aos poucos, esse medo começou a corroer a minha alma. Precisei de muito tempo até conseguir aplicar os conselhos da nossa "pérola" de Colônia.

Mas eu tinha amigos e recebi ajuda de pessoas das quais eu não esperava recebê-la. Eram pessoas que reconheceram meu valor, que eu sou uma pessoa valiosa e independente. Gosto de me lembrar de um exemplo, quando meu bom amigo Chad saiu do "armário". Durante a faculdade convivemos numa república e nos tornamos bons amigos. No último ano de faculdade ele reconheceu sua homossexualidade e – o que era muito mais importante – a aceitou. Certa noite, após uma briga sobre um tema completamente diferente, ele bateu à minha porta e me contou tudo. Fiquei totalmente sem palavras quando ele me disse que eu era a primeira pessoa à qual ele estava admitindo sua homossexualidade. Foi um momento muito emocional, para ele e para mim. Essa noite foi um auge em minha vida, pois a confiança que ele depositou em mim me comoveu profundamente. Ele tinha muito medo de decepcionar seus pais e sua família com sua homossexualidade; tinha medo de ser visto como perdedor.

Nos meses seguintes conversamos muito sobre o tema de não ser bom o bastante ou de não se achar bom o bastante. Eu o encorajei e investi muito tempo tentando explicar-lhe que sua orientação sexual não significava um julgamento sobre ele. Que ele não era melhor ou pior do que os outros por causa dela, ele era simplesmente o Chad. Essas discussões se estenderam durante várias semanas, e de repente ele me deu a resposta que literalmente me derrubou da cadeira e que transformou nossos medos de um momento para o outro: "Walter, if I am good enough as a gay guy, then you are good enough as the son of Helmut Kohl" (Walter, se eu sou bom o bastante como um cara *gay*, você também é bom o bastante como filho do Helmut Kohl). Essa declaração explodiu como uma bomba no meu coração, derrubou todas as paredes que eu havia erguido dentro de mim e provocou uma transformação dramática.

Nós olhamos um para o outro e choramos. *We are good enough, we are ok* (Somos bons do jeito que somos. Somos bons o bastante). Jamais me esquecerei daquele momento, pois a partir daí as amarras começaram a se desfazer. De repente, surgiu uma nova liberdade, a liberdade de uma nova visão, de uma nova aceitação própria. Chad conseguiu se aceitar como homossexual, e eu consegui me aceitar também com minha origem.

O medo de não ser bom o suficiente se dissolveu no mesmo momento em que conseguimos nos aceitar com todas as nossas fraquezas e qualidades. Parece tão fácil, mas é tão difícil: somos bons do jeito que somos, mesmo que algumas pessoas zombem de nós ou nos desprezem. Por que a opinião dos outros tem tanto poder sobre nós? Porque nós permitimos. Portanto, o problema não é a opinião dos outros, mas o que nós fazemos com ela.

Na maioria das vezes tudo acaba bem

Hoje em dia muitos têm medo da idade. Uma coisa, porém, é evidente: A partir do primeiro dia, a partir do momento de nosso nascimento, nós envelhecemos. O envelhecer faz parte da vida; não podemos escapar disso. Todos nós morreremos, todos nós, e não podemos impedir a morte de pessoas amadas. Vivenciei isso de forma dolorosa quando minha mãe morreu. Mas, mesmo que isso soe duro, precisamos tentar aceitar o que não podemos mudar, pois na luta contra a realidade existe apenas um perdedor: nós mesmos. É inútil se revoltar contra o envelhecer ou a morte; isso é tão inútil quanto declarar guerra à lei da gravidade. Jamais existirá uma fonte de juventude eterna, e cirurgias plásticas rapidamente se tornam bizarras, como podemos ver nos rostos não só de alguns políticos italianos ou de algumas de nossas atrizes.

Mesmo assim, ter medo é humano. Meu maior medo é que algo terrível possa acontecer com as pessoas que amo. Que mãe, que pai não teme por seu filho? Isso é absolutamente natural e é uma expressão de nosso amor, mas é também uma forma de medo. Ainda me lembro muito bem quando meu filho viajou pela primeira vez sozinho de trem para o arquivo da cidade de Friedberg, com a intenção de estudar documentos para um projeto da escola. Equipado com mochila, celular e dinheiro, ele partiu para sua viagem de 30km, durante a qual ele precisaria trocar de trem. Externamente mantive uma expressão totalmente tranquila, pois eu queria lhe mostrar que eu acreditava que ele era capaz de fazer essa viagem sozinho aos doze anos de idade. Minha confiança nele devia fortalecer sua autoconfiança. Mesmo assim, eu estava preocupado e com medo: Alguém o atacaria? Ele cairia na frente de um trem? Ele seria atropelado por um carro ou se perderia? Esses e outros pensamentos semelhantes começaram a criar uma tempestade na minha cabeça. Não sei quantas vezes eu olhei para o relógio para calcular onde ele se encontrava naquele momento. Quando pegava meu celular para ligar para ele, eu me proibia de teclar seu número, pois nós havíamos combinado que ele me ligaria assim que chegasse no arquivo da cidade. Ele ligaria, não eu. Foi o que nós havíamos combinado, e eu sabia que isso era importante para ele. Não queria ser um pai coruja, mas meus medos ficaram quase insuportáveis. Finalmente, meu celular tocou e ele me contou suas aventuras com uma voz cheia de alegria. Sim, ele havia chegado bem no arquivo, a mudança de trem não havia sido problema, tudo tranquilo. E ele continuou contando que o arquivo era lindo. Todos o tratavam com muita atenção e lhe ajudavam a encontrar e copiar os documentos procurados. E alguém até havia lhe dado biscoitos. Eu tive de rir em voz alta quando ele me contou tudo isso, pois imaginei aquele homenzinho apresentando seu pedido com uma expressão séria aos funcionários surpresos. Certamente um cliente incomum.

À noite ele voltou todo feliz para casa. Sua mochila estava abarrotada com as cópias para o projeto da escola, e ele havia feito muitas experiências. Ele me contou tudo e descreveu até como havia comprado o almoço numa barraquinha. O sinal era claro: Pai, já sou grande, consigo me virar. Quando ele já estava na cama, refleti sobre o dia e meus muitos medos desnecessários. E um pensamento não saiu da minha cabeça: na maioria das vezes tudo acaba bem, e meus medos foram completamente desnecessários.

8
Sobre amor e ódio

Mesmo quando o caminho da vida é dominado pelos assassinos do amor, isto é, por decepções, solidão, traição e violência, permanece sempre uma última semente do amor que foi plantada dentro de nós.

Walter Kohl

A dificuldade de amar; medo do amor

Toda vida procura e encontra suas próprias respostas; cada vida é diferente, única. Existem tantos caminhos que levam ao amor quanto existem formas de viver, sendo que nunca é tarde demais para se abrir ao amor. Em algum lugar ele está à nossa espera, mesmo que esteja se escondendo muito bem. A vida é dinâmica e imprevisível. Por isso, viver significa vivenciar mudanças e aprender a aprender; significa redescobrir-se sempre de novo, com todos os nossos aspectos. Viver significa abrir-se e, principalmente em tempos de catástrofes, permanecer aberto. Às vezes isso é difícil, mas é também nossa melhor chance de cura para as dores que a catástrofe nos causou.

Isso vale principalmente para o amor. Todos nós possuímos o potencial de amar; mesmo que, às vezes, não consigamos crer ou esperar por isso. O mesmo é válido até mesmo para as pessoas que rejeitam o amor categoricamente. No filme *Cidadão*

Kane, o ator Orson Welles ilustra esse ponto de forma palpável: O magnata midiático frio e impiedoso reflete no fim do filme sobre uma cena de sua vida, quando ele se sentiu verdadeiramente feliz e apaixonado – a cena com seu trenó infantil Rosebud.

Mesmo quando o caminho da vida é dominado pelos assassinos do amor, isto é, por decepções, solidão, traição e violência, permanece sempre uma última semente do amor que foi plantado dentro de nós. Na natureza ocorrem eventos que parecem destruir toda e qualquer vida. Por exemplo: os incêndios florestais – depois deles apenas troncos negros se erguem em direção ao céu; as inundações, que parecem afogar todo tipo de vida. Mas – e este é para mim o milagre da criação –, até mesmo após grandes catástrofes, plantas começam a brotar do solo aparentemente morto e surge uma vida nova.

Para mim, amor é apenas outra palavra para uma vida vivida plenamente, para a harmonia consigo mesmo e com os outros. Justamente quando a vida nos traz uma ou várias catástrofes, a nossa abertura e a nossa vontade de retornar para o amor são a nossa melhor chance de reencontrar a nós mesmos e a nossa felicidade. Pois se existir um remédio para o aparentemente incurável, essa medicina é o amor.

Sei que é fácil escrever isso. Mas como funciona na vida real? Certamente não de modo tão simples assim, pois o amor é uma coisa complicada, cheia de contradições e caprichos. Mas precisamos fazer de tudo para manter uma porta aberta para o amor em nossa vida; caso contrário paramos de viver e passamos a vegetar. Eu sei disso por experiência própria.

Quando meu primeiro casamento fracassou definitivamente em 2002 ocorreu um divórcio difícil numa guerra que durou anos. Minha dor era muito grande, e eu jurei para mim mesmo: "Walter, você jamais vai se casar de novo!!" (Coloco dois pontos de exclamação para ressaltar o quanto eu estava determinado em manter essa promessa.) Era uma declaração nascida de dor, decepção e um profundo sentimento de impotência e de humilhação diante das condições impostas pelo divórcio. Na época, eu acreditava nessa declaração e me agarrei a ela como um náufrago se agarra à boia salva-vidas. Eu acreditava que essa era a única maneira de me proteger contra meu maior medo: nunca mais eu queria passar por uma experiência tão catastrófica; nunca mais essa dor. Isso se transformou em meu credo, em uma blindagem que deveria me proteger desse monstro chamado amor. Ao mesmo tempo, porém, essa blindagem me impediu de encontrar uma vida nova.

Felizmente, porém, a vida me alcançou, apesar de eu lutar contra ela com todas as minhas forças. Quando conheci Kyung-Sook e aprendi a gostar dela, e quando aos poucos sentimentos mais profundos começaram a surgir em mim, essa declaração se erguia como o Muro de Berlim entre os nossos corações. Eu gostava muito dela, isso era o máximo que eu conseguia admitir na época. Mas amor? Pelo amor de Deus, jamais! Jamais imaginava que seria capaz de amá-la, pois bastava pensar nessa palavra que os abutres dos meus velhos medos começavam a voar em círculos sobre meu coração. Minha resposta era clara: "Amor? Não, obrigado". Minha teimosia típica me fez avançar cada vez mais num beco sem saída e eu me afastava cada vez mais de qualquer cura.

Quando me lembro hoje desse tempo e das nossas discussões, sinto vergonha por minha falta de fé, por minha escravidão interna e por minha falta de confiança em mim mesmo e nela. Eu era um prisioneiro dos meus medos antigos, estava perdido na terra da vítima e era incapaz de desenvolver uma nova opinião própria, pois era dominado pelo meu passado fracassado. Levei muito tempo até conseguir – e querer – reconhecer que eu estava impondo um peso insuportável a mim mesmo e ao nosso relacionamento. Pois eu estava castigando Kyung-Sook e a nossa nova chance com a bagagem do meu primeiro casamento. Era como se eu estivesse transportando o tempo todo o lixo de ontem para o presente. Isso era errado e injusto.

Hoje, uma década mais tarde, escrevo estas linhas com constrangimento, pois há vários anos estamos casados e felizes, e construímos juntos uma nova vida. Hoje eu estou muito feliz por atravessar a vida com ela. Não existe outra pessoa que tenha me ajudado tanto, que me encorajou tanto quanto minha esposa Kyung-Sook. O que teria sido da minha vida sem ela? Eu não sei, mas certamente não essa felicidade que vivencio hoje.

O que aconteceu? Houve algum momento mágico, alguma explosão que mudou tudo? Não. No fim, a questão se reduziu a poucos pontos: sinceridade, paz interior – e o caminho para chegar lá. Eu tive de admitir as coisas que haviam acontecido; tive de aceitar meus erros e a minha responsabilidade pelo fracasso do meu primeiro casamento e, sobretudo, encarar de frente esse medo miserável. Essa experiência foi o ponto de virada.

Quando encaramos de frente os nossos medos, eles se derretem como sorvete de baunilha num dia de verão. Os medos florescem na sombra. Luz e transparência são seus inimigos, e a sinceridade interior significa sua morte e a nossa chance de uma vida e uma felicidade novas. Medos não são vergonhosos, eles também são reais – e talvez principalmente – para os homens. Quando entendi isso as coisas começaram a mudar aos poucos. Abriu-se um novo espaço para novas opiniões; senti como o medo foi ficando menor e como ele recuava, seu poder foi enfraquecendo. "Você jamais vai casar de novo!" transformou-se em "Bem, talvez sim" e, finalmente, em um "Sim!" cheio de convicção. Esse caminho precisou de tempo, mas o tempo sozinho não cura feridas. Pelo contrário, se deixarmos as feridas em paz, elas criam pus. Isso pode resultar numa reação infecciosa sistêmica, que "envenena" todo o organismo. Se não tratarmos os nossos medos adequadamente eles podem causar uma sepse da alma.

Principalmente os medos que bloqueiam a nossa capacidade de amor precisam ser tratados ativamente. Entregues a si mesmos, eles não mudam. Pode ser cansativo ocupar-se ativamente dos obstáculos. O caminho que encontrei para mim mesmo foi o caminho da reconciliação, descrito acima. O poder da reconciliação que eu pude experimentar também naquela ocasião me ajudou a abrir a porta para uma nova fase da minha vida e a fazer as pazes com as experiências antigas de um divórcio doloroso.

É realmente possível amar o inimigo?

Creio que o amor humano e o amor de Deus são formas intimamente vinculadas da expressão do amor. Considero impossível amar a Deus e não amar o ser humano, pois a grande mensagem de Deus é o amor ao próximo, o amor aos seres humanos à nossa volta. Por um lado, amar o inimigo representa uma exigência muito alta e talvez até inalcançável. Conseguimos amar uma pessoa que cometeu crimes impensáveis, que torturou e matou? É possível amar um assassino em série, um estuprador de mulheres e crianças, que agiu por motivos baixos? Queremos isso? Ou podemos amar uma pessoa que transformou minha vida num inferno? Ou em meu caso concreto: Quero realmente amar os terroristas da Fração do Exército Vermelho?

A resposta sincera é, em minha opinião: "Não". Prefiro dar o meu amor a pessoas que considero amáveis no sentido literal e original da palavra; ou seja, que eu realmente quero amar. O amor é algo muito valioso, talvez a coisa mais preciosa que eu posso dar a alguém. Não se trata de um produto descartável que distribuo cegamente a todos.

É provável que muitos teólogos me criticarão agora se eu disser: "Será que Jesus realmente entendeu que amar o inimigo significa que devemos amar os nossos inimigos da mesma forma como amamos nossos amigos mais próximos ou nossa família?" Não consigo imaginar isso, para ser sincero. Meu íntimo se revolta contra isso. Se Deus nos criou com sentimentos em todos os graus de intensidade, então, a meu ver, Ele não pode esperar que amor seja igual a Amor; que o amor ao inimigo seja igual ao amor maternal. Esse padrão me parece inalcançável e desumano. Amar o inimigo significa para mim, em primeiro lugar, a ausência de ódio, vingança e violência. Isso nos permite encarar a pessoa do inimigo e a situação relacionada a ela com uma serenidade maior. Amar o inimigo significa para mim um convívio com inimigos fundamentado em paz e tranquilidade interior. Eu fiz a experiência e sei que isso é possível.

No verão de 1989/1990 eu estudava em Viena, quando recebi uma ligação do meu pai. Ele pediu que eu assumisse um compromisso seu. Fiquei surpreso, pois ele nunca havia me pedido algo assim. Fiquei ainda mais surpreso quando soube com quem eu me encontraria: Simon Wiesenthal. Evidentemente, eu já ouvira falar do fundador lendário do Centro de Documentação da Aliança dos Judeus Perseguidos pelo Regime Nazista em Viena. Mas por que eu deveria encontrá-lo como representante do meu pai? Quando lhe perguntei ele me pediu que não insistisse, dizendo apenas: "Você assumirá o compromisso? Sim ou não?" Na época, tudo e nada parecia possível, era um tempo em que tudo me surpreendia um pouco, e assim concordei. Esse encontro era a oportunidade única de conhecer de perto uma pessoa que era uma lenda para mim. Dessa vez eu devia à minha origem um privilégio de verdade.

Na hora marcada eu fui até o escritório de Simon Wiesenthal, no centro de Viena. Ele me recebeu e começou imediatamente a fazer perguntas sobre minha biografia e minhas opiniões. Eu lhe contei sobre as minhas experiências na escola e no exército, sobre meus estudos nos Estados Unidos. Finalmente falamos sobre o Holocausto. Eu lhe contei que havia visitado os campos de concentração em Mauthausen e Buchenwald e também quais livros havia lido sobre o tema. Eu sabia que ele havia sido prisioneiro em Mauthausen e que o exército norte-americano o libertara em 1945. Ele me ouviu com atenção durante muito tempo, creio que durante mais de uma hora. Ficou me observando o tempo todo com seus olhos penetrantes. Eu não conseguia acreditar que um homem tão importante se interessava pela minha vida. Mas ele não parava de fazer perguntas, e eu as respondi da melhor maneira possível.

De repente ele se reclinou e disse: "Walter, agora eu sei o que quis saber". Eu o olhei surpreso, e ele me indicou com um gesto que não deveria fazer perguntas. Eu já queria me levantar, acreditando que a conversa estava encerrada, quando ele me disse com um sorriso: "Talvez você queira me perguntar algo". É claro que eu queria, e ele percebeu imediatamente que as minhas perguntas eram um poço sem fundo. Desenvolvemos um diálogo intenso sobre como lidar com crimes, inimigos e sofrimento, talvez uma das conversas que mais me marcaram na vida. Finalmente, eu perguntei diretamente: "O senhor odeia os nazistas, os comandantes dos campos de concentração, os capatazes nazistas?"

Ele me olhou calmamente e disse: "Não". Então me contou a história de sua família e de sua sobrevivência nos campos de concentração. Para suportar os anos de tortura ele criou um mapa mental de todos os grupos de soldados e de outros criminosos no campo de concentração e, logo após o fim da guerra, o entregou às tropas norte-americanas. Ele não queria vingança, mas se via obrigado a lutar contra o esquecimento do Holocausto. Mais tarde, quando li o lema de seu trabalho, não me surpreendi: "Esclarecimento é defesa". Se ele tivesse ódio, o trabalho em seu centro de documentação o teria matado; o ódio depois da guerra teria conseguido realizar o que os nazistas não conseguiram fazer nos campos de concentração.

Essa declaração de um homem com essa biografia me marcou profundamente. Eu senti que a fonte de sua força se encontrava em sua capacidade de integrar em sua nova vida a realidade terrível dos anos de cativeiro em cinco campos de concentração.

Quando reflito sobre o amor aos inimigos, sempre me lembro de Simon Wiesenthal como exemplo. Como milhões de outros prisioneiros, ele teve de suportar torturas e a morte de pessoas queridas, e mesmo assim ele não desistiu. Cumpriu sua tarefa, combateu a cultura do esquecimento, da negação, da ignorância e de desculpas, que podiam ser ouvidas na Alemanha e na Áustria ainda nas décadas de 1950, 1960 e 1970.

Não acredito que Simon Wiesenthal tenha amado seus inimigos, mas a despeito de todas as torturas e loucuras que ele teve de experimentar, conseguiu lidar com eles de forma pacífica, pois foi capaz de reconhecer o ser humano no criminoso. Às vezes, ele me contou, após descobrir o paradeiro de um nazista, quando ele batia à sua porta, uma mulher ou uma criança a abria. Dentro de segundos ele tomava uma decisão e nem sempre revelava a identidade do criminoso. "Às vezes [ele me disse com um olhar estranho] eu simplesmente dava meia-volta e arquivava o caso."

Um exemplo bem-sucedido de amor ao inimigo? É, pelo menos, aquilo que consigo imaginar como tal: uma violência antiga que se transforma em novo esclarecimento, em transparência, em responsabilidade e, finalmente, em perdão. Eu gostaria de saber muito o que Jesus diria sobre esses pensamentos.

Não há mais amor na indiferença. O ódio é amor pervertido. O amor se transformou em seu oposto. Mas o ódio ainda contém amor.

Anselm Grün

Nenhum amor me satisfez

Para poder amar preciso ter sido amado como criança. Sou grato pelo amor dos meus pais, que aproveitei ao máximo quando criança. Mas muitas pessoas me contam que elas não receberam amor o suficiente ou que pelo menos têm esse sentimento de não terem recebido o que mereciam ou precisavam. Eu também conheço esse sentimento, apesar de ter sido muito amado. Mas o sentimento de que aquilo que recebemos nunca é o suficiente parece fazer parte do ser humano. O que eu sempre disse a mim mesmo e o que digo também aos outros é: "Eu experimentei amor, mesmo que tenha esperado mais". Mas não existe amor humano que me satisfaça plenamente. É bom que eu não esteja satisfeito, pois isso me mantém vivo, me impele a procurar e encontrar um caminho para uma vida bem-sucedida, e o sentimento de insatisfação me abre para as pessoas que me procuram e me falam sobre suas necessidades. Esse sentimento me sensibilizou e me levou aos braços de Deus, alimentando meu desejo por Ele.

Sempre é uma questão de como eu lido com o amor que recebi, e todos receberam um pouco de amor, pois os nove meses que a mãe me carregou dentro de si já é um sinal de amor. Mesmo que eu tenha recebido pouco amor como criança, posso sempre me lembrar daquele amor. Todos os pais querem amar seus filhos, mesmo que não o expressem adequadamente. Por isso, não importa quanto amor eu recebi; ele sempre me remete à fonte do amor que flui no fundo de minha alma, e ninguém pode tirar esse amor de mim. Quando entro em contato com essa fonte, sei também o que é amor. Assim eu posso beber dessa fonte interna e amar também outras pessoas.

Como monge, abri mão do amor conjugal, mas não abri mão do amor humano. Eu gosto de ser amado pelos confrades, por homens e mulheres com os quais tenho amizade. Bem sei que o amor de pessoas jamais me satisfará plenamente. Também não defendo o extremo da posição contrária, dizendo: "O amor de Deus me basta". Se alguém disser isso, essa pessoa se superestima. E às vezes eu vejo que algumas pessoas que falam demais do amor de Deus tentam apenas desviar a atenção de sua incapacidade de se relacionar. Não querem reconhecer ou admitir sua incapacidade ou falta de relacionamentos e se refugiam na ideia de que são completamente amadas por Deus. Ou imaginam que são um com Deus e não precisam de relacionamentos humanos. Elas se colocam acima de todas as pessoas que ainda dependem de relacionamentos humanos; elas se consideram tão espirituais, que já superaram todas as suas necessidades. Mas para mim isso é arrogância. Esse tipo de pessoa apenas fortalece suas estruturas narcisistas. Essas pessoas se sentem poderosas, mas em algum momento serão confrontadas com sua necessidade de amor humano e, muitas vezes, sofrerão uma queda dolorosa. Quando isso acontecer, provavelmente rejeitarão toda e qualquer espiritualidade e cairão em uma profunda depressão, da qual nem mesmo o amor de Deus conseguirá tirá-las.

Amor por Deus e amor pelas pessoas

Para mim eles andam juntos; por um lado, o amor pelas pessoas e das pessoas, e por outro, o amor por Deus e o amor de Deus por mim e pelos outros. O amor pelas pessoas é mais emocional. Eu sinto esse amor principalmente quando estou apaixonado. Nessas ocasiões, a fala sobre o amor de Deus me parece muitas vezes sem graça e sem intensidade. Mas no amor emocional por um ser humano também sempre sinto um limite, e quando me conscientizo desse limite adquiro uma noção da infinitude do amor de Deus. Esse amor não é frágil como o amor humano; ele não é ofuscado por padrões de vida que adquirimos e que nos determinam desde a infância. Ele também não acaba; sinto nele um fundamento sólido para a minha vida. Por outro lado, vale também: quando sinto amor por um ser humano, essa emocionalidade pode enriquecer também o meu amor por Deus. Então percebo o que significaria amar a Deus de forma tão emocional quanto eu amo um amigo ou uma amiga.

E há também um outro aspecto importante: às vezes esperamos demais do amor de uma pessoa. Queremos certeza absoluta, reconhecimento absoluto e segurança absoluta. Mas nenhum ser humano é capaz de oferecer algo absoluto; apenas Deus é capaz disso. Quando sei do amor absoluto de Deus posso desfrutar o amor condicional do ser humano sem irritá-lo constantemente com minhas expectativas exageradas. O outro não precisa me dar tudo que me falta. Ele sempre satisfaz apenas uma parte da minha carência, mas posso ser grato por essa parte limitada. Muitos casamentos fracassam porque esperamos demais do parceiro; esperamos que ele preencha todo nosso *déficit* de amor. Alguns homens me contaram: "Posso dar tudo, mas para a minha esposa nunca é o suficiente". Ou as mulheres me disseram: "Meu marido quer que eu esteja sempre ao seu lado. Não tenho mais qualquer espaço para mim mesma. Estou me sentindo asfixiada".

Quem nunca consegue se satisfazer com o que recebe desgastará seu parceiro aos poucos. É a morte do amor.

Amar o inimigo não significa nada fazer

Até agora nunca alguém me confrontou explicitamente como inimigo. É claro que já fiz a experiência de alguém me hostilizar ou escrever negativamente sobre mim na internet. Eu não leio na internet, mas outros chamaram a minha atenção para isso. Não compreendo isso como inimizade pessoal, mas como manifestação de algum complexo provocado em algum leitor por meus pensamentos. Às vezes são medos que vêm à superfície. Alguns leitores podem se assustar quando eu os incentivo a repensar as estruturas de sua vida e também a sua fé para ver o que ainda condiz com a sua vida, ou se não seriam apenas convicções antigas sugeridas por outras pessoas.

Por ocasião dos ataques ao World Trade Center, 11 de setembro de 2001, senti que amar o inimigo continua um tema muito atual e que esse tipo de amor também pode ser um caminho importante para a política. Quando soube desses terríveis ataques terroristas percebi sentimentos de vingança surgindo dentro de mim. Imaginei como seria se calássemos os terroristas, e todos os que com eles se simpatizavam, com a ajuda da tecnologia moderna. Apareceram em mim traços sádicos, o desejo de torturá-los. Mas ao refletir sobre minhas fantasias agressivas, concluí: Esses pensamentos não transformam um ato violento; esses pensamentos violentos geram agressões ainda mais violentas nos terroristas. Existe um ciclo de violência que responde à violência. Então eu reconheci que amar o inimigo também pode ser um caminho para a transformação. Evidentemente, amar o inimigo não significa cruzar os braços e assistir como alguns psicopatas destroem o mundo inteiro; precisamos de força para resistir ao terrorismo. Mas se eu me orientar pelo ódio, a única coisa que conseguirei produzir será ainda mais ódio no mundo. Amar o inimigo significa para mim, de forma bem concreta, meditar e me colocar na situação das pessoas que praticam esse tipo de violência, para descobrir nelas o medo ou o caos interior. E então, rezar por elas, para que encontrem a paz dentro de si mesmas e, assim, desistam de seus atos de terror. Como posso libertar essas pessoas do medo que as leva a praticar o terror? Como elas podem encontrar um caminho para viver sem medo e em paz consigo e com o mundo?

Dizemos que o amor nos cega; o mesmo vale para o ódio. O amor enaltece o outro e ignora suas sombras; o ódio obscurece o outro e reconhece nele apenas o inimigo absolutamente mau, que precisa ser destruído. Há quem diga: "O contrário de amor não é ódio, mas indiferença". Não há mais amor na indiferença. O ódio é amor pervertido; o amor se transformou em seu oposto. Mas o ódio ainda contém amor – às vezes percebo isso no acompanhamento. Quando encorajo um homem, que está cheio de ódio porque sua esposa o abandonou, a observar todos os seus sentimentos e a expressá-los, ele descobre de repente no fundo de seu ódio um grande amor por sua esposa. E às vezes esse ódio pode ser transformado novamente em amor. Mas em alguns casos os ferimentos são tão profundos, que o ódio se manifesta. Mas assim eles destroem não só a pessoa odiada, mas também a si mesmos.

9
Sobre a inveja e a vergonha

Quem sou eu? O que me define? Por quais coisas sou grato? Quando pergunto dessa forma posso olhar para mim e para minha vida com olhos diferentes, com um olhar cheio de gratidão e alegria.

Anselm Grün

Encontro com as próprias limitações

A vergonha surge quando algo é revelado sobre nós e que preferíamos manter em segredo, por não dizer respeito ao público. Nós sentimos vergonha quando algo íntimo é revelado e comentado publicamente. Isso pode acontecer com jovens e adultos. Há o exemplo da criança de dois ou três anos que está brincando no jardim e faz xixi nas calças, e seus irmãos vão correndo contar para sua mãe. Eu fui essa criança e sinto ainda hoje o quanto aquela situação me envergonhou. Na minha vida essa foi a única vez que eu senti vergonha muito intensa. Algo que me envergonhava foi contado para outra pessoa, mesmo que seja membro da família. Essa experiência me mostrou o que é sentir vergonha. Temos sentimentos de vergonha quando algo íntimo é revelado, quando a nossa nudez é exposta e quando a nossa sexualidade é comentada por outros. Já na Bíblia, Adão e Eva sentiram vergonha quando perceberam que estavam nus.

Antes da queda era algo natural ver e respeitar-se em sua nudez. A queda – assim nos dizem os exegetas – consistiu no desejo do homem de ser igual a Deus. A própria nudez é o oposto desse desejo de ser igual a Deus, pois nela nos deparamos com nossa própria natureza limitada. Sentimos que a nudez pertence a nós mesmos ou à pessoa à qual estamos vinculados em amor; mas ela não é pública. Envergonhar-se de sua nudez é apenas uma imagem para algo mais profundo, ou seja: o ser humano sente vergonha quando algo que protege sua dignidade é destruído e quando sua dignidade é questionada em público. Para que os seres humanos consigam conviver em sua fragilidade eles precisam da vergonha como barreira. Quando essas barreiras não são respeitadas, ou quando são derrubadas, sentimos vergonha.

Mas podemos sentir vergonha não só por nós mesmos, mas também pelos outros. Eu experimentei essa vergonha alheia durante meus estudos na faculdade. Estudei quatro anos em Roma. Quando eu usava ônibus para me deslocar pela cidade eu sentia vergonha pelo comportamento dos turistas alemães. Naqueles momentos eu sentia vergonha de ser alemão e, por isso, ser vinculado a esses turistas barulhentos. Certa vez também senti vergonha quando um confrade expôs ao ridículo um aprendiz na frente de seus colegas. Senti vergonha porque um homem jovem estava sendo magoado e ridicularizado na frente dos outros. A vergonha é um sentimento natural que nos mostra quando passamos dos limites, quando invadimos e ferimos algo íntimo. Nem sempre se trata do próprio ferimento, mas também do ferimento causado a outras pessoas. Nós nos envergonhamos daquela pessoa que fere, mas também sentimos a vergonha da pessoa ferida.

Destruição da dignidade

Igualmetne sinto vergonha quando as pessoas atacam outras sem quaisquer escrúpulos. Sinto-me assim quando leio determinados artigos em jornais que analisam e expõem a vida psicológica de uma pessoa em público. Muitas vezes essa exposição vem acompanhada de condenação, sendo possível sentir o prazer do autor ao descrever algo oculto. Essas representações inescrupulosas roubam a dignidade da pessoa descrita, e isso me faz sentir vergonha. Penso: "Como alguém pode ser tão brutal, tão insensível, tão sarcástico ao querer magoar tanto outra pessoa?"

A vergonha que eu sinto quando vejo essas representações inescrupulosas de pessoas em público me impede de falar sobre outras pessoas e de julgar seus erros. Muitas vezes sou convidado pelos canais de televisão a dizer algo sobre esta ou aquela personalidade envolvida em algum escândalo. Sempre me recuso a falar sobre uma pessoa, pois não a conheço. E não quero julgar uma pessoa que eu não conheço, e mesmo se a conhecesse eu me recusaria a dizer algo. Isso porque eu também não quero que outros falem sobre mim, alegando saber melhor o que eu deveria ter dito ou escrito. Não quero participar da cultura de escândalos tão propagada hoje em dia, não me coloco acima dos outros e não pretendo, de forma alguma, me escandalizar quando esperam isso de mim.

Vergonha não é arrependimento, mesmo que ambos estejam relacionados. Quando eu me torno culpado arrependo-me do meu erro. Sinto vergonha de meu comportamento quando ele é analisado e comentado em público; sinto vergonha de mim mesmo porque me vejo exposto com o meu erro e sem poder me defender. Quando pessoas que foram envergonhadas em público me procuram, primeiramente tento suportar a dor com elas. Geralmente elas têm esta impressão: "Tudo que construí foi destruído. Aos olhos do público, eu não tenho qualquer valor. Não posso mais me mostrar na rua. Todos apontam o dedo e falam sobre mim. Isso dói muito". E eu não sei o que faria se isso acontecesse comigo. Então procuro encorajá-las: "Sua imagem foi destruída. Todas as suas máscaras foram quebradas.

Mas isso é um desafio de se voltar para dentro e descobrir seu eu verdadeiro. Ninguém pode destruir esse seu eu interior. Os olhares das pessoas e suas palavras zombadoras não têm acesso a esse espaço de silêncio interior onde pode ser totalmente você mesmo. Então procure se refugiar nesse espaço interior e lá se acalmar. Aos poucos você se libertará do medo dos olhares e julgamentos dos outros".

Inveja clerical

Desde a Idade Média fala-se da *invidia clericalis*, da inveja típica dos clérigos. Refletindo sobre o porquê desse tipo de inveja, pensei nos atletas. Quando eles se enfrentam num esporte não costumam sentir inveja do oponente. Seu objetivo é vencer, e normalmente reconhecem as habilidades do outro. Um deles venceu porque seu treinamento foi melhor ou porque ele está mais condicionado. A ambição e a competitividade justas fazem parte da autoimagem de um atleta. Quanto aos políticos concorrentes, sua relação não costuma estar ligada à atitude invejosa. Tanto o atleta quanto o político buscam o sucesso com determinação. No mundo dos clérigos, porém, palavras como sucesso e desempenho costumam ter conotação negativa, e normalmente as posturas e as motivações por trás desses conceitos costumam ser recalcadas. Mas nunca é demais lembrar que motivações recalcadas se manifestam, mesmo implicitamente. Por exemplo: De onde surge a inveja de outro padre que consegue atrair mais pessoas para a sua igreja, cujas homilias chamam mais a atenção? Isso se deve provavelmente ao fato de que os membros do clero não costumam admitir sua ambição, alegando que fazem tudo só para Deus ou que se sacrificam por sua congregação ou ordem religiosa, como se não fizessem nada para si mesmos. Mas em segredo acabam relatando aos fiéis a quantidade de pessoas que frequentam as missas que celebram, comparando-as com as participantes de outras paróquias. Sob a capa de serviço ao outro se manifesta a ambição, o desejo de ser bem-sucedido. Mas já que eles não estão dispostos a reconhecer sua ambição, esta se expressa em forma de inveja, que também não pode ser admitida abertamente. Todo teólogo sabe que a inveja é um pecado; por isso, esses padres se escondem por trás de suas críticas ao padre invejado, desprezando-os e desvalorizando suas motivações. Com esse tipo de atitude acreditam estar valorizando a si mesmos, afirmando: "Ele transforma a missa em espetáculo". "Ele prega um cristianismo superficial, sem profundidade. E as pessoas gostam da superficialidade."

Acompanhei vários padres na Casa Recollectio. Quando tocávamos no tema da inveja eu sempre os encorajava a admitir que gostariam de ter sucesso: "Sim, eu quero que as pessoas venham para a missa que celebro, e não para a da paróquia vizinha". "Eu quero ser reconhecido." "Eu me dedico e me esforço para que as pessoas vejam que eu sou um bom padre." Quando reconheço com sinceridade a minha motivação para o meu trabalho consigo relativizar também a minha inveja. – Esta é um sinal das minhas motivações ambiciosas. Então admito: "Sim, eu sou ambicioso". "Eu quero que meu trabalho seja reconhecido, eu quero ser visto." Ao fazer isso posso desenvolver ainda mais esse pensamento e dizer: "Mas na verdade não é isso o que importa. O importante é que as pessoas sejam levadas até Deus, que elas sejam tocadas por Ele. E não importa como são tocadas, se por meio das minhas palavras ou das palavras do padre da paróquia vizinha". Ao admiti-la, minha inveja pode ser transformada aos poucos. Mas quando eu a recalco e me convenço de que estou fazendo tudo por amor ao próximo, ela invariavelmente reaparecerá e possivelmente me ocupará durante dias, levando-me a trabalhar contra o padre vizinho e a usar métodos ilícitos, divulgando todas as suspeitas que eu levantei contra ele.

Às vezes eu também sinto a *invidia clericalis* em relação a mim mesmo. Quando faço uma palestra e a igreja está cheia, alguns padres se alegram comigo. Outros, porém, se manifestam desta forma: "Quando eu falo, a igreja nunca enche tanto. Nem mesmo no Natal. Onde estou errando?" Ou a inveja serve como motivação para minimizar meu trabalho: "As pessoas são superficiais. É preciso pregar-lhes a verdade incômoda do Evangelho. Mas as pessoas preferem não ouvi-la". Alguns padres chegam até ao ponto de se verem como mártires. Dizem que pregam a doutrina pura de Jesus, e que por isso enfrentam tantos obstáculos e são rejeitados pelas pessoas. Ou: "O Anselm Grün diz o que as pessoas querem ouvir; por isso, elas o seguem. Mas isso não é a mensagem de Jesus". Quando esses pensamentos são expressados abertamente ou eu os percebo implicitamente, tento compreendê-los. Não é fácil para eles aceitarem que as pessoas venham me ouvir, mas não se interessem pela mensagem deles. Então tento edificá-los: "Se eu pregasse todos os domingos as pessoas também não viriam sempre. Vivemos hoje numa sociedade que favorece eventos singulares. As pessoas vêm assistir a um evento. E para algumas delas, uma palestra minha é um evento que não querem perder porque é considerado moderno". Ou seja, eu tento encorajar o padre a não minimizar seu trabalho e a não se comparar comigo ou com outros.

Um olhar de gratidão

A inveja surge quando nos comparamos com os outros, e, querendo ou não, sempre temos esse tipo de atitude. Nessas ocasiões é mais saudável entrarmos em contato conosco. Poderíamos dizer: "Eu coloco minha mão sobre meu coração e tento sentir a mim mesmo. Sinto meus sentimentos, meus desejos. E quando sinto a mim mesmo sinto gratidão por mim e por minha vida; sinto minha singularidade. E nesse momento não preciso mais me comparar com os outros; eu sou eu mesmo". A inveja pode ser um convite para ser grato por minha vida e por aquilo que Deus me deu: minhas habilidades, minhas experiências e o fato de Ele ter me colocado em meu próprio caminho e ter chegado onde me encontro neste momento.

Quando acompanho pessoas que me contam sobre sua inveja, sempre lhes pergunto: "Qual é o motivo concreto de sua inveja? Quais são as qualidades daquela pessoa que você inveja? Agora imagine todas as pessoas que inveja e você tendo todas essas qualidades. Ainda seria você mesmo ou seria um monstro?" Quando eu me permito ter todos os desejos que tenho percebo como são irreais. Então incentivo as pessoas para que aceitem a inveja como amiga, que as leva a si mesmas: "Quem sou eu? O que me distingue? O que merece minha gratidão?" Então posso olhar minha vida com uma visão diferente, de gratidão e alegria.

> *No caso da vergonha e da inveja o problema não é o quê. O desafio é o como: Como devemos lidar com essas emoções destrutivas?*
>
> Walter Kohl

Sinal de carência interior

A inveja é um dos sentimentos mais fortes e mais comuns. Na Alemanha costumamos falar de uma cultura da inveja, e às vezes eu acho que há um pingo de verdade nessa expressão. Inveja significa achar que o outro não merece aquilo que ele tem, e rapidamente perguntamos: "Ele realmente merece aquilo?" "Por que ele pode ter algo que eu não tenho?" "Eu mereço aquilo muito mais do que ele!"

Depois de uma palestra, enquanto eu dava autógrafos, uma senhora amável me deu seu livro. Depois de fazer-lhe uma dedicatória e lhe devolver seu exemplar, ela me agradeceu e disse, junto com um sorriso, que queria me dar algo. Entregou-me um pequeno envelope e se despediu. Mais tarde, no trem, de volta

para casa, abri o envelope. Dentro dele, em uma folha linda-
mente adornada, havia esta história:

*Certa noite, um velho índio da tribo dos cherokees falou ao
seu neto sobre uma luta que é travada em todos os seres humanos.
Ele disse: "Meu filho, a luta é travada por dois lobos que vivem em
cada um de nós. Um deles é mau. Ele é a ira, a inveja, o ciúme, a
preocupação, a dor, a ganância, a arrogância, a autocomiseração,
o preconceito, a baixa autoestima, a mentira, o orgulho falso e o
ego. O outro é bom. Ele é a alegria, a paz, o amor, a esperança,
a felicidade, a humildade, a bondade, o bem-estar, o carinho, a
generosidade, a sinceridade, a empatia e a fé".*

*O neto refletiu sobre as palavras do avô e, depois de algum
tempo, perguntou: "Qual dos dois lobos vencerá?" O velho chero-
kee respondeu: "Aquele que você alimentar".*

Esta pequena história ilustra bem o que estamos tratando
aqui. A inveja é parte da nossa natureza humana, e não podemos mudar isso. Sendo parte de nós, não faz sentido condená-la
ou lutar contra ela com argumentos morais. Ela pode nos levar
a dois caminhos: ou nos escraviza emocionalmente ou libera
forças inimagináveis dentro de nós. Assim como a ira e a raiva, a
inveja também é uma forma de energia interior altamente concentrada, que pode ser também um impulso considerável para
o crescimento pessoal; mas apenas se ele nos levar a assumir
responsabilidade por nós mesmos.

Quando invejamos algo que outra pessoa tem, queremos
alcançar ou até mesmo superar aquela pessoa naquele ponto;
ela alcançou ou possui algo que nós também queremos alcançar ou possuir. Nesse caso precisamos analisar e compreender
por que essa pessoa conseguiu ser tão bem-sucedida e por que
nós ainda não chegamos lá. Na melhor das hipóteses, isso pode
servir como novo impulso para o nosso crescimento ou para
alcançarmos essa meta. À semelhança da vergonha e da inveja
o problema não é o "quê", mas o "como": Como devemos lidar
com essas emoções destrutivas?

No entanto, acredito que a forma de lidar com a inveja seja exceção. Na maioria das vezes ela nos paralisa e suscita o sentimento de termos sido tratados de maneira injusta. Infelizmente, muitas vezes esse sentimento contém um núcleo verdadeiro. Talvez o outro jogou com dados irreais, talvez ele nos enganou ou talvez ele teve oportunidades e possibilidades que nós não tivemos. Nesses casos a inveja se transforma em prisão, pois se a concorrência não foi limpa – e isso acontece muitas vezes – a inveja não nos levará a uma solução. Pelo contrário, ela nos confirma em nosso sentimento de termos sido desfavorecidos e nos enfraquece ainda mais. É como no futebol, quando o árbitro apita apenas as faltas do nosso time e parece ser cego às faltas do time adversário e até confirma um gol impedido. Assim, não podemos reagir, mas apenas tentar sobreviver ao jogo. No futebol, o que conta é a tendência. Na Bundesliga, principal competição de futebol da Alemanha, o campeão é determinado após 34 rodadas. O mesmo acontece na vida; não é uma atitude isolada que conta, mas o caminho de vida que seguimos. Existem rodadas em que nada dá certo. Nesses dias, precisamos nos distanciar internamente, sobreviver ao dia e tentar finalizá-lo da melhor forma possível.

"Cut your losses and move on" (em tradução livre: "Aceite suas perdas e continue"), diz um provérbio norte-americano para casos desse tipo. "É a vida", ou: "Sacode a poeira e faça melhor da próxima vez", dizem outros provérbios. Sim, não são sabedorias filosóficas profundas, mas confirmam minha experiência de vida. De alguma forma precisamos sobreviver a determinada situação e ser sinceros conosco mesmos: "Será que daqui a dois meses ainda me irritarei com essa situação?"

Sugadores de energia se transformam em fontes de energia

Infelizmente a inveja aparece às vezes na minha vida. Quando tenho esse sentimento estou dizendo a mim mesmo que determinada pessoa não merece aquele sucesso, aquele salário, aquele reconhecimento, aquela conquista; que foi uma injustiça ela ter sido mais bem-avaliada do que eu. Enfim, que a vida, mais uma vez, foi injusta comigo.

Como podemos arrancar o ferrão da inveja? Creio que deveríamos reconhecer também o seu lado positivo, pois ela nos oferece a oportunidade maravilhosa de transformar um sugador em fonte de energia. Para que isso possa acontecer precisamos primeiramente admitir a nossa inveja, reconhecendo sua causa e aceitando-a em determinada situação. A inveja é um sinal de nossa carência interna ou o sentimento de termos sido vítima de injustiça. A percepção de qual dessas manifestações nos abala é a chave para a solução do problema específico de inveja.

Ela é um poderosíssimo sugador de energia, que pode bloquear o nosso pensamento e sentimento e até mesmo destruir a nossa vida. Precisamos estar atentos a ela, pois é um verdadeiro sanguessuga, surgindo *after the fact*, ou seja, após o evento. Algo aconteceu, algo irreversível, e a nossa avaliação posterior desse evento é a inveja. Em situações assim perdemos duplamente. Primeiro em virtude do fato de alguém ter recebido algo que, em nossa opinião, não merecia ou que nós queríamos ter recebido. E perdemos uma segunda vez, pois a inveja nos corrói e suga toda a nossa energia.

Eu conheço apenas dois remédios contra a inveja: aceitação e gratidão. Quando ela se manifesta, precisamos, num primeiro passo, aceitar a situação como ela é. Digo então a mim mesmo: "Walter, as coisas são assim, e você não pode mudá-las mais. Pare de lutar contra a situação, pare de lutar contra moinhos de vento". Um provérbio francês diz: *Accepter, c'est tolerer*, ou seja: Aceitar significa tolerar. Esse pensamento ajuda a inserir a situação de inveja num contexto mais amplo e, assim, a amenizar determinada situação por uma espécie de diluição.

Já a gratidão tem a capacidade de superá-la, pois nos ajuda a reconhecer quando algo positivo acontece a outras pessoas. Não estou dizendo que devemos ser gratos pelo evento que provocou a inveja (mesmo que isso possa ser uma grande ajuda em alguns casos). Refiro-me a uma reação muito mais abrangente. Trata-se de uma gratidão dupla: aceitar que algo positivo aconteceu a outra pessoa e não a mim mesmo, e ser grato pelas muitas coisas que me foram dadas – e que, muitas vezes, as considero corriqueiras. Trata-se, portanto, de uma gratidão que coloca em primeiro plano aquilo que temos e que nos ajuda a contemplar as coisas que (aparentemente) nos faltam em determinado contexto, para assim relativizar sua falta.

Vergonha e vergonha alheia

Inveja e vergonha podem vir juntas, e uma forma de vergonha é o sentimento, por exemplo, de não ser bom o bastante. Muitas vezes isso está relacionado a comparações típicas de inveja: "Meu vizinho tem um carro maior, está avançando na carreira, e eu?" "Ela é muito mais bonita do que eu. Eu sou... [gorda, magra, alta, baixa, feia demais, ou qualquer coisa do gênero]". Ou seja: "Não sou como eu gostaria de ser. Portanto, sou uma decepção e um fracasso, e eu me envergonho disso". Temos uma imagem ideal de nós mesmos e de repente percebemos que a realidade não corresponde a esse ideal, e sentimos vergonha porque nós estamos decepcionados conosco mesmos e porque decepcionamos os outros. Na minha opinião, a vergonha é um dos sentimentos mais fortes e, como também a inveja, é, muitas vezes, mantido ocultamente. Mesmo que aja de forma indireta, pode desenvolver um impacto enorme.

O sentimento de vergonha tem várias faces e funções diferentes. Por um lado, é um regulador importante no nosso convívio humano. Nós também sentimos vergonha porque infringimos uma norma, uma regra do grupo no qual vivemos, e por isso esperamos sofrer uma sanção. A vergonha pode ser comparada às regras de trânsito. Se todos obedecerem a essas regras, nenhum ou poucos acidentes ocorrem. Se todos respeitarem as regras de conduta do grupo, o convívio será mais harmonioso. A vergonha age para dentro (quando sentimos vergonha de nós mesmos) e para fora (quando dizemos, p. ex.: "Estou envergonhado, eu sei que aquilo que fiz não foi legal. Por favor, não me castiguem"). Para dentro, a vergonha age como um sinal de alarme; para fora, ela tenta apaziguar: "Eu violei uma regra e não estou me sentindo bem por causa disso. Já fui bastante castigado".

Outra forma de vergonha resulta de nossa insegurança. Nesse caso as pessoas sofrem por não se sentirem suficientemente boas, e pequenos detalhes já bastam para provocar esse sentimento, quando preferimos ser engolidos pelo chão. Isso acontece muito na adolescência, podendo ser um teste duro para a paciência dos pais. Há ocasiões em que tudo parece ser embaraçoso.

Também existe a "vergonha alheia", ou seja, sentimos vergonha por algo que não causamos. Ela nos atinge, por exemplo, quando um colega não se comportou bem em uma reunião ou um amigo provocou briga em uma festa.

Tive esse tipo de vergonha devido ao suicídio de minha mãe. Eu tinha consciência de que esse tipo de sentimento era insensato, mas ele me dominava. Fisicamente me sentia asfixiado, não conseguindo falar, como se uma corda apertasse meu pescoço. Esse tipo de vergonha me acompanhou por mais de um ano, até o dia em que consegui falar sobre ele. Ou seja, no dia em que consegui falar e aceitar sua morte e meus sentimentos relacionados a ela, a vergonha desapareceu. Foi uma experiência importante para mim, pois isso me mostrou que toda forma de vergonha ou sentimento doloroso tem uma energia oposta. Quando conseguimos identificar essa força contrária e a aceitamos no lugar do sentimento velho e doloroso, conseguimos nos libertar.

Faço essa mesma experiência também no acompanhamento de pessoas. Principalmente no caso de mulheres que sentem vergonha pelo seu casamento ter fracassado a solução é conseguirem falar sobre isso. Assim, aumenta sua autoconfiança e elas podem dizer para si mesmas: "Sim, meu casamento fracassou. Que meu ex-marido siga o seu caminho, e eu farei o mesmo".

10
Resistências e conflitos

> *Já desisti de tentar avaliar um conflito. Desisti sobretudo de moralizá-lo e de tentar provocar sentimento de culpa no partido "adversário".*
>
> Anselm Grün

O sentido de resistências internas

Resistências sempre têm um sentido. Ao me deparar com uma delas procuro analisá-la, dialogando com ela. Quando, por exemplo, sinto resistência em ir ao trabalho, não devo ignorar o fato, mas dialogar com essa resistência para descobrir o que ela pretende me comunicar. Talvez me mostre que aquele trabalho já não corresponde à minha vida; que eu deveria assumi-lo com uma postura diferente; que ele me remete a problemas que precisam ser solucionados; ou que preciso de uma nova motivação para executá-lo: "Por que faço esse trabalho?" "Ele perdeu seu sentido para mim?" "Será que preciso simplesmente aceitá-lo". "É apenas um serviço que estou fazendo pelos outros?" "Posso realizar esse serviço de forma consciente neste momento?"

Sempre presto muita atenção às resistências que sinto quando sou convidado a fazer palestras, cursos ou entrevistas na TV. Muitas vezes percebo que a resistência tenta me proteger de aceitar um compromisso no qual eu seria apenas usado, serviria apenas como uma espécie de adorno. Quando percebo que estou com vontade de participar, digo sim. E muitas vezes essa vontade se transforma em prazer. Quando não obedeço à minha resistência, muitas vezes percebo que há algo de errado, que eu deveria tê-la levado em consideração. Assim, por exemplo, eu não teria passado por esse tipo de experiência desagradável; não valeu o esforço de investir tanto tempo e fazer uma viagem tão longa.

Como lidar com resistências

Como administrador tive de lidar com a resistência de outros monges. Quando precisávamos realizar um projeto – por exemplo, a construção da casa de hóspedes ou a reforma da Casa Balthasar-Neumann etc. – às vezes a resistência já se manifestava nas reuniões. Em determinadas ocasiões isso me irritava, e pensava: Ninguém pode ser contra isso. Eu tinha a tendência de vincular a teimosia de alguns monges à causa de sua resistência, e quando eu ia contra isso as coisas não terminavam bem, ficando o sentimento de que havia ignorado algo. É importante prestar atenção na resistência sem avaliá-la e perguntar por sua causa. Muitas vezes as conversas com outros monges revelava razões objetivas para a sua resistência; razões que eu deveria levar em consideração em minha decisão sobre determinado projeto. Outras vezes percebia que a causa eram motivos meramente subjetivos. Nesses casos eu poderia decidir livremente se levaria em conta esses sentimentos ou não.

Em minha opinião, resistência não é o oposto de obediência. Quando sinto em mim certa resistência a determinada tendência no mosteiro, tenho a responsabilidade de expressá-la. Obediência não significa assinar imediatamente tudo aquilo que o abade diz; tenho a obrigação de ouvir minha consciência. Neste caso também deverei prestar muita atenção aos motivos que causaram aquele tipo de resistência. Se os motivos foram ambição, um desejo de aparecer ou inveja, eu deveria desistir de minha resistência. Mas, se eu perceber que ela diz respeito à responsabilidade que tenho pela comunidade e seu futuro, preciso manifestar minha resistência com toda humildade e, às vezes, insistir, principalmente quando alguém tentar encobertá--la ou minimizá-la com argumentos espirituais.

Conheço pessoas que gostam de solucionar conflitos. Por terem crescido com eles são hábeis em resolvê-los. A minha própria biografia não me predestinou para conflitos. Não consigo aguentá-los e não sou especialista em solucioná-los; prefiro evitá-los. Acredito que se houvesse um pouco de boa vontade vários conflitos não existiriam. Mas também percebo que, com essa avaliação, eu me impeço de analisar um conflito objetivamente. Durante os trinta e seis anos em que exerci a função de administrador aprendi a lidar com conflitos de forma produtiva. Já desisti de tentar avaliá-los; desisti principalmente de moralizar um conflito e tentar provocar sentimento de culpa no "adversário". Procurava analisar objetivamente suas causas, pois cada um dos partidos possuía razões para pensar ou sentir dessa ou daquela forma. Apenas quando eu aceitava o direito de ser de cada uma das partes me sentia em condições de tentar resolver um conflito em questão. Foi assim que eu descobri a minha força em minha fraqueza. A parte fraca era que eu não suportava conflitos, e a forte era que eu conseguia gerar um consenso neles. E isso foi mais útil do que resolver ou encerrar conflitos mediante palavras autoritárias.

Cada conflito é uma chance

Durante os trinta e seis anos de serviço à comunidade aprendi que todo conflito também traz em si uma chance. O desafio consiste em encontrar uma solução melhor, com a qual os partidos conflitantes possam conviver a longo prazo. No entanto, pude reconhecer que também existem confrades teimosos, preferindo insistir na situação de conflito até que haja resolução segundo sua vontade. Nesses casos é importante saber que não é possível satisfazer os partidos conflitantes, mas que é preciso ter a coragem de tomar uma decisão sem o consenso deles, pois a vitória não pode estar atrelada à teimosia de poucos.

Quando comecei a trabalhar como administrador aos trinta e dois anos de idade, havia muitos conflitos. Os mestres das diversas oficinas e ateliês não haviam aprendido a discutir. Eles estavam mais acostumados a simplesmente seguir as ordens do administrador. Mas isso os havia levado a, muitas vezes, trabalhar um contra o outro. Quando me deparei com os muitos conflitos, eu quis desistir. Mas então disse a mim mesmo: "Sua obrigação é garantir uma boa atmosfera na comunidade e principalmente um bom clima de trabalho. Além disso, você não precisa resolver todos os conflitos. Pode entregá-los a Deus". Antes das reuniões tensas eu sempre pedia a bênção de Deus e, assim, conseguia entrar para esses encontros com serenidade e esperança maiores. Também aprendi a não levar para o lado pessoal a explosão de algum confrade. Nesses casos eu o deixava terminar de falar ou de extravasar suas emoções para então calmamente lhe perguntar aonde levaria aquela situação. A força para enfrentar esses conflitos veio de minha espiritualidade. Toda manhã eu me colocava sob a bênção de Deus. Meu chamado era servir às pessoas tentando solucionar os problemas no mundo do trabalho. Era uma forma concreta de levá-las a gostar de seu trabalho.

Responsabilidade, apesar da calúnia

Em alguns projetos também pude experimentar o sabor da calúnia: "Você está construindo isso por prestígio". "Você só quer construir um monumento para si mesmo." Quando eu soube dessas acusações quis desistir do projeto de uma casa de hóspedes. Mas o abade de então, Bonifaz Vogel, disse-me: "Esses que gritam agora não gritarão mais daqui a dez anos. Mas temos a responsabilidade de fazer algo que será necessário durante os próximos cinquenta anos, algo que garantirá o futuro do mosteiro". A teimosia e a ousadia que o Abade

Bonifaz demonstrou me deram também a coragem de aguentar o conflito e de ignorar os ataques. Aqueles ataques hostis eram apenas um desafio para reavaliar minhas motivações: "Por que quero construir a casa de hóspedes? É por interesse próprio ou pelo interesse do mosteiro?" Acusações e ataques também podem ter um sentido; eles me obrigaram a purificar minhas motivações para que eu pudesse servir realmente à causa, e não a mim mesmo ou à minha fama.

Durante os trinta e seis anos que estive como administrador vivi situações que me impulsionaram a desistir, pois havia tantas e diferentes opiniões que não podiam ser harmonizadas. Mas então meu senso de compromisso pela comunidade sempre me lembrava: "Sou responsável pelo futuro da comunidade". Igualmente na oração encontrei forças para continuar servindo. Nessas ocasiõs eu podia "sentir na pele" que liderar significa servir: eu sirvo à comunidade; sirvo também àqueles que giram apenas em torno de si mesmos; sirvo para que a comunidade, a despeito dos interesses mais variados, siga um caminho comum, e não importa se esse serviço é reconhecido pelos confrades, ou não.

Minha experiência é de que a maioria dos conflitos ocorre simultaneamente em três níveis; no nível objetivo e concreto, no nível emocional e no nível espiritual.

Walter Kohl

Como enfraquecer o poder das resistências

Resistências são mensagens. Elas querem nos dizer que determinada situação não é como a imaginamos, que as pessoas não se comportam como esperamos. O importante é não levar a resistência para o lado pessoal; na maioria dos casos elas não são um ataque à nossa pessoa, mas, antes, manifestação do fato de que a nossa percepção da realidade não coincide com a percepção da realidade de outras pessoas. Normalmente nosso ego é o maior inimigo quando lidamos com resistências. Ele quer nos seduzir a declarar guerra à resistência, motivando-nos a esquecer de toda a inteligência e serenidade e a não reconhecermos o mínimo erro e fraqueza em nós. Portanto, minha primeira dica é esta: precisamos, o máximo possível, despersonalizar ou desemocionalizar nossa forma de lidar com a resistência.

As resistências internas podem nos proteger de erros. Costumamos chamá-las de instinto ou sexto sentido. Particularmente acho muito importante obedecer a esse sexto sentido, pois é um sensor importante. Isso não significa que devemos seguir cegamente os nossos sentimentos, mas pelo menos levar muito a sério a nossa intuição emocional, e, quando necessário, também ter a coragem de respeitar essa intuição.

Rudi é um dos meus melhores amigos e um montanhista entusiasmado. Certa vez ele e seu guia queriam escalar uma montanha de difícil acesso. Estavam caminhando há muitas horas e faltavam poucas centenas de metros para atingirem seu objetivo. Quando Rudi me contou a história, mencionou que chegaram até a "sentir o cheiro do cume", tão próximos eles estavam. De repente o guia parou e disse que ele tinha um pressentimento ruim, que algo estava errado com o tempo e que ele queria voltar imediatamente. Rudi me contou o quanto ele ficou surpreso e até mesmo chocado, pois ao olhar para o céu azul não viu qualquer nuvem escurecendo aquele dia perfeito de verão. Desistir a pouquíssimos metros do alvo era loucura e até mesmo ridículo. Nenhum dos colegas montanhistas acreditariam neles, e seriam vistos como fracassados, como montanhistas ruins que não haviam conseguido chegar ao cume e que agora tentavam esconder seu fracasso com um conto de fadas.

Por outro lado ele sabia que o guia possuía muita experiência e que, por ser um homem calmo e profissional, deveria levar a sério as suas objeções. Eles discutiram rapidamente e então decidiram voltar imediatamente para o abrigo mais próximo. A meio-caminho o tempo mudou repentinamente; uma tempestade surgiu do nada; um vento gélido, neve e neblina tornaram a caminhada quase impossível. Graças a Deus eles já haviam passado pelos trechos mais difíceis. Mesmo assim, o último trecho foi uma verdadeira prova. Completamente cobertos de gelo, conseguiram chegar ao abrigo. Mais tarde souberam que alguns montanhistas haviam continuado a escalada e morrido perto do cume. Eles tiveram muita sorte, pois se a tempestade tivesse surgido uma hora depois eles não teriam conseguido voltar. Encerrando seu relato, meu amigo me disse: "Walter, você nem imagina como estou feliz por termos obedecido ao instinto do guia".

Sempre me lembro dessa história quando enfrento resistências em minha vida, procurando estabelecer o máximo de distância. Ao analisar a situação de fora, como um observador, procuro, pelo menos por um instante, distanciar-me de sentimentos como raiva, decepção e impaciência, esfriando a cabeça.

Outro método que me ajuda é a visualização. Tento desenhar a lápis um tipo de diagrama, um tipo de mapa da situação numa grande folha de papel. Uso um lápis, pois ele me permite apagar e seguir meus pensamentos em seu fluxo natural. Costumo usar folhas A3, que guardo em casa e no escritório. O importante é fazer as perguntas certas: "Quem está envolvido?" "Qual é a essência do problema?" "Quem faz o quê?" "Por quê?" "Quais interesses explícitos e implícitos estão em jogo?" "O tempo é um fator crítico?" "Quais são os perigos envolvidos?" Quando tentamos abordar a situação do modo mais sóbrio possível podemos tirar grande parte do poder das resistências. Porém, confesso: isso não funciona imediatamente, sendo preciso tempo para aprender; é uma questão de prática e experiência de vida.

Como responder a ataques com eficácia

A melhor arma contra ataques e calúnias é não levá-los para o lado pessoal. Uma calúnia só funciona se eu me sentir magoado e comunicar isso ao caluniador.

No início de nossa carreira como empreendedores recebemos um grande pedido de uma renomada fábrica de prensagem. Fornecemos ferramentas produzidas na Coreia e faltava apenas a inspeção final na Alemanha. De repente, a condução no projeto mudou drasticamente; coisas que haviam sido aprovadas na Coreia estavam sendo criticadas. Nosso cliente parecia ter feito um concurso para determinar quem conseguiria encontrar novos problemas; ele fez de tudo para encontrar argumentos que justificassem o não pagamento da última prestação. Lutamos contra essa sua estratégia e o assunto finalmente tornou-se conhecido pelos seus diretores.

Todos nós que estávamos envolvidos nos reunimos. Em determinado momento um dos diretores se reclinou e disse em meio a um sorriso: "O senhor é filho do Kohl. O senhor tem condições de insistir nesse conflito? Eu sou um homem renomado nesta região. Talvez eu informe à imprensa sobre o tipo de fornecedor que o senhor é. Creio que isso interessaria a muitas pessoas".

Num primeiro momento senti uma raiva enorme. "Seu filho da mãe", pensei. Fiquei pálido, e o sorriso do meu interlocutor ficou maior, pois evidentemente ele gostou de ver que suas palavras haviam gerado o resultado esperado. Mas então consegui recuperar meu autocontrole e respondi: "Faça o que achar necessário fazer. Eu já sobrevivi a outras crises e sobreviverei também ao seu lixo. Garanto que publicarei no jornal regional a minha resposta e uma descrição do seu comportamento". Um silêncio gélido envolveu toda a sala. A reunião foi suspensa, pois todos sabiam que qualquer passo a mais poderia causar uma explosão. Após alguma discussão combinamos outro encontro, mas apenas com os técnicos. Nessa reunião conseguimos encontrar uma solução: recebemos parte do nosso dinheiro e conseguimos encerrar o projeto.

O que me salvou naquele dia foi ter conseguido controlar a minha raiva pelo menos até o fim da reunião. Calúnias são ataques intencionais à dignidade e integridade de uma pessoa. Por isso, precisamos lidar também de forma dura e consequente com qualquer tipo de calúnia. Aquele que recorre a esse expediente decidiu violar as regras do jogo justo e não pode se queixar se a reação corresponder às suas ações.

Na maioria das vezes as calúnias são planejadas "a sangue-frio". É isso que as torna tão perigosas. Quando alguém comete uma calúnia no calor da briga ela pode ser corrigida na maioria das vezes. Calúnias intencionais, porém, são como um bumerangue: quando não conseguem atingir seu alvo voltam para o caluniador. Por isso, precisamos sempre levar em conta o que isso significa para o caluniador e se esse efeito bumerangue não pode ser a causa para intensificação do conflito.

Creio que temos o direito de nos defender. Em uma situação de ataque ou calúnia precisamos decidir se um contra-ataque ou também uma aplicação controlada de violência não seria uma reação adequada. Existem pessoas que só reagem sob pressão, que interpretam palavras como sinal de fraqueza, e isso pode incentivar uma violência ainda maior. Quando lidamos com os grandes e pequenos ditadores deste mundo precisamos fazer um contra-ataque duro para conquistar o respeito do adversário e abrir o caminho para uma solução. Nem sempre é ruim ser um guerreiro; na minha opinião, a arte consiste em ser um guerreiro bom que busque a paz.

Buscar a paz em conflitos

Conflitos são sugadores de energia; eles nos preocupam. A partir de certo momento eles sugam nossa energia e alegria de viver. Temos basicamente quatro métodos para lidar com conflitos, semelhantes a uma giratória no trânsito com saídas diferentes. Podemos lutar, fugir, permanecer no círculo... ou tentar encontrar a paz.

Cada conflito é diferente e tem sua própria dinâmica. Por isso, precisa ser tratado individualmente. Às vezes é necessário lutar e outras vezes é aconselhável recuar. Também há ocasiões nas quais o tempo trabalha em nosso favor, quando precisamos simplesmente aguardar. O método descrito acima de mapear uma situação pode ajudar na escolha da estratégia adequada.

Muito difíceis são os conflitos que afetam nosso íntimo; conflitos que envolvem pessoas próximas, membros da família ou amigos íntimos. Quando temas como confiança traída, mentiras e humilhações fizerem parte do conflito não deveríamos adiar o problema, mas agir rapidamente. Em casos assim uma estratégia dupla pode ser útil: por um lado, não ignorar ou suprimir o conflito, mas tematizá-lo; e por outro, fazer as pazes interiormente com as pessoas, os sentimentos e a situação. Principalmente em conflitos entre pais e filhos, irmãos ou cônjuges essa estratégia ajuda a desembaralhar o conflito. Quando não conseguimos resolver um conflito externamente podemos, mesmo assim, encontrar a paz interior e pacificar a situação.

Fontes de energia em situações de conflito

Felizmente posso recorrer a uma série de fontes de energia: minha esposa e minha família me apoiam, tenho amigos aos quais posso pedir ajuda e conselhos. Outra fonte importante é minha fé: não estou sozinho. Também posso recorrer às minhas experiências. Uma delas é que a maioria dos conflitos ocorre simultaneamente em três níveis: no nível objetivo e concreto, no nível emocional e no nível espiritual. Os níveis objetivo e emocional podem ser resolvidos por conta própria ou com a ajuda de outras pessoas. No nível espiritual eu procuro o diálogo com Deus, a oração.

Um exemplo prático: no início de 2011, quando publiquei meu primeiro livro: *Leben oder gelebt werden* [Viver ou ser vivido], no qual também falo sobre a paz unilateral com meu pai, o interesse da mídia se concentrou principalmente nesse tema. Alguns jornalistas acreditavam até ter o direito de demonstrar que eu não estava sendo sincero. No primeiro ano usaram entrevistas e programas de rádio para me provocar e uma vez até para, durante um programa ao vivo, me atrair para uma armadilha. Certa vez chegaram até a chamar um psicólogo, que nem havia lido o meu livro, para me refutar ao vivo em um programa de grande audiência.

Mas essas tentativas estavam fadadas ao fracasso. Por quê? Antes da publicação do livro eu havia, também por meio da oração, lutado muito por uma clareza espiritual. Perguntei-me muitas vezes: "Você está realmente sendo sincero?" "Você defenderá suas posições mesmo quando submetido a pressões?" "Esta é a resposta do seu coração, não só hoje, mas também no futuro, pelo menos durante os próximos dez anos?"

Normalmente nosso crítico mais duro é o crítico interior, e isso se aplica também a mim. Ninguém nos conhece melhor do que nós mesmos. Mas a oração é algo diferente de um diálogo consigo mesmo. Oferecemos o nosso eu, nossas perguntas e nossas preocupações a Deus, com toda a sinceridade. No silêncio de uma oração não podemos enganar a nós mesmos; nele, todas as maquinações, todas as desculpas são reveladas. Nunca somos mais sinceros do que quando estamos na presença de Deus, podendo encontrar a paz verdadeira, sendo que Ele é maior do que todas as fontes de energia. Minha experiência me ensinou que na oração ganhamos força e coragem em abundância, quando podemos compartilhar da força de Deus.

11
O poder e suas motivações

O poder é um tema não só da grande política, ele também nos afeta em nosso dia a dia. Como usamos nosso poder? Quais são nossas motivações verdadeiras?

Walter Kohl

Qual é a motivação, qual é a dosagem?

Poder e fazer estão intimamente vinculados. Quando as pessoas fazem algo precisam também do poder, isto é, da possibilidade e dos recursos necessários para aquele empreendimento. Ter poder significa influir sobre pessoas ou coisas segundo seus próprios interesses, significa controlá-los e dirigi-los. O poder é como uma espada de possibilidades; podemos usá-la para atacar e para machucar, mas também para proteger. Em outras palavras, o poder é, de certa forma, semelhante a uma faca de cozinha: podemos usá-la para cortar tomates ou esfaquear alguém. Ela é a mesma; a diferença está na motivação e no seu uso. O poder representa apenas um potencial; é como fogo: Podemos usá-lo para cozinhar ou para destruir algo. O problemático não é o poder em si; o que causa dificuldades é como as pessoas o utilizam.

O treinador de um time de futebol tem seu poder. Os pais também o têm sobre seus filhos. "Não brinque na rua" e "Está na hora de dormir" são declarações de poder paternal/maternal. A criança precisa se subordinar a esse poder e talvez o faça sob protestos. Talvez chegue até a chorar, mas no fim os pais se impõem. Esses exemplos de poder são ao mesmo tempo afirmações que refletem responsabilidade. Quando os pais dizem algo assim para seus filhos eles demonstram preocupação pelo bem-estar deles. Revelam preocupação pela sua segurança quando brincam ou que durmam o suficiente. Eles exercem poder para o bem de outra pessoa, não para o seu próprio bem.

Outra forma de poder é quando ele é usado para os interesses próprios, apenas para o próprio bem-estar. Esse tipo de poder é explorador, e ditaduras estão baseadas nele, garantindo o monopólio mediante do controle da polícia e do exército. Nesse sentido, qualquer pessoa que não apoiar um ditador passa a ser considerada seu oponente ou inimiga do povo. Hitler, Stalin, Mao e seus imitadores modernos se estruturaram/estruturam nesse princípio. "O partido sempre tem razão" passou a ser uma verdade inabalável, restando saber quem é o partido e quem manda nele.

Os ditadores do dia a dia trabalham segundo esses princípios. Quer seja a sogra rabugenta ou o chefe tirânico, todos sempre procuram uma alavanca mais ou menos sutil para aumentar seu poder e usar o outro para seus próprios fins. Há o chefe que sempre exige o máximo de seus funcionários porque sabe que eles dependem daquele emprego e que eles não têm alternativa. Há igualmente a sogra que aparentemente adoece sempre no momento mais inoportuno; na verdade, porém, está exercendo seu poder de controle. Ela oprime por meio de sentimentos de culpa e exigências à família, sendo que esse tipo de atitude pode levar à separação dos cônjuges.

Quando analiso o poder e seu exercício, dois pontos chamam minha atenção: sua motivação e sua dosagem. Quando é motivado pelo egoísmo causará danos e gerará conflitos. Isso, porém, não é um fenômeno dos nossos dias. O movimento contra a energia atômica nasceu na década de 1970 no sul de Baden; uma região rural e conservadora cuja maioria dos eleitores é da CDU®. Na época o governo estadual conservador queria realizar a construção de uma usina nuclear a qualquer custo. Os protestos civis foram condenados politicamente e combatidos com violência policial. Finalmente aquele governo conseguiu derrotar sua própria base política. A construção da usina nuclear foi iniciada, mas foi interrompida mais tarde. Além disso, aquele governo teve de pagar um preço político muito alto pelo exercício desmedido de poder. Com o surgimento de um novo quadro político, depois de muitos anos, a CDU foi expulsa do poder.

Ação e reação, movimento e contramovimento também fazem parte da estrutura de poder. Aquele que exerce poder precisa esperar uma reação contrária. Mesmo que essas ações se manifestem após muito tempo, são inevitáveis. A ditadura do Partido Socialista Unificado na Alemanha Oriental, por exemplo, teve de sentir isso "na própria pele". Geralmente nos esquecemos da existência desse eco na história, pois muitas vezes há uma autoavaliação exagerada das pessoas orientadas pelo poder. "Os outros não teriam coragem de se opor": esse é o seu equívoco mais comum.

O poder pode se transformar em uma droga, em um vício de ambição e aplausos. Alguns chegam a afirmar que o poder é mais forte do que a heroína. Podemos observar isso quando os poderosos se agarram a ele desesperadamente, simplesmente porque não conseguem imaginar uma vida sem poder. Não devemos subestimar o fato de que o poder pode alimentar o

---

* CDU = Christlich Demokratische Union (União Cristã Democrata), um partido alemão tradicional de direita [N.T.].

Narciso que existe dentro de nós. Charles Chaplin desmascarou esse fenômeno em sua representação imortal do ditador, que brinca com um globo – totalmente apaixonado por sua onipotência – até o momento em que este estoura.

Um jogo frio

O poder tem suas regras e seus mecanismos, é um jogo frio. Maquiavel resumiu com precisão todos esses contextos em sua obra O *príncipe* – na minha opinião, uma leitura obrigatória para todos aqueles que se ocupam com o poder. Maquiavel argumenta de forma muito lógica e ignora tudo o que não diz respeito à preservação e ao aumento de poder. Quando um príncipe deseja muito poder e quer se impor aos outros ele precisa se livrar das amarras da moral, da ética e subordinar-se consequentemente ao seu objeto da maximização do poder. Quem deseja poder na forma de controle e dominação precisa se subordinar completamente a ele e às suas regras. Nesse movimento é possível descobrir um outro fenômeno do poder: "aquele que se deita com o poder é dominado por ele". O poder sempre domina o poderoso, ele é uma amante impiedosa, não importando se ele se apresenta e se compreende como democrata ou ditador.

Pude observar esse fenômeno durante o mandato do meu pai – nele e em seus colegas. O poder do poder se manifesta na dificuldade de abrir mão dele. Inúmeros políticos – Adenauer, Bismarck e muitos primeiros-ministros – são exemplos disso. O problema é que, após alcançar o cume só existe uma direção: o medo da queda e da irrelevância políticas, e por fim a pergunta sobre o próprio valor, sobre o valor como pessoa. Quando aumentar sempre mais o poder e alcançar determinadas posições e cargos forem a única meta da vida, o poderoso percorre uma estrada de mão única fatal que só conhece uma direção: para baixo. E isso é vivenciado como desvalorização pessoal.

E aqui se esconde um outro perigo: além da subordinação ao princípio do aumento do poder deve-se pagar o preço da desconfiança. Aquele que trai a confiança de outros também não pode confiar neles, esta é a consequência lógica. Aquele que deseja ter poder político necessariamente precisa derrubar e afastar os rivais, precisa romper acordos e decepcionar a confiança depositada nele. É a natureza do poder, pois sua busca sempre é uma concorrência. Meu pai me disse muitas vezes que, quanto mais se sobe, mais se afunila a pirâmide, mais rarefeito se torna o ar. Sem dúvida alguma, ele tinha razão. Cada nomeação de um ministro significa decepcionar os outros candidatos, e esses perdedores raramente se esquecem de sua derrota e de sua mágoa. Maquiavel disse acertadamente que o príncipe precisa ferir; que ele não tem outra escolha se quiser garantir seu poder e continuar dominando.

Se um dia o escândalo de doações da CDU for devidamente processado veremos que o problema não foram as doações, mas o poder dentro do partido. A geração jovem queria se livrar do velho rei, que não conseguia abrir mão do poder. O restante era política interna do partido ao modo de Shakespeare. Todos já conheciam os fatos, a espada já havia sido colocada sobre a mesa. Então ela foi tomada por uma mão que soube manuseá-la com segurança. Hoje, porém, as espadas têm outros nomes do que nos dramas de Shakespeare. Chamam-se cartas difamatórias e campanhas midiáticas. Maquiavel teria se divertido.

Tenho certeza de que a vida corrige desequilíbrios. Quem viveu às custas de outros durante anos terá de pagar a conta em algum momento. Talvez seja por isso que muitos poderosos criam fundações no fim de suas vidas. Sim, querem que seu legado seja preservado. Mas, muitas vezes, temos a impressão de que eles tentam restituir um pouco os danos que causaram.

O poder e o medo

Quanto mais poderosa uma pessoa, mais poderosos também são os seus medos. Pude vivenciar isso em 1992 numa viagem pela Polônia, quando passamos também pela Prússia Oriental. Próximo de Rastenburg se encontra o antigo quartel-general do Führer, a chamada *Wolfschanze*, que, durante muito tempo, foi o centro de controle do Terceiro Reich. As instalações são organizadas em círculo, com o *bunker* do Führer ao centro. Na verdade, esse *bunker* é um grande cubo de concreto, sem janelas, com um único acesso. No centro do cubo há um espaço menor do que a maioria dos quartos de uma casa comum de classe média. Completamente cercado de concreto, era esse o quarto em que Hitler dormia, seu cantinho seguro, seu refúgio. Lembro-me muito bem dessa visita. A caminho da *Wolfsschanze* eu tinha uma expectativa difusa de encontrar algo grandioso. Na realidade, porém, vi apenas um quarto, pior do que uma cela de prisão. Esse *bunker* era como uma imagem distorcida. Por um lado Hitler se apresentava como "o maior general de todos os tempos", como sua propaganda gostava de dizer. Por outro, esse homem se escondia como o maior covarde de todos os tempos numa floresta, protegido por milhares e milhares de soldados e muita tecnologia, em um *bunker* sem janelas e contato com o mundo. Que vida dominada pelo medo!

Creio que hoje a nossa forma de lidar com o poder não é nova nem mais ética do que antigamente. Isso também vale para as igrejas, principalmente para a Igreja Católica. Por exemplo, o fato de ignorar os escândalos de abuso sexual por parte da hierarquia mostra o tipo de poder que age nos bastidores. A mesma observação vale para as atividades obscuras do "Banco do Vaticano", que durante décadas gozou da proteção de poderosos grupos.

Creio que se trata de utopia querer moralizar o poder, e a esperança de restringir o abuso de poder a regras éticas não é realista. Isso não funcionou no passado, e as expectativas para o futuro não são muito melhores. Tenho certeza de que a transparência é o melhor remédio contra o abuso de poder. Sim, algumas regras podem ajudar, mas apenas se pudermos reivindicá-las, e isso sempre ocorre publicamente. Quando adultos abusam do poder que têm sobre crianças, seja por meio de violência física, psicológica ou sexual, a publicidade do fato é a melhor resposta. A pessoa que cometeu o abuso precisa ser responsabilizada publicamente; seus atos e suas consequências não podem ser escondidos.

Lados positivos

Depois de todas essas palavras sobre os perigos do poder preciso falar também sobre os lados positivos dele, que também pode salvar, ajudar e curar. Quando as pessoas conquistam poder sobre uma doença, isso é uma felicidade. A invenção da penicilina é um desses momentos de poder, ou a vitória sobre a peste. Há um poder positivo quando as pessoas ajudam a outras pessoas em situação de necessidade, empregando seus recursos de poder. Isso vale em escala grande e pequena. Quando, durante o intervalo das aulas, uma criança socorre outra numa briga com uma criança mais forte, quando esta ataca e atormenta a mais fraca, isso configura um grande passo no uso responsável de poder.

Este é, em minha opinião, o ponto decisivo. O poder sempre é útil quando tem um objetivo responsável, quando serve ao bem de todos e quando não recorre à violência. O que os poderosos deste mundo mais temem é uma oposição pacífica e pública. Nesse caso, o poder ocupa o lugar que lhe cabe; é apenas um meio para determinado fim.

O poder não é, portanto, um tema apenas para a grande política, mas nos diz respeito no dia a dia. Como usamos nosso poder? Quais são nossas motivações verdadeiras? Usamos nosso poder para ajudar aos mais fracos?

O desejo de poder faz parte do ser humano.
Ele deseja exercer influência sobre este
mundo, deseja modelá-lo.

Anselm Grün

A dupla face do poder

A princípio, o poder é algo positivo. Na língua portuguesa ele significa "ser capaz". Poder tem aquele que é capaz de fazer algo, que possui a capacidade de realizar alguma coisa. O filósofo social alemão Max Weber o definiu mais como algo negativo, "como capacidade de uma pessoa ou de um grupo de impor sua vontade e seus objetivos também contra resistências externas e internas, materiais ou pessoais". Para Tomás de Aquino, o ser humano, como criatura de Deus, participa de seu poder. Mas o poder só é positivo quando o ser humano participa também das outras qualidades de Deus, sobretudo de sua bondade e justiça. Poder significa a capacidade de modelar o mundo, e de tal forma que ele corresponda à vontade de Deus. Evidentemente, também posso abusar do poder; posso me extasiar com ele; usá--lo para impor meus interesses egoístas.

Os psicólogos nos dizem que o poder concede habilidades ao ser humano, pois promove a produção de certas substâncias no cérebro que liberam não só força e energia, mas também criatividade. Mas essas substâncias também podem viciar o ser humano, tornando-o dependente dele e ficando cego para a realidade. As substâncias no cérebro que inicialmente fortaleceram sua criatividade passam a ofuscar a realidade. A pessoa que o possui deixa de lutar pelas coisas que ele pode moldar e passa a lutar pela sua preservação. A Bíblia também conhece esse fenômeno, apresentando como exemplo negativo o Rei Herodes. Ele, como figura histórica, era viciado em poder e extremamente violento. Mas a Bíblia o apresenta também como um homem que tinha medo da criança que os magos desejavam adorar como *o filho real*. Ele tinha medo de qualquer rival. Por isso, precisava matar todos os que poderiam representar ameaça para ele. Vemos isso também hoje. Existem políticos e executivos tão possuídos pelo poder, que destroem todos os rivais, não por meio de assassinatos, como no passado, mas por meio de truques e intrigas e, às vezes, também por meio de difamação e calúnia.

Formas negativas de poder

Jesus critica duas formas negativas de poder quando diz: "Os reis das nações as dominam e os que exercem autoridade são considerados benfeitores. Entre vós não seja assim. Ao contrário, o maior entre vós seja como o menor, e quem manda, como quem serve" (Lc 22,25s.). Uma forma negativa de poder é quando domino pessoas, quando me coloco acima delas e as diminuo para fazê-las acreditar em minha própria grandeza. Esse é o poder das pessoas com complexo de inferioridade. Elas não sabem lidar muito bem com o poder; abusam dele para se engrandecerem às custas de outros. Precisam desvalorizar todos os outros para provar seu próprio valor. A segunda forma negativa de poder ocorre quando eu o utilizo para melhorar minha imagem. Não se trata tanto de um poder externo, mas de fama e reputação que o poder me dá; quero ser reconhecido como pessoa influente. Na cultura midiática de hoje, essa forma de abuso de poder é muito comum. Alguns fazem de tudo para aparecerem nas mídias. Jesus se opõe a essas formas de poder mostrando o que seria poder numa compreensão positiva: servir às pessoas, despertar nelas a vida escondida em seu interior.

Ocultação de poder

Conheço cristãos que não têm coragem de fazer carreira, preferindo permanecer onde estão. Há aqueles que justificam essa opção alegando a necessidade de dedicação familiar. Isso é legítimo; quando a carreira profissional exige um preço alto demais da família, é preciso pensar muito bem.

No fundo, o poder é algo positivo. Quando sou promovido dentro da empresa aumentam minhas possibilidades de exercer influência positiva. Posso usar meu poder para o bem dos outros, criando uma melhor atmosfera de trabalho, assumindo responsabilidade pelo meu colaborador e fazendo de tudo para garantir seu emprego. Também posso utilizar minha imaginação e criatividade para garantir o futuro da empresa. Aquele que usar o poder de forma consciente e compreendê-lo como serviço ao próximo pode ser uma grande bênção às pessoas.

A Igreja perdeu a chance de desenvolver uma teologia do poder. Em 1960, Karl Rahner chegou a publicar um artigo sobre isso. Porém, uma grande quantidade de padres e bispos não se ocupou do tema. Consequentemente, o poder da Igreja muitas vezes acabou/acaba sendo abusado, e pessoas se escondem por trás de palavras pias, afirmando que desejam servir às pessoas.

O papa também é chamado de *servus servorum Dei* (servo dos servos de Deus). Mas essa expressão pia muitas vezes levou a uma ocultação do poder. Na verdade, o papa tem muito poder. A pergunta é como ele o expressa. O Papa Francisco iniciou seu pontificado não com o exercício de poder externo, simplesmente impondo suas decisões com o poder de seu ofício. Mas, por meio de sua fala e de sua aura, exerce muito poder sobre o mundo e está transformando o clima na Igreja. – Quando uma pessoa aborda determinados temas ela exerce poder. O mundo não pode ignorar esses temas.

A razão pela qual a Igreja não desenvolveu uma teologia explícita do poder é que provavelmente num ambiente em que se fala tanto de serviço e de amor ao próximo o poder se manifesta como sombra. E ninguém estava disposto a encarar sua própria sombra. Por isso, o poder do papa era teologicamente transfigurado. Isso fez com que Roma exercesse seu poder de forma desmedida, condenando teólogos sem um processo justo e um grupo de bispos desenvolvendo comportamento autoritário.

Autoritário é aquele que não possui autoridade real. E "autoridade" vem do latim *augere*, que significa "aumentar, multiplicar". Existem, por exemplo, professores e empreendedores que representam uma autoridade e não precisam provar seu poder. Eles possuem um poder natural, que se expressa em sua atitude de incentivo e de multiplicação de forças. Uma pessoa autoritária, porém, esconde sua insegurança e sua falta de autoridade por trás de uma conduta que não permite qualquer oposição; que não multiplica, mas diminui.

Todo padre tem poder, e o modo como ele celebra missa afeta a assembleia reunida; ele exerce grande influência como líder. O caricaturista e pastor evangélico Tiki Küstenmacher desenhou um pastor prestes a pular do púlpito para o meio de sua congregação, dizendo: "Eu sou um de vocês". Küstenmacher critica a recusa do pastor de assumir seu poder sobre a congregação. Quando eu prego, já exerço poder. E isso é legítimo, preciso apenas ter consciência desse poder e usá-lo como bênção para os outros.

E como padre sou líder de uma assembleia. Quando recuso a liderança e o exercício do meu poder estou prejudicando a comunidade reunida. Surge então um vazio de poder, que passa a ser exercido por outras pessoas, muitas vezes não para o bem da comunidade.

Tentações do poder

O desejo de poder faz parte do ser humano. Ele deseja exercer influência sobre este mundo, modelando-o. No fim das contas, o poder do ser humano é participação no poder de Deus, que criou este mundo. Mas sua tentação primordial é querer ser como Deus. Ele me deu poder, que deve ser usado de forma responsável, como dádiva. Mas o exercício de poder sempre traz a tentação de diminuir os outros, de dominá-los, de escravizá-los. Uma outra faceta é a ganância de poder: Eu perco a medida e exijo mais poder; não tolero ninguém do meu lado; tudo precisa girar em torno de mim mesmo; eu preciso decidir tudo; comporto-me como se o mundo inteiro me pertencesse; não assumo qualquer responsabilidade pelo mundo, o mundo é que deve servir a mim mesmo e ao meu poder; quero ser como Deus.

Mateus e Lucas descrevem três tentações de Jesus. Trata-se de tentações que todo ser humano enfrenta. Uma delas é a tentação do poder, quando o diabo leva Jesus para o alto de uma montanha. Ele "mostrou-lhe todos os reinos do mundo com sua glória e lhe disse: 'Tudo isso te darei se, caindo por terra, me adorares'. Jesus então lhe falou: 'Afasta-te, satanás, pois está escrito: Adorarás o Senhor teu Deus e só a Ele servirás'" (Mt 4,8-10). Todos conhecem a tentação de reinar sobre muitos países e de ser um dos homens ou uma das mulheres mais poderosos do mundo. Mas Mateus nos mostra qual é o preço do poder: a adoração de satanás. Quando tenho fome de poder e a única coisa que me interessa é isso, eu me ajoelho diante do diabo. A palavra grega para "diabo" em Mateus é *diabolôs*, isto é, aquele que cria um caos, que ofusca tudo, que confunde os meus padrões. Eu me coloco acima dos outros e esqueço que sou um ser humano entre seres humanos e que o poder me foi dado para melhorar a vida dos outros. Como antídoto para essa tentação, Jesus recomenda se prostrar diante de Deus e adorá-lo. O poder, como também o dinheiro, pode se transformar em ídolo. E quando eu sirvo e adoro um ídolo perco minha dignidade de ser humano; perco a medida e caio num abismo profundo. – É impossível cair mais fundo do que ficar de joelhos diante do diabo.

Quando me prostro diante de Deus e o adoro, Ele me ergue e eu vivencio minha dignidade. Quando me prostro diante do diabo, eu entrego a ele a minha dignidade.

Em seu romance *Doutor Fausto*, Thomas Mann ilustrou essa tentação do poder. O compositor alemão Adrian Leverkühn não deseja ter poder sobre reinos, mas sobre pessoas por meio de sua música genial. Então faz um acordo com o diabo, que o capacita a dominar e exercer influência sobre as pessoas por meio de sua música genial. Mas o preço que o compositor precisa pagar é nunca experimentar o amor, tornando sua vida fria e vazia. O poder exerce uma atração sobre todos, mas aquele que ceder a essa atração fará a mesma experiência de Adrian Leverkühn. Sua vida falha, pois ele conhece apenas o poder, e nada mais. A humanidade se acaba, o amor se afasta. E sem amor nenhuma vida pode ser bem-sucedida.

Abuso de poder

Existe o abuso de poder não só na política e na economia, mas também nos âmbitos pessoal e espiritual. Falamos hoje de abuso emocional, de abuso espiritual e de abuso sexual. Em todos os três âmbitos o poder é abusado. No âmbito sexual, um adulto abusa de seu poder sobre a criança mais fraca. Muitas vezes, esse poder é gerado conquistando a confiança da criança e dando-lhe atenção, e então o poder é abusado. Esse abuso gera uma confusão de sentimentos; falamos de "morte da alma", que é forçada a recuar e a se retirar, pois não consegue mais habitar no corpo abusado.

No abuso emocional trabalha-se com o poder das emoções e com o poder da dependência. Fazemos com que uma pessoa dependa de nós e então abusamos dela emocionalmente: "O fato de eu não estar bem é culpa sua". "Você não me ama o bastante." "Você precisa cuidar melhor de mim. Caso contrário, não conseguirei viver." É difícil defender-se de uma consciência pesada.

Algo semelhante acontece no abuso espiritual. Por exemplo, um guru orienta uma pessoa em sua busca espiritual, passando-lhe a impressão de ser uma pessoa santa que sabe exatamente o que Deus espera do ser humano. Mas ele abusa desse poder, dizendo-lhe exatamente o que deve fazer. Fazendo-a dependente dele, o guru lhe ameaça com todo tipo de maldição, caso não faça o que ele diz: "Deus castigará" "Sua vida fracassará"...

Em todos os três casos o poder é abusado para satisfazer os próprios desejos. O outro, com suas necessidades, não importa. O que importa sou eu com o meu poder. Uso meu poder para subordinar os outros e torná-los dependentes de mim. Isso aumenta minha autoestima e meu senso de poder.

Poder e impotência

Todos nós conhecemos o poder e a impotência. Diante de algumas pessoas nós nos sentimos impotentes, e nem sempre se trata daquelas que são visivelmente poderosas. Há pessoas que se parecem com um avô autoritário; em sua presença nós nos sentimos pequenos e impotentes. Jesus conheceu ambos os aspectos: o poder e a impotência. Quando pregou pela primeira vez na sinagoga de Cafarnaum as pessoas ficaram surpresas com seus ensinamentos, "pois Ele os ensinava como quem possui autoridade [divina], e não como os escribas" (Mc 1,22). Ao pregar, suas palavras provocaram algo nas pessoas; um homem possuído por um demônio gritou. Ele sentia que as palavras de Jesus representavam uma ameaça ao seu poder.

Na primeira parte de seu Evangelho, São Marcos descreve como Jesus expulsava os demônios com poder, como todas as pessoas ficam entusiasmadas com Ele e o seguiam. Mas na terceira parte do Evangelho, Jesus não fez mais milagres. Ali Ele entra no âmbito do poder da escuridão, no âmbito dos poderosos deste mundo. E Ele mesmo se torna impotente, mas é justamente na impotência de seu amor que Ele vence o poder dos poderosos.

Jesus volta sua atenção para as pessoas vistas como pecadoras, excluídas da comunidade humana; para os doentes e fracos ignorados pelas pessoas. E esta é também a sua mensagem para os cristãos. Jesus envia seus discípulos "como ovelhas no meio de lobos" (Mt 10,16), e lhes ordena: "Curai os enfermos, ressuscitai os mortos, limpai os leprosos, expulsai os demônios. Recebestes de graça, dai de graça!" (Mt 10,8). E assim como Jesus cuida das ovelhas perdidas, a comunidade cristã precisa fazer o mesmo (Mt 18,12-14). Os cristãos devem defender justamente aqueles que não são representados pelos poderosos; que, impotentes, são marginalizados. Os cristãos devem imitar Jesus, que devolve a dignidade àqueles que não têm valor aos olhos da sociedade e os ajuda a se levantarem.

Quando penso nas muitas conversas que tenho com as pessoas, percebo que a maioria delas se enquadra na categoria dos necessitados: Pessoas cujo casamento fracassou, pessoas solitárias, pessoas depressivas, pessoas doentes e que não sabem lidar com sua doença. Todas elas precisam de atenção; elas querem ser percebidas, aceitas e reconhecidas em seu sofrimento. Nos cursos de liderança também participam pessoas que possuem boa condição financeira. Elas também me procuram porque precisam de algo, porque estão sofrendo com determinada situação, porque seus relacionamentos estão danificados, porque falharam na profissão, porque não fazem parte daqueles que ocupam o topo da pirâmide.

Jesus jamais negou sua atenção a alguém. Ele chegou a procurar também os coletores de impostos, que viviam em condições financeiras privilegiadas, mas eram rejeitados e excluídos pelos religiosos. Jesus sempre reconheceu as necessidades das pessoas e justificava suas ações com as palavras: "Não são os que têm saúde que precisam de médico, e sim os enfermos. Ide e aprendei o que significam as palavras: Quero misericórdia e não sacrifícios. Porque não vim para chamar os justos, mas os pecadores" (Mt 9,12s.).

Também me deparo com pessoas que foram destruídas pelo poder de outros. Há, por exemplo, o homem que é atormentado e magoado o tempo todo por seu chefe. Esse homem mal consegue dormir, pois sua vida é dominada pelo medo do abuso de poder que ele vivencia na empresa. Essas pessoas precisam usar sua força agressiva para se distanciar daquele que abusa de seu poder. Isso não é fácil, principalmente quando é impossível evitar encontros frequentes com esse chefe. O que ajuda é esta imagem: Eu vou para o trabalho e assisto ao teatro que o chefe encena. Mas eu não participo desse teatro; não permito que suas palavras me alcancem. Eu me protejo. Quando ele reconhecer que não tem poder sobre o meu íntimo, até pode tentar intensificar as suas tentativas, mas em algum momento perceberá sua impotência e desistirá de sua conduta.

12
Sobre a responsabilidade própria e o caminho próprio

> *Seguir o caminho da vida significa, na maioria das vezes, não saber o que nos espera mais adiante; significa não saber como o caminho continuará.*
>
> Walter Kohl

Reconhecer, decidir e agir corretamente

Quem se movimenta em território desconhecido faz bem em levar um mapa e uma bússola. Assim como o mapa representa todas as informações geográficas, nós precisamos também de um mapa interno, no qual possamos representar todas as informações e experiências relevantes da vida, de tal forma que elas possam ser usadas em uma situação específica. Esse mapa interior nos ajuda a navegar e a decidir: "Qual das alternativas é a melhor em determinada situação?" "Permaneço nesse emprego ou procuro um novo?" "Quero me casar com essa pessoa?" "Será que realmente combinamos?" "É esse o lugar em que queremos viver?" "Aquilo que estou executando realmente faz sentido?" "Qual é a motivação do meu trabalho, da minha vida?"

Precisamos navegar e tomar decisões o tempo todo, e cada decisão é singular, pois ocorre num contexto que jamais se repetirá. Tempo, local, circunstâncias... tudo muda, tudo se desenvolve. Não existem receitas padronizadas para a decisão certa; porém existem valores de experiência que nos ajudam a tomar a melhor decisão possível. Todas as experiências, todas as informações – também as desagradáveis – deveriam ser ponderadas e influir no processo de decisão. Sinceridade e uma ousadia sensata também fazem parte do processo. Consequentemente, toda decisão é uma aventura, com todos os riscos e chances. Ambos precisam ser identificados com cautela, mas sem medo, para então serem avaliados e ponderados. Afinal de contas, nossas decisões são tão boas quanto nós mesmos no momento em que as tomamos.

Quando digo que nossas decisões só podem ser tão boas quanto nosso conhecimento, nossa sabedoria e nossas possibilidades concretas naquele momento, isso também significa que precisamos ter a coragem de assumir riscos e cometer erros; precisamos aceitar que decisões erradas fazem parte da nossa vida. Nossas decisões igualmente nos indicam nossa imperfeição, a possibilidade de cometermos erros.

Não seria melhor não tomar decisões e simplesmente aguardar? Às vezes, talvez. Mas a passividade também apresenta riscos. Pois quando permanecemos passivos corremos o grande perigo de que outra pessoa ou as circunstâncias decidam em nosso lugar.

Quem não toma decisões por si mesmo – mesmo que seja apenas a decisão de aguardar – torna-se vítima das decisões de outros; muitas vezes, levando desvantagem. Afinal de contas, por que outra pessoa, ao tomar uma decisão, deveria levar em conta as nossas necessidades? Normalmente, ela defende seus próprios interesses, e não os nossos. Por isso, prefiro tomar minhas próprias decisões, para não ter de me submeter à opção de outra pessoa. Infelizmente conheço o potencial de dor e sofrimento causado por uma determinação alheia. Nossas decisões deveriam ser realmente *nossas*, e não cópia de programas de decisão de outras pessoas.

Tomar decisões é uma questão de prática. Com o tempo desenvolvemos um tipo de metodologia de decisão que tem muito a ver com as nossas experiências e com a maneira como as processamos. Nós guardamos o que foi certo e bom, mas também o que nos prejudicou e machucou. Porém, sempre devemos ter o cuidado de questionar nosso programa de decisão, para que o resultado não seja meramente um acúmulo de experiências antigas. Cada decisão deveria apresentar pelo menos dois lados: (1) a solução para uma pergunta ou um desafio concreto e (2) mais um passo no aprendizado de nossa vida.

Desse modo, o ato decisório implica a disposição de aprender e de ouvir, o que inclui uma melhor compreensão do processo de decisão. Muitas vezes a maneira como chegamos a uma decisão é mais importante do que ela em si mesma. Nesse sentido, tive de aprender que justamente a crítica aparentemente desagradável muitas vezes contém o maior aprendizado, sem o qual os erros se repetiriam.

Decisões são inúteis se não as aplicarmos. Erich Kästner disse certa vez: "O bem não existe, a não ser que nós mesmos o pratiquemos". A vida nos recompensa por aquilo que fazemos, não por aquilo que poderíamos fazer, ou, em outros termos, o poder verdadeiro reside na ação. Em 2005, quando minha esposa e eu abrimos nossa empresa de ferramentas para a indústria automobilística, precisamos tomar muitas decisões, mas não tínhamos experiência alguma sobre isso. O caminho se transformou em tentativa, e tivemos de avançar, um passo de cada vez, nesse mundo que nos era muito estranho. Muitas vezes seguíamos o princípio da tentativa de erro e acerto. Em outras ocasiões não havia o que escolher; tínhamos optado por determinado caminho e então precisávamos segui-lo.

Muitas vezes comparei esse período com a formação de um time de futebol. No início os jogadores erram os passes, os atacantes caem na armadilha de impedimento, os zagueiros são pegos de surpresa pelo contra-ataque etc. Faltam visão de jogo, experiência e, por que não, autoconfiança. Apenas a prática de jogar, o treinamento e a análise rigorosa de vitórias e derrotas é que determinam a evolução do time ao longo do tempo. O caminho pode ser longo, mas isso não importa; seja longo ou curto, ele só pode ser percorrido um passo de cada vez. Quando aplicamos essa disciplina e perseveramos, somos recompensados; em algum momento os passes chegam no jogador certo, os atacantes recebem a bola no momento perfeito e acertam o gol, e, então, o adversário começa a respeitar mais.

Em certo momento começamos a fazer o nosso jogo; começamos a viver a nossa vida cada vez mais, e aos poucos deixamos de ser vividos por outros. Consequentemente nosso caminho assume uma forma mais clara e nossa velha busca se transforma no "caminho de nossa vida".

"Ousar e ponderar"

Este é um lema do qual eu gosto muito. O futuro sempre permanecerá incerto, e isso é bom; os riscos sempre representam nova chance. *Never waste a crises* (jamais desperdice uma crise) foi uma sabedoria aprendida quando trabalhei num banco em Nova York. Baseado nela, sempre encorajo as pessoas a liderar em meio a riscos – seja na vida profissional ou particular –, e com uma postura aberta. Não deveríamos ter medos desnecessários deles, pois isso desencadeia excesso de cautela e sufoca inovações. O mundo é um sistema complexo de desenvolvimentos dinâmicos, e quem se refugia numa mentalidade nostálgica, que lamenta a perda do passado supostamente tão melhor, será castigado pela vida; outros correrão os riscos que nós evitamos e serão bem-sucedidos. Ou seja, quem teme excessivamente qualquer risco ficará parado e, em algum momento, perderá diante da concorrência. A pergunta é: "Você quer liderar ou ser liderado?" Naturalmente, quem teme demais o risco será liderado por ele.

Seguir o caminho da vida significa, na maioria das vezes, não saber o que nos espera na próxima encruzilhada; significa não saber como será a vida mais à frente. Por isso, a incerteza e a insegurança fazem parte do nosso caminhar.

O que significa seguir seu próprio caminho?

"Saber como se faz algo é fácil. Mais difícil é fazê-lo", assim dizem os chineses. Evidentemente, isso é um tema em todas as culturas. Em nosso apartamento temos um quadro com uma caligrafia coreana. Ela mostra um caminho em zigue-zague, em cujo final se encontra um homem seguindo em frente. A legenda diz nas línguas coreana e inglesa: "You walk and walk on it. And some day people will call it the way". Em tradução livre: "Você caminha e caminha, e algum dia as pessoas falarão sobre seu caminho". Para mim, essa imagem aparentemente tão simples simboliza os desafios de reconhecer, decidir e agir.

Nós não vivemos sozinhos e por conta própria; sempre nos deparamos com resistências, com circunstâncias que não planejamos nem provocamos. Portanto, esta pergunta é justificada: "Em que medida somos senhores de nossa própria vida?" Minha convicção é de que somos senhores de nossa vida enquanto preservarmos a interpretação que fazemos dela. Essa descoberta de Viktor Frankl se tornou, juntamente com algumas experiências que tive com meu filho, uma das chaves para vencer minha grande crise de 2002, e não seguir o caminho de minha mãe.

Em seu livro *Trotzdem ja zum Leben sagen* [Dizer sim à vida, apesar de tudo] ele descreve e analisa suas experiências nos campos de concentração. Dois pontos que garantiram sua sobrevivência nesse inferno desumano se destacam: (1) o poder da soberania de interpretação sobre as circunstâncias em nossa vida e (2) aquilo que ele chama de "força de resistência do espírito". Com essa expressão Frankl descreve a capacidade do ser humano de assumir as rédeas de sua vida, mesmo sob condições terríveis, e, assim, conseguir superar os próprios limites e a si mesmo. E para isso é importante a clareza de sentido, saber por que se faz determinada coisa.

Essa visão de mundo nos impõe uma obrigação importante, pois ela nos impede de recorrer a desculpas. Quando aceitamos que somos senhores sobre nossa vida não podemos mais responsabilizar os outros pelos nossos fracassos. Seguir o próprio caminho significa também assumir responsabilidade por tudo aquilo que fizemos, mas também por tudo aquilo que deixamos de fazer.

A responsabilidade própria abarca não somente os nossos atos, mas também a forma como lidamos com aqueles problemas não causados por nós e dos quais somos vítimas. Exige, portanto, uma postura ativa em relação à injustiça ou à dor que outros causaram em nossa vida, não nos prendendo somente na culpabilização deles. Ou seja, quando assumimos a responsabilidade pela nossa vida seguimos nosso próprio caminho.

Não sou responsável por aquilo que me acontece vindo de fora, mas sou responsável por aquilo que faço com o que me acontece.
Anselm Grün

Nossa margem de ação

Os monges antigos diziam: "Você não é responsável pelos pensamentos que surgem dentro de você, mas é responsável pela maneira como lida com eles". Eu aplicaria essa sabedoria dos monges também à minha vida. Não sou responsável por aquilo que me acontece vindo de fora, não sou responsável por ter nascido como membro da minha família; mas sou responsável por aquilo que faço com o que me acontece. No acompanhamento vejo muitas pessoas que jogam toda a culpa pela sua miséria nos pais, nos parentes ou na empresa em que trabalham. Os outros as maltrataram, as machucaram, as impediram de viver. É claro que existem ferimentos na infância, existe *mobbing* no emprego, existem intrigas. Isso é fato. Mas cabe a mim a decisão de como pretendo lidar com isso. C.G. Jung disse certa vez que a partir de certa idade não é importante perguntar como foi a infância, o que se viveu de ruim. O que importa é assumir a responsabilidade pela própria vida: Esta é a minha história, a razão pela qual sou como sou. Não posso mudá-la, mas agora tenho a liberdade de reagir. É claro que minha liberdade não é ilimitada; ela depende do material que me foi dado e que eu posso moldá-lo por meio dela. Minha liberdade igualmente depende de minha estrutura psicológica. Por isso nem todos têm a mesma liberdade interior; alguns são simplesmente presos aos seus padrões de vida. Mas dentro dessa prisão há, em cada ser humano, uma margem de ação de liberdade, que deveria ser aproveitada.

Não permanecer no papel de vítima

Muitas vezes somos vítimas de ferimentos, de abusos emocionais e sexuais, de intrigas e de *mobbing*. É ruim ser vítima! Devemos contemplar esse estado de vítima e processá-lo, mas não podemos permanecer nesse papel. Em seu livro *Abschied von der Opferrolle* [Despedida do papel de vítima] Verena Kast descreveu por que aquele que permanece em seu papel de vítima muitas vezes se transforma em agressor, e isso não vale apenas para o abuso sexual. Muitas pessoas que cometem abuso sexual também o sofreram em sua infância. Também aquele que se percebe vítima dentro de um grupo – basta o fato de não receber o reconhecimento que deseja ou de todos serem contra ele – se transforma em agressor. Passa a ter uma postura de agressão e acusação ao grupo: "Vocês são responsáveis pelo meu mal-estar, pelo meu sofrimento. Vocês não se importam comigo. Vocês não me entendem. Por isso, não consigo respirar nesse grupo. Vocês sugam toda a minha energia". Aquele que argumenta dessa forma provoca uma consciência pesada em todo o grupo, e assim, a vítima passa a exercer poder, pois quase ninguém consegue fugir completamente da consciência pesada.

Nosso trabalho é sentir a dor que vivenciamos como vítima, mas depois precisamos tentar nos despedir desse papel de vítima. Nem sempre isso é fácil. Quem sofreu abuso sexual normalmente precisa de uma terapia para se livrar de seu papel de vítima; de pessoas que o fortaleçam, que ouçam e compreendam suas mágoas; de pessoas que lhe mostrem o caminho de acesso às suas próprias qualidades.

Dois caminhos para sair do papel de vítima

A meu ver existem dois caminhos para se despedir do papel de vítima. O primeiro deles passa pelo perdão, que não significa simplesmente desculpar a conduta do outro. Perdão significa primeiramente expulsar pela raiva aquele que feriu e, criando uma distância interior e saudável dele, livrar-se de seu poder. É deixar os ferimentos com a pessoa que os provocou, libertando-se de suas energias negativas e de poder.

Enquanto eu não conseguir perdoar permaneço amarrado ao outro. Mas é preciso deixar claro que perdão não significa necessariamente estabelecer um relacionamento normal com o agressor. Preciso cuidar da minha alma e do meu corpo, e estes me mostrarão se posso ir ao encontro dele ou preciso me proteger, porque sua aura me lembra da ferida causada. Cito o exemplo de uma mulher que sofreu abusos por parte de seu pai. Depois de fazer terapia teve a impressão de que conseguiria perdoar seu pai, mas tão logo entrou na casa dele teve uma crise de vômito. Consequentemente ficou decepcionada, achava que não havia conseguido perdoar. Eu lhe disse: "Você já perdoou, mas seu corpo está lhe mostrando que ainda precisa de distância. Dê ouvidos ao seu corpo e ao seu coração. Eles lhe dirão que tipo de relacionamento você deve ter com seu pai e onde precisa continuar a se proteger e observar certa distância".

O segundo caminho para se livrar do papel de vítima consiste em abençoar o agressor. Por exemplo: Volto do trabalho magoado e fico reclamando porque um colega me tratou de forma injusta. Então aquela pessoa passa a me dominar durante toda a noite, alterando o meu humor. No entanto, se eu optar pela bênção e imaginá-la fluindo de minhas mãos para aquela pessoa, substituo meu papel passivo de vítima pelo papel ativo de abençoador. Essa postura criará em mim um escudo; me sentirei protegido e aquela pessoa deixará de exercer poder sobre mim. Consequentemente, abrigarei em mim o sentimento de causar uma transformação no outro por meio da minha bênção. Ele deixará de ser visto apenas como agressor, mas como alguém que também tem o direito e o desejo de viver em paz consigo mesmo. Posso inclusive imaginar minha bênção levando-o a entrar em contato com o seu ser, despindo-se de seu comportamento agressivo. Já no dia seguinte poderei encontrá-lo de outra forma; não como agressor, mas agora como uma pessoa abençoada. Obviamente, tudo isso fará um enorme bem a mim mesmo, pois não permanecerei no papel passivo de cordeiro de sacrifício, mas como alguém que assumiu o papel ativo de abençoar. Posso *agir*, não tendo mais a necessidade de *sentir* como vítima.

Responsável pelo próprio caminho

Sou membro de uma comunidade monástica que, em algumas áreas, decide o que eu preciso cumprir e observar: o ritmo diário, a oração e o trabalho. E ela me dá as tarefas. Durante trinta e seis anos confiou a mim o cargo de administrador, mas esperou também que eu exercesse esse cargo com responsabilidade. Mas também sou responsável por meu caminho, por ter me tornado monge, por ter aceito o cargo de administrador e pela forma como o exerci. Fiz meu caminho como administrador e escrevi livros porque eu quis. Certa vez um confrade me disse que escrever livros era a coisa mais irrelevante do mundo, e que eu deveria me dedicar mais à função de administrador; era isso que a comunidade esperava de mim e que isso bastava. Naquela ocasião pensei: Sim, faço meu trabalho como administrador, mas quando estou a fim de escrever, eu escrevo. Ninguém pode tirar isso de mim. Eles podem me cobrir de trabalho, mas isso não me impede de escrever. Em termos objetivos, trabalhei mais na administração do que meu precursor, pois além da administração geral, também assumi a agricultura e dirigi temporariamente a editora, corrigindo textos que eu não escrevi. Ou seja, exigiram muito trabalho de mim. Mas quando sinto uma paixão, ela sempre encontra um jeito de expressar o que sente. E, assim, consegui reservar seis horas por semana para escrever. Às terças celebro a missa vespertina na Casa Recollectio, e às quintas celebramos a missa no convento. Restam-me, portanto, duas horas – entre o término do coro matinal e o início do trabalho, às 8 horas – para escrever. Jamais exerci essa atividade em horário de trabalho como administrador. Também utilizava as tardes de domingo para escrever. Nunca considerei isso como um fardo, mas sempre como motivo de alegria. Igualmente é um tipo de meditação, de reflexão sobre aquilo que realmente me sustenta. Hoje ninguém mais questiona a minha atividade de escritor, pois se tornou uma importante fonte de renda para o mosteiro. Mas na época eu senti: Não posso dar ouvidos às palavras emocionalizadas do meu confrade; preciso seguir minha própria intuição e consciência.

Sou responsável por meu próprio caminho; porém, isso não significa segui-lo de forma egoísta. Sempre tenho em mente que sou responsável por minha comunidade e que há uma contínua tensão entre o indivíduo e a comunidade. Isso vale igualmente para o relacionamento familiar. O homem segue o seu caminho profissionalmente, mas precisa fazê-lo em diálogo com a família. A mulher, por sua vez, pode realizar suas ideias, mas necessita harmonizá-las com as tarefas da família, com a educação dos filhos e com as obrigações domésticas. O caminho ideal não existe, havendo necessidade de estabelecer compromissos, abrindo-nos para a comunidade e para o nosso próprio coração. Precisamos de ambos.

Como minha vida pode fluir

Estou em harmonia com minha vida quando ela flui e floresce, quando traz fruto e bênção. A pergunta é: Como posso fazê-la fluir? O rio não pergunta como ele deve fluir, mas simplesmente se entrega à correnteza. Nós, porém, não devemos simplesmente nos entregar à correnteza. Caso contrário, abriríamos mão da responsabilidade pela nossa vida. Mesmo assim, podemos aprender algo do rio: a entrega. Minha vida começa a fluir quando eu me entrego, seja ao trabalho, seja às pessoas. Quando a vida flui nessa entrega, não precisamos ter medo de nos esgotar. Simplesmente nos entregamos. Também podemos aprender outra coisa do rio. Ele é alimentado por uma nascente, por uma fonte, e não lhe compete ter medo de que a água esgotará. Assim, nossa vida só pode começar a fluir se formos alimentados por uma fonte. Esta pode ser a fonte da alegria, que nasce da entrega; porém, essa fonte da alegria pode se esgotar. Nós temos, no fim das contas, necessidade de uma fonte infinita, de uma fonte espiritual, da fonte do Espírito Santo que flui em nós. Precisamos de um equilíbrio saudável entre dar e receber; de períodos de silêncio e descanso, para que a fonte interior possa se reabastecer. Obviamente, precisamos também das condições necessárias para que nossa vida possa começar a fluir. É difícil uma pessoa entrar no fluxo da vida estando num emprego no qual não se sente bem, no qual não reconhece o sentido do trabalho e sente resistência por ele ou pela firma. Nesse caso faz-se necessário tomar uma decisão, primeiramente com relação à sua própria postura. Se fosse trabalhar nessa mesma firma com uma postura diferente, passaria a gostar do trabalho, conseguindo entrar no fluxo da vida? Ou precisa mudar de emprego? Nem sempre podemos escolher o lugar ideal para nossa vida e nosso trabalho, mas podemos nos obrigar a fazer algo que nos impede de viver razoavelmente. Cabe a nós a responsabilidade de entrar no fluxo da vida.

13
Fome de vida e anseio de felicidade

> *Quando entro em contato com meu anseio*
> *posso ser internamente feliz, mesmo*
> *quando as circunstâncias externas não me*
> *dão motivos.*
>
> Anselm Grün

Felicidade significa estar em harmonia com minha alma

"Todas as pessoas querem ser felizes", assim definiu o filósofo grego Aristóteles. A pergunta, porém, é: "Como podemos experimentar a felicidade?" A língua alemã tem apenas uma palavra para descrevê-la, já a língua grega conhece três palavras. Obviamente, os gregos contemplaram a felicidade com mais atenção do que os alemães. Uma das palavras empregadas pelos gregos é *eutychia*, que significa sorte. O latim a designa como *fortuna*. Alguém, por exemplo, teve a sorte de ganhar algo, de ter sido protegido de um acidente. Existe também a *eudaimonia*, o bom relacionamento com o *daimon*, o companheiro interno da alma; que poderia ser chamado de aspecto espiritual da felicidade. – Feliz é aquele que mantém um bom relacionamento com sua alma e, por meio dela, com Deus. A terceira expressão é *makaria*. Essa palavra era reservada aos deuses no Olimpo, que não precisavam trabalhar, eram livres. Feliz, portanto, é o homem internamente livre, que não precisa corresponder às expectativas dos outros, mas pode ser ele mesmo, como os deuses no Olimpo. Os latinos têm para essas duas últimas palavras gregas os termos *beatitudo (beatus)* e *felicitas (felix)*, mas não correspondem exatamente a elas. *Beatus* provém de *bonum facere* (fazer o bem). Feliz é, portanto, a pessoa que pratica o bem. Os latinos reconhecem na felicidade o aspecto moral. Apenas aquele que fizer o bem, que agir de forma moralmente boa será feliz. *Felix* é um termo reservado ao imperador. Ser imperador, poder governar, em vez de ser governado, era o desejo primordial dos romanos. Ao mesmo tempo, porém, eles viram que a felicidade do imperador era muito frágil. Muitos foram assassinados por seus sucessores ou se suicidaram, como Nero.

Voltando dessa excursão para as línguas grega e latina, falo de minha experiência pessoal: felicidade para mim é estar em harmonia com a minha alma; sinto-me feliz quando consigo dizer sim a mim mesmo e à minha vida, quando me sinto sustentado por Deus e quando posso fazer o bem. Sinto felicidade quando sou bem-sucedido em algo, quando consigo dialogar, por exemplo, e meu interlocutor se despede de mim mais feliz. Ele se sente compreendido, fortalecido, encontrou uma nova coragem para enfrentar a vida. Sua felicidade resultou de uma ação minha – sempre com a bênção de Deus –, que me deixa igualmente feliz. Uma outra causa de minha felicidade é quando posso ser eu mesmo – como os deuses no Olimpo –, sem ter de provar nada a ninguém, ocasião em que entro em contato com a imagem primordial de Deus dentro de mim. Estando em harmonia e livre de qualquer pressão, simplesmente *sou*. O ser puro é expressão de felicidade, e quando vivencio esse ser puro, participo de Deus, vivencio algo dele.

A busca da felicidade

Felicidade é uma palavra grande. Sempre protesto quando o jornal *Bild* me chama de "padre da felicidade", pois não sou especialista nela. Sua busca me cansa; não é o meu mundo.

Existem muitos livros de autoajuda sobre como ser feliz, e também muitas ofertas que prometem felicidade à pessoa que passar um fim de semana em determinado *resort*. Mas quanto mais corrermos atrás da felicidade, mais infelizes ficamos. Ela não é um estado contínuo, mas pode ser encontrada sempre de novo em nosso caminho como reação a uma experiência espiritual profunda, a um encontro feliz com uma pessoa e com Deus. Por exemplo, quando termino de escrever um livro eu me sinto feliz, e quando tenho o livro impresso em mãos a sensação é a mesma.

Enfim, felicidade é reação ao empenho pessoal. Nesse sentido, quando dizemos que cada um é o artesão de sua felicidade estamos nos referindo a esse tipo de experiência. Por isso, quem não vive de verdade não pode ser feliz. Quando me entrego totalmente a algo e assim consigo completar uma obra, sinto-me feliz. Sou responsável pela minha felicidade quando vivo de forma empenhada, quando me dedico a algo e ao bem-estar de outra pessoa. Mas há pessoas que não se sentem felizes quando completam uma obra, pois veem apenas o que não está perfeito. Elas podem ser chamadas de artesãs de sua infelicidade, pois perderam a capacidade de experimentar a felicidade. Outros ainda se esgotaram em sua obra, enxergando apenas o esforço que tiveram em sua execução. A forma de avaliar o cansaço é subjetiva. Por exemplo, posso sentir prazer no cansaço, pois trabalhei para Deus e para as pessoas. Agora posso descansar feliz, pois não existe nada que eu precise fazer. Eu me deito por alguns momentos e desfruto o peso do cansaço; sinto prazer no fato de ter criado algo valioso. Mas citamos também aquelas pessoas que veem esses momentos apenas com olhos negativos, que lamentam que seu chefe as explorou, que tudo é demais para elas, que a vida é cansativa... Por isso, a forma como reajo ao meu trabalho depende sempre de mim mesmo; posso optar pela felicidade ou pela infelicidade.

A felicidade também está unida à satisfação e à gratidão. Eu, por exemplo, olho para a minha vida com satisfação; estou em paz comigo mesmo. Mas a satisfação verdadeira sempre vem acompanhada de gratidão, ou seja, sendo grato pela vida, vivenciando-a como uma dádiva, experimentando o sucesso como dádiva. Também nesse ponto faz-se necessário tomar uma decisão, pois também é possível uma pessoa reagir a tudo com insatisfação, porque tudo poderia sempre ser ainda melhor ou porque nem todos os seus desejos se cumpriram. Mas nesse caso as pessoas obstruem seu próprio caminho para a felicidade, vendo sempre aquilo que não está perfeito. Por terem seus desejos insaciáveis não ser gratas. Em alemão, a palavra "agradecer" provém de "pensar". Portanto, aquele que tem pensamentos apropriados sobre a vida também sente gratidão. Já o ingrato tem pensamentos errados. Ele não reflete adequadamente sobre as coisas, mas sob a ótica de sua necessidade infinita de perfeição, reconhecimento e sucesso. Não consegue se alegrar com seus sucessos, vendo apenas o que não alcançou.

O frágil mundo das aparências

Felicidade, como vimos, não é um estado permanente, mas consequência da entrega à vida e às pessoas. Porém, nossa existência também é marcada por sofrimento e tristeza. Aquele que tenta excluí-los de sua vida, que fecha seus olhos às coisas negativas porque elas lhe causam desconforto, jamais vivenciará a verdadeira felicidade. Ele quer fixar um modo de felicidade irreal e luta contra tudo o que poderia perturbá-lo. Essa pessoa vive num medo constante, pois sabe que sua felicidade é frágil. Assim, passa a fechar os olhos e ignorar o sofrimento das pessoas ao seu redor, ignorando sua própria mediocridade. Para ser feliz, segundo sua projeção, precisa enganar a si mesmo. Tenta se convencer de que é feliz, mas seu rosto triste revela que isso não se concretizou, porque tenta fugir de sua própria tristeza. Tudo que esse tipo de pessoa faz parece ser muito bom, utiliza palavras grandiosas para descrever sua vida e seu trabalho. Mas é possível perceber que essas palavras exageradas tentam mascarar sua mediocridade. O certo é que somente quem se reconcilia com sua vida, com sua mediocridade, com o sofrimento que lhe acontece vindo de fora ou de dentro consegue ser feliz. Permite-se também o sentimento de luto e de dor, de ser infeliz quando um amigo querido morre ou quando ele fracassa em algo. Para experimentar a felicidade verdadeira precisamos permitir ambos os sentimentos: tristeza e alegria, felicidade e infelicidade. Quem procura se agarrar unicamente à felicidade tapa seus olhos para não ver o que há de infeliz em sua vida. Não consegue viver no presente, mas num mundo de aparência feliz, num mundo muito frágil.

Na maioria das vezes vinculamos felicidade ao prazer. Posso sentir felicidade durante as férias, numa noite com comida boa e uma boa taça de vinho tinto. Mas felicidade não se limita ao prazer. Também sou feliz quando sinto que não tenho necessidade de tudo, que já tenho o bastante, que posso abrir mão e fazer jejum. Quando uma semana de jejum me liberta internamente, também me sinto feliz. Jejuar e festejar, abrir mão e desfrutar, ambos podem nos deixar felizes. Por isso, um quesito importante é a diversidade. Aquele, por exemplo, que sempre desfruta das melhores comidas algum dia não sentirá mais prazer nelas. Não podemos sentir prazer sempre, não podemos constantemente nos sentir felizes. Uma vida intensa que abarca ambos os extremos, a festa e o jejum, sempre nos trará momentos de felicidade ao longo do nosso caminho.

O anseio torna a vida mais intensa

Para mim, o anseio é um tema importante, pois sinto-me próximo dos poetas românticos; talvez eu tenha um forte lado romântico. Penso que o anseio era muito importante para mim já na infância. Quando festejávamos o Natal em família eu sentia o anseio por um mundo curado, felicidade, paz, amor e segurança, de maneira diferente do que vivenciava em família ao longo do ano; era algo misterioso que transcendia o amor e a segurança "cotidianos".

O anseio é, para mim, o rastro de Deus deixado no coração. Muitas vezes não consigo sentir sua presença, mas seu rastro dentro de mim – o anseio – é uma constante. Basta acender uma vela na escuridão do meu quarto, junto a uma imagem de Cristo, para sentir o anseio pela proximidade de Deus, seu rastro em meu coração. O anseio, porém, não é uma fuga da realidade do mundo, como era para alguns poetas românticos. Sinto como um caminho para vivenciar de forma mais intensa a minha vida. Há muito me acompanham as palavras de Marcel Proust: "O anseio faz as coisas florescerem". Posso olhar para a vela com objetividade, vendo a cera e o pavio aceso. Mas igualmente posso contemplar a vela com anseio. Reconheço nela a segurança irradiada pela luz suave, o amor e o calor, então sinto felicidade. A vela me promete: Sua vida será bem-sucedida; a luz será mais forte do que toda escuridão; o amor, mais forte do que o frio. Quando percorro o caminho às margens do riacho construído pelos confrades pode ser ocasião para relaxar. Mas posso também contemplar o riacho e as árvores com anseio, reconhecendo na natureza um pouco do meu lar. Percebo todo o amor que os confrades investiram nesse caminho ao longo dos últimos setenta e cinco anos, e me sinto em casa. Vejo a beleza desse caminho, e nela percebo algo da beleza primordial de Deus. O anseio não é, portanto, uma fuga daquilo que vejo e sinto, mas me permite vivenciá-lo com uma intensidade maior. Ele me capacita a dizer sim à minha vida, e do jeito que ela é. Sei que minha comunhão fraterna no mosteiro não satisfaz meu anseio por uma comunhão ideal; sei que meu trabalho não satisfaz o meu anseio, ainda existe muita rotinização nele. Igualmente minhas atividades como escritor e palestrante não conseguem satisfazer o meu anseio, sempre falta algo que eu poderia fazer melhor. Mas quando me permito sentir o meu anseio consigo aceitar a vida em sua mediocridade, fragilidade e banalidade. A vida não precisa satisfazer todo o meu anseio, mas somente Deus. Isso me permite viver neste mundo com serenidade e gratidão. Mas não significa que eu não deva procurar melhorar sempre o meu trabalho, que eu não queira sentir a ambição de escrever melhor e de encontrar a chave para o coração dos meus leitores. Porém não me submeto à pressão; não fico lamentando que tudo o que faço é limitado. Aceito meus limites, porque meu anseio me remete à infinitude de Deus; porque meu anseio mais profundo só será satisfeito em Deus e por Ele. Essa convicção me permite viver tranquilo e feliz neste mundo, que não é ideal.

O anseio pelo Deus infinito é despertado por experiências de plenitude e também de decepção. Na comunhão vivencio abundância e decepção. A mesma tensão é vivenciada na liturgia, no meu trabalho e nas minhas amizades. Satisfação e decepção me permitem entrar em contato com o anseio que dorme no fundo de minha alma. E quando entro em contato com esse meu anseio posso ser feliz interiormente, mesmo quando as circunstâncias externas não são tão felizes assim.

Como encontro a paz comigo mesmo

Encontro minha paz quando me sento em silêncio e atravesso o caos dos meus sentimentos até alcançar o fundo da minha alma, o espaço interior do silêncio. Às vezes consigo sentir, por um instante, esse espaço interno do silêncio. Isso me deixa feliz. Muitas vezes, porém, não o sinto. Mas existe em mim o anseio de estar nesse espaço, o anseio de sentir a presença de Deus e seu amor, e o próprio anseio me leva à paz. Não fico inquieto porque não consegui encontrar o silêncio que imaginei, mas tento me identificar com o anseio pelo silêncio e pela paz. O próprio anseio pela paz já me oferece paz; o próprio anseio pelo amor já me oferece amor; o próprio anseio por Deus já me oferece a presença dele; e o próprio anseio pela felicidade já me oferece felicidade. Por isso não preciso me agarrar à felicidade, pois ela é um rastro que foi gravado em meu coração juntamente com o anseio. E como rastro que consigo reconhecer em meu anseio, a felicidade sempre estará presente dentro de mim. Não é, porém, uma felicidade extasiante, não é o sentimento típico de felicidade, mas uma noção dela. Mas isso basta. Quando percebo em mim o anseio pela felicidade eu encontro a minha paz; não preciso continuar numa busca inquieta. Naquele momento há um rastro do infinito; no caos existe um rastro de ordem, clareza e beleza. Ao me conscientizar do meu anseio entro em contato com tudo aquilo que eu anseio, e assim vivencio em meio à agitação do tempo uma paz interior profunda.

É uma questão de medida. A fome pode ser satisfeita; a ganância, não. Esta é infinita, insaciável, desmedida. Ela não traz felicidade.

Walter Kohl

Mais vida, mais energia

A expressão "fome de vida" tem um significado especial para mim. Quando temos fome de vida passamos para a ação, começamos a moldar nossa vida ativamente. Fome de vida é uma expressão positiva, pois essa fome nos abre para as possibilidades da vida. Fome é algo muito natural. Quando a sentimos precisamos oferecer alimento ao nosso corpo. Quando sentimos fome de vida, nossa vida exige alimento novo, energia nova, alegria de viver. No entanto, precisamos respeitar um limite; a fome não pode se transformar em ganância, ou, para permanecer na metáfora, em gula. É uma questão de medida. A fome pode ser satisfeita; a ganância, não. Esta é infinita, insaciável, desmedida. Ela não traz felicidade.

A palavra felicidade descreve o momento especial, o momento perfeito. Quando a felicidade ocorre, ela nos domina por completo – mas na maioria das vezes apenas por alguns momentos. Pois tão rápido como ela vem, tão rápido ela desaparece. Momentos de felicidade podem ser bem diferentes: momentos de sucesso, de grande alegria, de intensa intimidade com uma pessoa amada ou simplesmente momentos de paz ou de contemplação. Em momentos assim somos tomados pelo sentimento de que tudo está em harmonia; tempo e espaço se fundem num todo feliz. Momentos de felicidade podem ser muito barulhentos ou muito silenciosos. Em retrospectiva, esses momentos nos parecem diamantes cintilantes no nosso caminho, feitos para a eternidade.

A palavra "satisfação" já não tem muito significado para mim, evocando a imagem de uma pessoa farta, contente consigo mesma, largada no sofá. Sim, isso pode ser bom durante algumas horas. Mas como estado permanente? Satisfação conota passividade e, por isso, não suscita sentimentos positivos, harmoniosos. Não consigo me imaginar passando toda a vida sentado numa poltrona confortável. Minha curiosidade é grande demais, quero saber o que me espera na vida. Satisfação se transforma rapidamente em autocomplacência. A partir daí, falta apenas um passo para a arrogância, para a desvalorização de outras pessoas.

O charme da alegria de viver

Eu prefiro substituir a satisfação pela busca da alegria de viver: a alegria de conhecer outras pessoas, a alegria que sinto diante da beleza da natureza, diante da magia do momento. A alegria provocada pela diversidade da vida e da criação – é isso que torna nossa vida bela e valiosa.

A expressão "alegria de viver" descreve uma postura interior; representa uma forma específica de ver e vivenciar o mundo. Ela não nos isola e não nos permite viver passivamente. O charme dessa emoção consiste da alegria interior, do sentimento de estar em harmonia com a própria vida e da capacidade de assumir a responsabilidade por ela. Alcançamos a alegria de viver quando aceitamos nossa vida e nosso ser, quando podemos dizer sim a nós mesmos. A alegria de viver é dinâmica. Satisfação, por outro lado, é algo passivo e estático.

Se eu tivesse de desenhar a felicidade numa folha de papel, eu a desenharia como linha com fortes oscilações breves; e se eu fizesse o mesmo com a alegria de viver, ela seria uma linha ondulada, muito mais constante. Felicidade é um momento; alegria de viver, um estado, um *state of mind*.

Cada pessoa vivencia a felicidade de forma diferente, especial, individual. Quando eu era criança fomos visitar um amigo de escola dos meus pais. Seu maior sonho era ser condutor de trem, mas seus pais o obrigaram a seguir uma carreira acadêmica para satisfazer sua ideia de sucesso. Assim, o homem passou a viver duas vidas, uma particular e outra profissional. Lembro-me ainda hoje do momento em que entramos em sua casa. O térreo era ocupado por uma imensa instalação de trem-modelo com mais de 30m² de tamanho. Como garoto, fiquei fascinado. Havia uma central para controlar a velocidade de cada trem, para manejar as agulhas e acender as luzes das casas em miniatura. O melhor, porém, era uma imensa paisagem montanhosa no fundo da instalação, ao longo da qual os trilhos subiam até o teto e – passando por uma abertura – alcançavam o segundo andar. Eu estava entusiasmado. E ele encontrou em mim uma pessoa interessada em sua obra-prima. Quando ele me deu um sinal, subi correndo para o segundo andar e observei como o trem apareceu, deu uma volta, para então desaparecer novamente pela abertura no teto e voltar à estação. Enquanto ele me apresentava sua obra pude ver como estava feliz.

A caminho de casa eu estava totalmente entusiasmado e não parei de falar sobre o que havia presenciado. Mas, para a minha surpresa, meus pais mal reagiram. "Sim, as miniaturas eram impressionantes [responderam], mas a vida é mais do que um trem-modelo." Como garoto não consegui entender sua lógica. Finalmente, disseram algo que não entendi na época: "Aquele homem é feliz com seu trem-modelo, mas não com a vida". Apenas muito tempo depois entendi o que meus pais quiseram dizer. O homem era feliz nos momentos em que podia se dedicar à sua grande paixão, mas será que ele tinha alegria de viver?

Existe realmente uma diferença: a alegria de viver precisa ser estável e capaz de resistir às tempestades do dia a dia. Ela busca a constância, não momentos individuais como a felicidade. Sua perseverança oferece um fundamento de estabilidade importante para a vida, assim como o fundamento garante a estabilidade de uma casa. A alegria de viver é uma forma importante de resiliência, de nossa capacidade de lidar com desafios, abalos e mudanças, pois nela podemos confiar e sobre ela podemos construir nossa vida, se a tivermos.

Momentos de felicidade

A felicidade acontece. Podemos planejar, causar felicidade? Em parte, sim, se a vincularmos à realização de metas planejadas. Mas os momentos de felicidade mais lindos são experiências que simplesmente nos surpreendem, nas quais a vida se mostra em seu lado imprevisível, mas encantado. Esses momentos de felicidade são experiências profundas, e alguns ficam gravados para sempre em nosso coração.

Tive a sorte de viver um desses momentos em dezembro de 2002, na "Feira de Natal" de Frankfurt. Eu e meu filho havíamos ido a Frankfurt para resolver algumas coisas. Na época – um período muito sombrio para mim, quando me encontrava à beira do suicídio – eu não queria contato com pessoas, e por isso resisti inicialmente ao seu pedido de visitar a Feira de Natal. Mas ele insistiu até eu ceder. A praça estava lotada de pessoas; o cheiro de vinho quente, pão de gengibre e linguiça preenchia o ar. As pessoas pareciam felizes, brincavam e desfrutavam a linda tarde de inverno. Meu filho me tomou pela mão e começou a me puxar pela feira. Eu o segui como um zumbi e só queria voltar para casa e me esconder em meu quarto. Mas ele estava à procura de algo, e rapidamente encontrou seu alvo, um grande carrossel. Era um carrossel antigo e lindo, que girava acompanhado de música alta. Os olhos do meu filho brilhavam, e eu comprei três entradas para ele. Orgulhoso, ele montou um cavalo, com uma mão nas rédeas; na outra segurava as duas outras entradas. O carrossel começou a girar. Eu fiquei parado, observando tudo. No início meu filho ainda demonstrava certo medo, mas a partir da segunda volta ele estava em êxtase. Quando havia usado todas as entradas voltou correndo para mim e pediu que lhe comprasse mais entradas. "Pai, quero dar muitas voltas!", ele disse sem fôlego. Eu, porém, em minha profunda tristeza, não queria ficar naquela feira e me sentia enojado pela atmosfera descontraída. Mas ele insistiu. Eu lhe dei o dinheiro para seis passagens e disse: "Aqui está o dinheiro, mas vá comprar as entradas sozinho". Eu esperava que ele não teria coragem para fazer isso e que finalmente poderíamos voltar para casa.

Ele me olhou decepcionado, mas eu estava tão mal na época, que aquele olhar não me comoveu. Quando percebeu que não conseguiria me fazer mudar de ideia, juntou toda a sua coragem e entrou na fila do caixa. Depois de algum tempo voltou com as entradas na mão e gritou orgulhoso: "Agora posso voltar para o carrossel!" Continuei parado ali, um homem que não suportava o mundo nem a si mesmo. Entrementes, o carrossel havia voltado a girar. Agora, tudo era diferente, porque meu filho já não sentia mais medo. Além disso, estava orgulhoso porque conseguira comprar as entradas. Seu rosto brilhava de felicidade, e ele não parava de acenar para mim. De repente senti uma pontada no coração, e uma onda de calor se espalhou primeiro pela coluna e depois pelo corpo inteiro. Sua felicidade havia me contagiado. Comecei a sorrir, acenei para ele e comecei a esquecer o mundo ao meu redor.

Depois de algumas voltas do carrossel eu havia esquecido tempo e espaço. Era como se meu filho e eu fôssemos os únicos naquele lugar, como se nada existisse além de nós dois. Correspondi aos seus gritos de alegria, e de repente me vi tomado de felicidade. Chorei de alegria, pois ainda havia vida em mim, ainda havia alegria. E ali estava eu, no meio da Feira de Natal de Frankfurt, chorando de alegria. Senti nova vida dentro de mim, um sentimento que eu já havia esquecido.

Quando nos despedimos da Feira de Natal outro pensamento passou pela minha cabeça: "Como você pôde ser tão idiota..." Não conseguia acreditar que eu havia encenado aquele drama por causa de algumas entradas. Aquele não era o Walter que eu conhecia, aquele não era o Walter que eu queria ser. Senti vergonha. Finalmente, parei e pedi perdão ao meu filho pelo meu comportamento. Mas ele nem ligou e disse: "Eu me diverti muito". Eu o invejava por sua leveza e percebi que, mais uma vez, a felicidade havia me assaltado sorrateira e inesperadamente.

Um dos impulsos mais poderosos

Antoine de Saint-Exupéry escreveu: "Se você quiser construir um barco não reúna os homens para trazer madeira, preparar as ferramentas, dividir as tarefas e distribuir trabalho, mas ensine aos homens a sonhar com o mar infinito". É uma das minhas citações preferidas.

O anseio é um dos impulsos mais poderosos para a nossa conduta. Um anseio não satisfeito pode nos corroer por dentro e sugar as nossas energias. Anseios são como a agulha de uma bússola; eles nos mostram o que ainda nos falta, o que exige um aperfeiçoamento; apontam a direção pela qual nossa vida e nossos atos devem se orientar.

O anseio exerce uma função muito importante na minha vida. Durante muitos anos ansiei a paz interior, encontrar um novo modo de lidar com experiências antigas e com as condições da minha vida, da minha origem. Esse anseio me levou para o exterior e me mostrou um mundo novo. Paradoxalmente, esse mesmo anseio me levou a um primeiro casamento infeliz. Reconheci muito tarde que as respostas estão dentro de mim e que eu tenho toda liberdade – e também toda a responsabilidade – de viver essas respostas de forma ativa.

O anseio ocupa um lugar importante também em meu trabalho. Quando as pessoas me procuram para que eu as acompanhe, uma das minhas primeiras perguntas se refere ao seu anseio: "Qual é o seu anseio?" Essa pergunta transforma o diálogo imediatamente. O resultado costuma ser uma postura reflexiva, insegura, mas também um aumento de concentração naquilo que realmente importa. Então aproveito esse poder do anseio para identificar a essência do problema, para entender melhor o meu interlocutor. Também durante o processo e no final do acompanhamento o anseio pode ser útil. Minhas perguntas costumam ser: "Ainda estamos seguindo seu anseio?" Ou: "Conseguimos nos aproximar mais do seu anseio?" O anseio nos ajuda como a agulha da bússola do nosso coração.

Caminhos para a paz interior

A inquietação interior não surge apenas em situações de agitação ou tensão externa. Ela surge também em momentos de insegurança, de medo, de incerteza. Muitas vezes a inquietação interior é alimentada pelo "cinema mental", principalmente quando tentamos imaginar o resultado de uma crise, permitindo que nossos sentimentos projetem uma continuação linear dos eventos esperados. Assim, damos à crise apenas uma pequena chance de transformar a verdadeira catástrofe de nossa imaginação.

Eu costumo encontrar a paz interior num momento de silêncio, na oração ou na presença de uma pessoa amada; são situações que me transmitem a sensação de segurança, amor e força; o remédio perfeito para a minha inquietação e incerteza, pois me transmitem estabilidade, clareza e força.

Em momentos de inquietação interior preciso me reencontrar e primeiro aceitar que eu estou inquieto. Preciso perguntar primeiramente: "Quais são os problemas, os fatos objetivos que alimentam minha inquietação?" "E qual é a contribuição da minha imaginação?" Pode ser muito difícil fazer essa distinção, principalmente quando somos tomados por uma profunda inquietação emocional; por exemplo, quando tememos pela vida de uma pessoa amada. Nesses casos eu sempre tento me distanciar internamente da situação e identificar separadamente os fatos e as emoções. Existe uma ajuda simples para isso: desenho a situação e as pessoas envolvidas numa grande folha de papel, anotando os problemas relacionados à situação. Assim, posso observar a situação da posição de um observador externo e criar uma distância entre a minha pessoa e a situação.

O caminho transformado em destino

Acredito que nós criamos nossa vida, querendo ou não; ela não se desenvolve por conta própria. A partir de determinado ponto, ou nós mesmos criamos nossa vida ou os outros e as circunstâncias passam a defini-la. Em todo caso, temos uma escolha a fazer: ou eu assumo as rédeas da minha vida ou permito que os outros decidam sobre ela.

A vida não oferece uma garantia de felicidade. Mas, afinal de contas, o que é uma vida feliz? Cada um tem respostas bem diferentes para essa pergunta. Para mim, uma vida feliz é uma vida determinada por mim mesmo; ou seja, uma vida na qual eu tomo as decisões com responsabilidade e em liberdade interior. Por isso, considero certo não se preocupar demais com ela, mas assumir suas rédeas com uma boa dose de ousadia. Assim o caminho se transforma em destino. Não podemos esperar da vida muito mais do que isso.

14
De uma vida centrada no ter para uma vida centrada no ser

> *O desejo de ter algo se torna perigoso no momento em que tentamos preencher um vazio interior. Nesse caso, jamais terei o bastante. É um poço sem fundo.*
>
> Anselm Grün

Como nós nos definimos?

Erich Fromm, o psicanalista que ampliou a psicologia de Sigmund Freud por uma dimensão espiritual, recorreu em seu livro *Die Kunst zu lieben* [A arte de amar] à distinção entre ser e ter. E já antes dele o filósofo católico francês Gabriel Marcel falou sobre essa alternativa. De um lado estão as pessoas que se definem a partir de seu ser puro. Elas são simples, são autênticas; não precisam provar nada para si mesmas. Elas representam algo sem a necessidade de girar em torno de si mesmas. E existem pessoas que se definem a partir do ter, a partir de sua casa, de seu carro, de sua conta bancária, de todas as coisas que possuem. Elas precisam ter muito, porque, sem aquilo que têm, nada seriam. O *ser* é fraco nessas pessoas, e essa fraqueza precisa ser compensada por aquilo que *têm*.

O querer ter é parte essencial da natureza humana. Os monges antigos diferenciavam três tipos de pulsão fundamentais, sem as quais o ser humano não seria capaz de viver: comida, sexualidade e propriedade. Todas as pulsões querem nos incentivar para a vida. Assim, a comida nos leva ao prazer; a sexualidade quer se integrar no êxtase do amor; a ambição de possuir quer que o ser humano encontre sua paz e tranquilidade. Assim, quando lhe falta algo é preciso se empenhar. Mas todas as pulsões podem se transformar em vício. Existe o vício de comer, que se manifesta ou no excesso ou na falta de comida. Uma forma desse excesso é a bulimia, que nos leva a expelir tudo que comemos. Também há ocorrência de anorexia, quando, principalmente as mulheres jovens, temendo o excesso de peso, se controlam tanto que reduzem a alimentação ao mínimo, prejudicando sua saúde. Os humanos também podem cair no vício de sexo, onde as companheiras, por exemplo, são trocadas o tempo todo porque o homem não consegue controlar o seu vício. Um outro tipo de vício é a ganância. O ato de comprar e querer sempre mais pode se transformar em vício. A Primeira Epístola a Timóteo identifica a ganância como raiz de todo mal, e os budistas confirmam essa visão. Para eles, a ganância é a raiz de todo sofrimento.

A Bíblia interpreta essas três pulsões como "impulsos espirituais". Aquilo que esperamos receber da comida se realiza na refeição sagrada, na Eucaristia. A sexualidade leva ao misticismo, que sempre é descrito em linguagem erótica. E Jesus transforma a ganância em procura pela riqueza da alma, pelo tesouro enterrado no campo, pela pérola preciosa, pelo tesouro no céu, que não pode ser corroído nem roubado. O ser humano tem necessidade dessas três pulsões, mas sempre corre o risco de ser dominado por elas, podendo ser transformadas em vícios.

O desejo de ter algo se torna perigoso quando tentamos preencher um vazio interior. Nesse caso, jamais teremos o bastante; é um poço sem fundo. Posso despejar o quanto quiser nesse vazio interno, porém ele jamais será preenchido. E esse querer ter pode se tornar brutal. Já que eu quero ter sempre mais, preciso tirá-lo dos outros, preciso oprimi-los. Aquele que tenta encobrir seu vazio com bens e posses se separa do próprio coração. Conheço pessoas que só querem ter mais dinheiro. Ter uma conversa sadia com elas é tarefa impossível, pois só giram em torno de dinheiro e poder; é impossível alcançar seu coração. O relacionamento com essas pessoas se torna desagradável; sentimos que são interiormente pobres. Por conhecerem somente o sucesso e o dinheiro, estão separadas de seu coração. Então passamos a entender que a advertência contra o mero querer ter não é apenas um sermão moralizante, um alerta invejoso daqueles que nada têm, mas sabedoria ensinada por todos os sábios deste mundo, desde Platão, Sêneca e Marco Aurélio até os muitos filósofos da Modernidade.

Como fugir do ciclo vicioso

No século IV, os antigos monges simplesmente saíram do ciclo vicioso do querer sempre mais e passaram a viver uma ideia contrária: a do nada ter, do puro ser. Experimentaram outra forma de vida, tentaram descobrir a riqueza que se encontra na austeridade. E nós, monges, tentamos ainda hoje viver esse projeto. Nós beneditinos não fazemos voto de pobreza, mas compartilhamos nossos bens, vivendo em simplicidade e de maneira frugal. O fato de simplesmente querer ter leva ao isolamento: "Quero ter apenas para mim mesmo". "Não quero compartilhar com outros aquilo que tenho." São Bento, porém, aposta no ideal da Igreja primitiva: "A multidão dos fiéis era um só coração e uma só alma. Ninguém considerava propriedade sua o que possuía. Tudo entre eles era comum" (At 4,32). O ideal, porém, que São Bento extraiu do livro dos Atos dos Apóstolos, levou, com o passar do tempo, à riqueza das comunidades monásticas. São Bento sempre incentivou seus monges a compartilharem seus bens também com os pobres. Mas o querer ter não poupou seus seguidores, envenenando suas comunidades, que se orgulharam de seus bens e ignoraram as necessidades dos outros.

Foi nessa situação da história da Igreja que São Francisco de Assis apareceu e fez seu apelo à pobreza radical. Ele falava da "dama pobreza", da pobreza que liberta. Na Itália do século XIII, onde havia se formado uma parcela de ricos, São Francisco apostou na pobreza. Seus seguidores não devem ter nada de próprio, vivendo de doações alheias. Mas também essa dependência da doação de outros pode ser distorcida. Houve comunidades que levaram uma vida farta custeada por outros. A história da Igreja nos mostra que todos os movimentos que tentaram limitar o querer ter passaram por momentos embaraçosos, pois foram alcançados pela pulsão primordial do querer possuir. Assim, o apelo de São Francisco é um alerta contínuo à Igreja, às ordens religiosas e a todos os cristãos a se distanciarem do querer ter e se voltarem para o ser. O Papa Francisco renova esse apelo para o nosso tempo. Ele deseja uma Igreja que se preocupa com os pobres. Obviamente, o dinheiro é necessário ao cuidado dos pobres. A pobreza radical certamente não foi o ideal de Jesus, pois gostava de festejar também com os pecadores e coletores de impostos. Ele não era um asceta típico, mas justamente no Evangelho de Lucas, dirigido à classe média grega, Jesus incentiva seus discípulos a não se agarrarem às suas posses, mas a dividirem seus bens com os pobres.

Lidar com o dinheiro

Como administrador fui responsável pelas finanças do mosteiro durante trinta e seis anos. Assim, tive de lidar com dinheiro. Minha responsabilidade era criar uma sólida base financeira no mosteiro para garantir, por exemplo, a subsistência dos cerca de 300 funcionários que dependiam dele. Para mim sempre foi importante não acumular riquezas, mas garantir o futuro da nossa comunidade, por isso a necessidade de um fundamento sólido. Sempre preguei aos meus confrades a máxima: "Investir significa consumir menos", e investimos na ecologia para garantir uma vida boa no futuro. Seguindo minha máxima, não devemos satisfazer todos os nossos desejos. E durante esses trinta e seis anos fiz a experiência de que não é tão fácil assim reduzir os desejos de uma comunidade a um nível justificável. Quando há dinheiro em caixa, a tendência de gastar existe em todas as comunidades.

Também presenciei comunidades que não se preocuparam com o futuro e que, de repente, além da crise financeira, também entraram em crise espiritual, pois em sua espiritualidade haviam sido cegos para as realidades deste mundo. Nesse sentido, uma igreja tem necessidade de dinheiro para poder oferecer os serviços espirituais e sociais às pessoas. Os investimentos que, ao longo da história, foram feitos na construção de lindas igrejas têm seu valor, pois o mundo seria mais pobre se elas não existissem. A beleza é um rastro de Deus no mundo, e numa linda igreja podemos experimentar Deus de forma mais intensa do que numa construção feia.

A medida certa

Para São Bento existia sempre uma medida certa. E para mim, medida certa significa o meio-termo entre o luxo e a falta de estrutura e organização. Existe uma feiura nas cidades que não faz bem à alma, e beleza sempre tem a ver com simplicidade. O que é luxuoso ou pomposo demais sempre suscita a suspeita de ser uma demonstração de poder, e há seres humanos que se gabam de suas construções caras. A cultura criada pelos mosteiros beneditinos ao longo dos últimos mil e quinhentos anos se apoia na medida certa. Trata-se da medida da simplicidade e da economia. Porém, não desperdiçar dinheiro não significa ser pão-duro. Existem os avarentos que não gastam nada, não investem em beleza, mas simplesmente acumulam dinheiro porque não conseguem saciar sua ganância. É bom destacar que ganância e avareza são parentes próximos.

Em meus seminários e no trabalho com empresas descubro vários modos de lidar com o ser e o ter. Vejo pessoas que nunca se satisfazem com aquilo que têm. Normalmente não consigo conversar muito com elas, pois torna-se uma conversa vazia e superficial. E existem pessoas que ganham bem, mas que sentem, ao mesmo tempo, que o dinheiro não é tudo. Estão insatisfeitas e procuram uma maneira de se empenhar para o bem de outros. Não lhes basta deixar muito dinheiro para seus filhos, pois muitas vezes percebem que eles não sabem lidar de forma responsável com aquilo que eles, os pais, adquiriram com tanto esforço. E vejo outras pessoas que têm uma consciência pesada simplesmente pelo fato de terem dinheiro. Essas pessoas acreditam que precisam dar tudo aos pobres, sentindo a consciência pesada quando compram algo para si mesmas. Isso, porém, certamente não é a postura de Jesus. No Evangelho de São Lucas, Jesus nos incentiva a compartilhar nossos bens com os pobres. Mas na unção em Betânia, quando Maria gastou um perfume precioso para ungir seus pés, Ele rebateu a acusação de Judas, quando disse: "Por que não foi vendido esse perfume por trezentas moedas de prata para dá-las aos pobres?" (Jo 12,5). Jesus respondeu: "Deixa-a. Ela reservou esse perfume para o dia de minha sepultura. Sempre tereis pobres convosco, mas a mim nem sempre tereis" (Jo 12,7s.). Existem situações em que o amor pode ser generoso. O amor não se coaduna com avareza nem com ganância.

As pessoas devem estar atentas e perceberem: "Sim, eu preciso compartilhar meu dinheiro". Mas não basta fazer uma doação momentânea aos pobres na África, por exemplo. Cabe a nós a responsabilidade de investir dinheiro onde ele realmente ajuda os pobres. Não se trata de acalmar a consciência, mas de realmente oferecer uma ajuda que nasce do amor. E essa ajuda sempre se dirige a seres humanos concretos. Se eu tiver um relacionamento com as pessoas, posso compartilhar com elas não só o meu tempo, mas também o meu dinheiro. Dar sem envolvimento acalma a consciência, mas não é o que Jesus espera de nós.

*Quando nos ocupamos com nossa ganância
entramos em contato conosco mesmos
e aprendemos a lidar também com as
sombras da nossa personalidade.*

Walter Kohl

Querer possuir é uma necessidade básica?

Quando observamos crianças brincando numa caixa de areia recebemos uma lição sobre o "querer ter". No início tudo é paz, mas em algum momento alguma criança quer ter algo que supostamente pertence a outra. Crianças pequenas costumam ser bem diretas e simplesmente pegam o que querem; por exemplo, a linda pá de plástico azul. Logo em seguida, assistimos ao típico filme sobre o "querer ter": "Ele roubou a pá azul, isso é injusto". "Mas eu quero a pá azul". "Não, essa pá azul é minha, essa eu não vou lhe dar", e a briga começa. Com o decorrer dos anos aquelas crianças se transformam em adultos. A dinâmica, porém, não muda, e o mesmo jogo do "querer ter" se repete. O que muda são apenas os objetos cobiçados. As pessoas não brigam mais por uma pá azul, mas por coisas grandes; talvez até por coisas muito grandes como poder, guerra e paz.

O que é ganância? É a expressão de um desejo desmedido, do vício do querer ter sem se importar com o que isso significa para outras pessoas ou para a natureza. Em momentos de ganância os próprios desejos são realizados sem respeitar a natureza ou as pessoas do nosso convívio. Nesses momentos nos elevamos acima dos outros e os dominamos. Assim, a ganância se transforma em violência, num exercício de nossos desejos irrefletidos às custas dos outros. Uma ganância insaciável se tornando egoísta e irresponsável.

As pessoas costumam querer estas duas coisas: poder possuir e poder ser. Por sermos materiais e espirituais ao mesmo tempo, esse campo de tensão representa a problemática entre o ter e o ser. "Quanto posso ter e quanto posso ou devo ser?" Essa pergunta nos oferece uma chance essencial para a forma como queremos viver a nossa vida. Em que ponto encontramos o equilíbrio perfeito para nós e para o nosso mundo? Assim como todo tempo tem suas próprias respostas, cada fase da vida exige de nós uma decisão consciente sobre o equilíbrio desses dois pontos.

Ganância é uma expressão extrema do "querer ter"; ou, pior ainda, do sentimento do "ter que ter". Ganância sempre se refere a uma carência que sentimos em determinado momento, e essa carência não precisa ser real. Podemos observar esse fenômeno em nossa cultura de consumo. Uma empresa lança um novo celular, e todos correm para comprá-lo, porque muitos não conseguem imaginar sua vida sem esse aparelho. As mesmas pessoas que, um ano atrás, nem imaginavam que esse celular poderia vir a existir, agora fazem de tudo para adquiri-lo. Às vezes, isso se transforma em um "ter que ter" a qualquer custo. E alguns desses lançamentos de produtos novos chegam a ter um caráter quase sagrado graças a uma esperteza de *marketing*.

O desejo e a ganância

A ganância tem muitos aspectos, e nem todos são negativos. Ela é um impulso poderoso do desempenho humano na forma da curiosidade. A ciência e o progresso tecnológico seriam impensáveis sem esse desejo de saber mais, de ter mais conhecimento. Esse progresso nos trouxe muitas coisas boas, mas também alguns problemas. Hoje, porém, a humanidade se encontra no ponto-limite da curiosidade. O aumento desmesurado de conhecimento e tecnologia pode se converter em perigo. Algumas tecnologias, quando transformadas em armas, chegam a ameaçar o mundo. Principalmente nos campos da genética e da energia nuclear precisamos sempre avaliar se realmente queremos dar o próximo passo; é preciso decidir entre a curiosidade, a procura pela novidade e a ganância de poder por meio do progresso e da tecnologia. Quando aquilo que é tecnologicamente possível e aquilo que é eticamente justificável entrarem em conflito, nossos alarmes deveriam disparar, pois passamos a abusar da curiosidade, rebaixando-a ao grau da ganância.

Nenhum outro fator marcou a história mais do que a ganância de poder e dinheiro. Inúmeras guerras foram travadas por mera ganância, disfarçada de motivações morais e sob o pretexto das melhores intenções. Por exemplo, as campanhas de Alexandre ou de César, as guerras religiosas ou a Guerra dos Trinta Anos, as guerras de unificação de Bismarck e as guerras raciais dos nazistas foram motivadas pela ganância, pelo desejo de poder ilimitado.

Não seria mais fácil simplesmente condenar a ganância? Afinal de contas, para o cristianismo ela é um dos sete pecados capitais e, para Buda, a fonte de todo sofrimento humano. Mas será que as coisas são tão simples assim? A verdade é que um pouco de ganância existe em cada um de nós, que ela é inseparavelmente ligada à nossa existência. Como seres humanos, somos muitas coisas; somos seres gananciosos, como também somos seres amáveis, felizes, tristes, violentos. Creio que o problema não é a ganância em si, mas como lidamos com ela. Talvez devêssemos nos irritar menos com a ganância e concentrar nossas forças num convívio responsável com ela. A ganância existe em nós como energia, como potencial, e nós precisamos aprender a usar esse potencial de forma responsável. Quando nos ocupamos dela entramos em contato conosco mesmos e aprendemos a lidar também com as sombras de nossa personalidade.

Como podemos conviver com a ganância? Certamente não cedendo sempre às suas vontades. É como beber água salgada. A água mata a sede, ela satisfaz uma necessidade básica. Mas quando bebemos a água salgada do mar, isso não nos faz bem. Pior ainda, nós morremos de sede, pois a água do mar contém mais ou menos 3,5% de sal, já a água-doce, a nossa água potável, quase não contém sal, menos de 0,1%. Uma comparação dos dois tipos de água mostra que uma pequena percentagem altera completamente a qualidade e a utilidade da água. Apesar de 95% de sua composição serem idênticos, esses 3,5% de sal mudam tudo.

Esse exemplo mostra como uma pequena porcentagem pode ter um efeito diverso. Vejo essa mesma relação entre necessidade e ganância. Ambas têm muito em comum, mas a pequena percentagem de insaciabilidade transforma a ganância em veneno e em uma fonte de tremendo sofrimento. Seria como se a água potável se transformasse em água salgada. E aqui cabe a velha sentença de Paracelso: "A dose determina o veneno".

Até certo ponto a ganância e o desejo podem nos servir como impulso. Mas quando ultrapassamos esse ponto eles se transformam em veneno. Vivemos numa sociedade de concorrência, na qual, para sobreviver, precisamos nos impor. É um desejo legítimo defender os próprios interesses e lutar por eles. Mas como e em que medida? Essa é a pergunta decisiva. Não faz sentido condenar a ganância e o desejo ou tentar destruí-los com argumentos morais. Somos chamados a aceitar essas pulsões que existem dentro de nós e integrá-las em nossa vida de tal forma que possam ser úteis sem prejudicar o próximo. Nosso desejo de amor e reconhecimento pode ser uma forte de energia para fazer boas obras, mas não pode se transformar em conduta egocêntrica que deixa de respeitar os outros.

Uma ocupação sincera e construtiva com a própria ganância é uma das melhores escolas da vida. O estudo e a análise da nossa ganância nos permite descobrir a riqueza da simplicidade, e nossa melhor resposta a ela consiste em nos aceitarmos do jeito que somos. Quando conseguimos dizer sim a nós mesmos, com todas as nossas qualidades e com todos os nossos erros, teremos condições de separar a ganância da fonte que a alimenta.

15
Golpes do destino

"Dizer sim à vida, apesar de tudo" – que
pensamento louco num dia escuro
como este...

Walter Kohl

Rupturas em nossa vida

Os golpes do destino nos pegam de surpresa. De repente algo acontece e muda tudo. A experiência nos marca para sempre; a vida mudou sua direção. Quando o destino nos assalta, seus golpes costumam ser duros, brutais e dolorosos. Em minha vida houve várias rupturas, situações que eu não teria imaginado, nem mesmo em meus sonhos mais ousados; como, por exemplo, o escândalo de doações da CDU ou o suicídio de minha mãe.

Em ambos os casos eu me senti jogado para fora dos trilhos da minha vida. A brutalidade da imprensa e a humilhação causada por ela durante o escândalo sugaram toda a minha energia por um certo tempo. Eu reagi com um sentimento de impotência, pois tudo isso foi demais para mim; perdi minha força de viver, tudo se tornou pesado. Até mesmo as coisas pequenas do dia a dia se transformaram em desafios. Eu me sentia como um homem gravemente ferido que se arrasta de um lugar para o outro e que, ao mesmo tempo, não está dentro de seu próprio corpo. Era como se eu tivesse de assistir a um filme ruim. A consequência disso foi um total desinteresse pelo meu destino e uma grande alienação interior.

Quando o golpe do destino vem acompanhado da perda de grande parte do convívio social, as coisas ficam ainda mais difíceis. No caso do escândalo de doações do partido (CDU), toda a nossa família foi envolvida, apesar de minha mãe, meu irmão e eu mesmo não termos tido participação alguma. Simplesmente tivemos o azar de estar no lugar errado e na hora errada. Na linguagem militar da Otan, isso é chamado de efeitos colaterais. Se eu tivesse de descrever minha experiência na época, diria: "Senti uma injustiça máxima. Meus direitos pessoais e minha dignidade foram violados".

Por causa desse escândalo muitas pessoas passaram a me ver como um "leproso", como uma *persona non grata*. Até amigos supostamente próximos, como o padrinho do meu primeiro casamento, não queriam mais se envolver comigo. Mais ou menos 90% dos meus amigos e conhecidos apagaram meu nome de suas listas telefônicas. Estar relacionado à minha pessoa era visto como vergonhoso. O fato de eu não ter tido participação alguma naqueles atos criminosos, o fato de eu não ter sido membro da CDU durante um único minuto da minha vida, o fato de eu mesmo ter sido surpreendido pelos eventos, tudo isso não interessava. Eu senti todo o impacto da imprensa e a condenação prévia de toda a nossa família.

Eu entendi a extensão do problema durante uma entrevista com um recrutador de profissionais de alto escalão. Eu pretendia fazer mudanças profissionais e havia pedido um encontro com ele. Durante nossa conversa aquele senhor se deu conta de quem eu era. Após ler o meu currículo, deu-me a seguinte resposta: "Senhor Kohl, o senhor tem uma excelente biografia profissional, o senhor fala várias línguas, possui experiência de liderança, o senhor esteve no exterior. Normalmente, tudo isso seria maravilhoso, mas no seu caso... O senhor precisa entender que não posso arriscar a minha reputação recomendando uma pessoa com o seu nome".

Inicialmente não consegui lidar com aquela situação. Refugiando-me na terra da vítima, lutei contra a injustiça e a loucura da situação. Eu me sentia impotente; poderes estranhos pareciam jogar bola com a minha vida; eu estava sozinho. Minha mãe havia se suicidado, meu primeiro casamento estava no fim, e agora essa loucura do escândalo. *Game over*, era o fim de tudo. Eu me entreguei às circunstâncias e comecei a preparar meticulosamente o meu próprio suicídio na forma de um acidente de mergulho. Revelei esse meu plano, em dois encontros, aos últimos dois amigos que me restavam, pedindo-lhes para que resolvessem algumas coisas após a minha morte. Afinal de contas, tudo deveria se parecer com um acidente, para que meu filho recebesse pelo menos o meu seguro de vida. Suas tentativas de mudar minha opinião deram em nada. Durante aquele tempo eu vivia como um vegetal; fazia meu trabalho como um robô; nada mais importava. Certo dia estava sentado no sofá da nossa sala e, entediado, passei a folhear uma revista. Eu queria encontrar palavras-cruzadas, mas de repente algo chamou minha atenção. Era um artigo sobre uma dissidente política das Filipinas. Ela havia criticado a ditadura de Ferdinand Marcos e passou muitos anos na prisão, onde foi torturada. Interessado, comecei a ler. Numa parte da entrevista me deparei com uma declaração que mudou a minha vida.

Ao ser perguntada como ela conseguiu sobreviver às torturas, a mulher falou sobre um livro que a acompanhara durante o tempo todo e que ela chamava de seu salva-vidas. Continuei lendo e fiquei estarrecido quando ela mencionou o título do livro: *Dizer sim à vida, apesar de tudo*. Era como se um raio atravessasse meu coração. Dizer sim à vida, apesar de tudo – que pensamento louco num dia escuro como este...

Serenidade não significa simplesmente dizer sim

Eu estava literalmente abalado. Não tocado ou comovido num sentido positivo ou negativo, mas simplesmente abalado. Aquelas poucas palavras se agarraram em mim e me sacudiram. Eu não sabia o que havia acontecido exatamente, mas sabia que algo muito importante acabara de ocorrer. Eu li o livro uma dúzia de vezes dentro de poucas semanas: no trem, a caminho do trabalho; nos intervalos; às noites em casa.

Outra experiência desse período que importante para mim foi a *abertura*. Sem que eu percebesse, uma pequena janela se abriu dentro de mim ao ler aquela revista. Eu queria encontrar algo, um caminho, um impulso, qualquer coisa. E quando me deparei com aquele artigo, não o ignorei simplesmente, mas me abri para ele, mesmo que apenas por pouco tempo.

A abertura possui duas dimensões ou direções: para dentro e para fora. Quando nos abrimos para dentro, nós nos permitimos qualquer sentimento. Colocamos tudo sobre a mesa; toda dor, frustração, raiva, medos, vergonha. No início essa abertura pode se parecer mais como um desabafo desordenado do que como uma ação refletida. Mas isso não importa. Tudo precisa sair, e precisamos voltar a entrar em contato conosco mesmos (para usar as palavras de Anselm Grün). Essa abertura nos permite encontrar respostas até mesmo na crise mais profunda e seguir caminhos novos.

A abertura para fora significa, muitas vezes e primeiramente, a superação dos medos e da vergonha. Reconhecemos que estamos feridos e à procura de algo; reconhecemos que somos fracos e que precisamos de algo novo, de uma ajuda, de um impulso. Isso é difícil, pois quando sofremos um golpe do destino nós nos sentimos especialmente vulneráveis.

A partir de minha experiência digo que, quando conseguimos realizar essa abertura dupla no momento da crise, encontramos respostas novas e muitas vezes inesperada, e a vida continua. Alguns chamam isso de destino, eu chamo isso de fé. A fé num Deus bom que se revela nos momentos mais inesperados. O fato de eu ter conhecido o pensamento de Viktor Frankl foi, olhando retrospectivamente, um presente. Deus me ajudou naquele momento.

Às vezes as pessoas me perguntam se é realmente possível permanecer sereno numa situação em que sofremos um golpe do destino. Ou como é possível alcançar essa postura, mesmo em circunstâncias tão difíceis. A resposta não é simples. Serenidade não significa simplesmente dizer sim àquilo que acontece, mas dizer sim, *apesar de tudo*. Quando não conseguimos alcançar a serenidade, não adianta tentar forçá-la. Talvez seja possível passar a impressão de certa serenidade. Mas normalmente isso não passa de uma comédia ruim, pois a serenidade verdadeira se alimenta de soberania e autenticidade interior.

A serenidade não é o início; ela demarca o fim de um caminho de processamento do golpe do destino. No início podemos ter aceitação e uma paz interior diante da situação. Acredito que sem paz interior não pode haver serenidade verdadeira; ela precisa esperar até encontrarmos essa paz interior. Mas isso não faz mal, pois quem se põe a caminho pode esperar o presente da serenidade no fim desse seu caminho. A esperança já contém a semente da alegria futura.

Vivemos sobre uma "camada fina de gelo"

Todos que dirigem em rodovias frequentemente se assustam quando outro carro de repente faz uma ultrapassagem perigosa e somos obrigados a frear bruscamente. Às vezes faltaram poucos metros ou até mesmo centímetros para uma batida perigosa. Dentro de milésimos de segundo percebemos que vivemos sobre uma "camada fina de gelo"; como é tênue a nossa existência; quão rápido um perigo mortal pode assumir o controle de nossa vida. Normalmente xingamos o motorista descuidado e agradecemos ao nosso anjo da guarda pela sua proteção. Mas a viagem continua, e logo nos esquecemos do incidente. Talvez nos lembremos dele ainda no dia seguinte, mas uma semana mais tarde tudo já está esquecido.

Vivemos sobre uma "camada fina de gelo", ou seja, num momento nós nos sentimos perfeitamente seguros, no momento seguinte o gelo quebra: uma doença, um acidente, um crime, uma traição que nos pega de surpresa – algo que acreditávamos ter garantido chega ao fim. Essa expressão aparentemente tão trivial do gelo fino é muito simples e comum, mas é a imagem de uma realidade que gostamos de enfatizar. "We are living on borrowed time", diz um provérbio que eu conheci nos Estados Unidos. "Nosso tempo é apenas emprestado" – uma imagem linda e bem plástica, em minha opinião.

Borrowed time, tempo emprestado. Não sabemos quanto tempo nossa vida durará; não temos controle sobre ele; amanhã poderá ter acabado. Mesmo assim, muitos de nós – inclusive eu – somos mestres em ignorar essa verdade simples. Acreditamos que ainda nos resta muito tempo e que a camada de gelo sob nossos pés é grossa o bastante.

Aqui nos deparamos com um paradoxo da vida. Se nos preocuparmos o tempo todo se o gelo suporta nosso peso, a vida acaba passando sem que nós a aproveitemos. Nós procuraremos e nos agarraremos a certezas; por exemplo, comprando seguros. Por outro lado, se vivermos completamente desinteressados, se corrermos sem pensar, sem verificar se o gelo suporta nosso peso, em algum momento ele se romperá.

A expressão "camada fina de gelo" indica que a nossa vida sempre está ameaçada; que ela nos confronta com nossa finitude, lembrando que devemos ser humildes e nos orientar pelo seu sentido. Já que todos morreremos e que a última camisa não tem bolso, somos chamados a viver servindo a uma boa causa e ao próximo. A imagem da "camada fina de gelo" nos adverte:

fazemos bem quando servimos à vida numa mistura saudável de senso de realidade e de humildade.

O tempo cura todas as feridas?

Ninguém que se deparasse com um acidente de trânsito e visse uma vítima deitada no chão e coberta de sangue se recusaria a ajudar e a chamar a emergência alegando que "o tempo cura todas as feridas", para então se afastar do local do acidente. Naturalmente todos nós consideraríamos esse tipo de comportamento como escandaloso.

Curiosamente parece que não aplicamos as mesmas regras quando ocorrem acidentes ou ferimentos no âmbito psicológico. Quando alguém sofre um acidente grave na vida emocional – por exemplo, a morte de um ente querido, a decepção de uma amizade traída ou um divórcio – não deveríamos deixar essa pessoa largada na "rua da alma". O fato de não vermos esses ferimentos, o fato de não correr sangue não significa que a situação seja menos dramática do que num acidente de trânsito.

Não, o tempo não cura todas as feridas. Mas é importante que, principalmente diante de crise e de dor, ele seja administrado com cautela; ele precisa ser aproveitado. Não é sábio entregar tudo à própria sorte, pois assim entregaríamos não só nossa capacidade de decisão, mas também as circunstâncias, se o tempo pode agir como bênção ou como maldição. O tempo só ajuda a curar quando o aproveitamos no contexto de um processo de cura e o usamos para alcançar um objetivo específico. Só assim pode nascer uma nova esperança e se abrir uma nova perspectiva para a vida.

Desespero? Jamais, jamais, jamais

Desespero é mais do que a perda de esperança, de confiança, de perspectiva. Desespero descreve um estado de fracasso, do fracasso diante das circunstâncias, diante de si mesmo e da perda total de força sem a perspectiva de uma mudança da situação. Parecemos cair em um profundo vazio interior, em um buraco negro que nos engole. Significa o fim de toda criatividade e de todas as possibilidades de encontrar novas respostas ou uma saída para determinado dilema.

Se o desespero e o fracasso estão tão interligados, como devemos lidar com esse fardo duplo? Em 2002, no auge da minha crise, li uma citação de Churchill, na qual ele descreve – em retrospectiva – sua postura no verão de 1940 durante a batalha pela Inglaterra. Ela consistia da multiplicação de uma única palavra: "Never, never, never". – Jamais, jamais, jamais. Na época a Inglaterra parecia derrotada. Todos os seus aliados haviam sido destruídos pela *Wehrmacht*, o exército alemão. Os exércitos aliados haviam sido destruídos quase que completamente em Dünkirchen. Apenas o Canal da Mancha protegia a ilha contra um ataque alemão. Os dias do império inglês pareciam estar contados. A segunda invasão após o ataque dos normandos em 1066 parecia ser uma questão de dias ou semanas. Poucos caças da Royal Air Force e um punhado de navios da marinha ainda se opunham ao inimigo. Mas Churchill não desistiu. Ele repetiu sua famosa fórmula para a vitória por meio de "sangue, suor e lágrimas", informando Hitler que se ele quisesse matá-lo precisaria vir buscá-lo. Churchill recusou qualquer negociação de trégua oferecida pelo lado alemão.

Teimosia como resposta ao desespero? Isso pode parecer surpreendente. Mas acho que essa reação tem certo charme. Quando estamos realmente desesperados nada mais temos a perder; chegamos ao fundo do poço. E no fundo do poço da minha crise em 2002 me encontrei subjetivamente numa situação parecida quando pensei em me matar. Visto racionalmente, existem apenas duas possibilidades para uma pessoa nessa situação: ou tudo permanece terrível como está ou a situação melhora, pois parece impossível que as coisas piorem ainda mais.

Fiz uma experiência que me surpreendeu. Diante do desespero total, quando a sociedade nos vê como perdedores, o fracasso pode ser uma chance inesperada. Ao fracassarmos como num grande estrondo, nossa vida fica reduzida a alguns pontos essenciais; os amigos dos dias ensolarados já se despediram há muito tempo; muitas vezes também aparecem problemas financeiros e sociais; relacionamentos e casamentos mostram se realmente são sólidos ou se eles são frágeis como uma taça de vinho. Em outras palavras, não resta muita coisa a uma pessoa realmente desesperada; às vezes só lhe resta ela mesma.

Na época compreendi pela primeira vez o significado profundo das palavras de Churchill; compreendi que até mesmo os buracos mais fundos têm um fundo. Quando nos chocamos contra esse fundo resta apenas a pergunta se conseguimos e queremos nos levantar mais uma única vez.

Mas, perguntarão alguns: "Por que se levantar? Já perdemos tudo, toda esperança". E justamente porque perdemos tudo não temos mais nada a perder. Não importa se fizermos outros erros, se fracassarmos mais uma vez, se passarmos vergonha outra vez. E se não importa o que fizermos, por que não tentar mais uma vez? Nossa nova tentativa pode ser maluca e absurda; não importa. Voltando para Churchill, seria o mesmo que: "Podem fazer o que quiserem. Mas primeiro vocês precisam vir aqui e me pegar". Nesse caso, a teimosia pode ser realmente uma preciosa fonte de energia.

Em 2004 fiz algo completamente louco: larguei meu velho emprego como diretor de uma grande empresa e abri minha própria empresa com uma sócia em um ramo no qual eu não tinha a menor experiência; não possuía formação apropriada nem mesmo referências. Abrimos uma firma com o objetivo de fornecer ferramentas coreanas de processamento de aço para a indústria automobilística da Europa. Era uma loucura; nenhum banco nos deu crédito; pessoas riram e zombaram; muitos cruzaram os braços esperando nossa queda.

Never, never, never. Nenhum prognóstico se realizou. Nós estávamos de costas para a parede e nada tínhamos a perder, e justamente por isso os dois amigos e sócios se casaram e juntaram suas famílias. E daquela pequena empresa surgiu uma equipe poderosa.

Como lidar com o desespero? Eu só posso dizer, baseando-me em minha própria experiência: Fortaleça a teimosia de seu espírito e de sua alma. Deixe sua criatividade correr solta e lembre-se: Você nada tem a perder. O resto é sangue, suor e lágrimas. E uma dose generosa de *"never, never, never"*.

> *Um golpe do destino pode destruir nossa autoimagem, nossa imagem da vida e de Deus. Mas quando permitimos que nossas imagens sejam destruídas, nós não seremos destruídos, mas simplesmente nos abrimos para novas possibilidades.*
>
> Anselm Grün

Experiências dolorosas

O destino me poupou de duros golpes. Sou grato a Deus por isso. Mas é claro que houve momentos difíceis na minha vida e também experiências dolorosas. Uma dessas experiências dolorosas foi a morte repentina do meu pai. Eu estava em Roma, quase terminando meus estudos e já me preparava para a minha ordenação sacerdotal em Münsterschwarzach. Então, na noite de 8 de maio de 1971, minha irmã me ligou informando-me que nosso pai havia falecido repentinamente há uma hora, durante o jantar. Embarquei no próximo trem, que partiu de Roma às 23h. Durante toda a noite, sentado à escuridão, refleti sobre a sua morte. Alinhavei o que falaria na homilia.

Eu já era diácono e queria fazer a pregação. A morte do meu pai foi difícil para mim, mas ela não me abalou a ponto de perder o rumo da vida. Fui capaz de celebrar intensamente a minha ordenação sacerdotal e a minha primeira missa. Meu pai fez falta, é claro. Tive de atravessar o luto, e no fim desse luto pude encontrar uma profunda gratidão por tudo aquilo que ele havia me transmitido.

No mosteiro, vivenciei o primeiro golpe do destino, quando um confrade cometeu suicídio. Na época eu já era administrador. O abade e todos os responsáveis pelo mosteiro haviam decidido pelo fechamento de nossa propriedade Krandor, em Oberpfalz. Na época, lá ainda vivia um confrade, que administrava retiro, mas poucas pessoas frequentavam a casa. Alguns confrades o visitaram e lhe ajudaram a fazer as malas e a trancar a casa. No dia seguinte ele deveria ser levado ao nosso mosteiro, mas durante a noite se enforcou no estábulo. Para todos nós isso foi um duro golpe. Não sabíamos como levar o fato ao público, mas um jornal se encarregou disso. Tivemos de admitir publicamente que um confrade não havia conseguido administrar sua vida e que havia escolhido aquele caminho. Aquele confrade havia trabalhado intensamente nas missões durante muitos anos.

Eu tentei digerir aquela ocorrência perguntando a mim mesmo: "Como isso pode acontecer?" "O que se passa dentro de um ser humano para que opte por esse caminho?" "Como eu reagiria se algo importante fosse tirado de mim?" "Como vejo a minha própria vida?" Entendi que não podia julgá-lo; que precisava aceitar o destino do outro como um mistério, sem entendê-lo. Mas podia tentar me identificar com ele, vendo nele um espelho para mim mesmo: "Eu tenho garantia de ser sempre bem-sucedido na vida?" "O que posso fazer para aprender a lidar com experiências de perda?" "Qual é a postura que posso adotar perante a vida?"

Diagnóstico: câncer

Outro golpe do destino foi quando recebi do médico o diagnóstico de que um tumor maligno havia se formado no meu rim. Inicialmente não levei o diagnóstico muito a sério e pensei: "Algum dia terei de operar isso". Porém o médico me informou sobre a gravidade do problema. Assim que o câncer se espalhasse não haveria mais possibilidade de cura para mim. Assim, precisei cancelar todos os compromissos para o mês seguinte e ser internado imediatamente. No hospital entendi que não existe garantia para a minha saúde; que ela é um presente e que posso perdê-la de um momento para o outro. A cirurgia correu bem, um dos meus rins foi retirado e não havia indícios de que o câncer havia se espalhado. Mas refleti sobre o que a doença queria me dizer, tirando algumas consequências para a minha vida e estabelecendo limites claros onde a compaixão me levava a ultrapassá-los. Percebi como minha vida é limitada; que não tenho garantia de poder fazer minhas palestras por muitos anos. Chegará o momento em que precisarei encerrar todas essas atividades.

Esses dois golpes do destino me ensinaram que devo ser grato e seguir no meu caminho com atenção; que minha vida não está em minhas mãos; que algo poderá frustrar os meus planos. As palavras que Jesus dirigiu aos discípulos no caminho de Emaús foram decisivas para mim e me ensinaram a lidar com esse tipo de acontecimento. Decepcionados com o fim de seus sonhos, os discípulos estavam fugindo da vida; não queriam enfrentar a decepção causada pela morte de Jesus. Mas Jesus lhes disse: "Não era necessário que o Cristo sofresse tudo isso para entrar na sua glória?" (Lc 24,26). Eu traduzo essa palavra para mim da seguinte forma: "Tudo isso não precisou acontecer para que minhas ilusões fossem destruídas e para que eu fosse aberto para a glória de Deus, para a imagem singular que Ele tem de mim?" Esses golpes de destino me ensinaram a destruir as imagens que tenho de mim mesmo, da vida e de Deus. Quando permito que minhas imagens sejam destruídas, não serei destruído com elas, mas poderei me abrir para o meu ser verdadeiro, para novas possibilidades da vida e para o Deus insondável.

Quero aprofundar isso tomando por base minha doença. O diagnóstico de câncer destruiu minha autoimagem de então: "Nunca ficarei doente". "Se eu viver de forma saudável, se eu viver uma espiritualidade saudável, meu corpo permanecerá saudável." Ao permitir que minha autoimagem fosse destruída, passei a me perguntar: "Qual é a essência do meu ser?" "Quem sou eu de verdade?" Então pude constatar que não sou apenas o monge sereno e saudável; que sou frágil; que meu corpo é frágil; que não tenho garantia de uma vida longa. A destruição da minha autoimagem e da minha vida me abre para o meu verdadeiro ser e para uma outra compreensão da vida. Assim, percebo que o tempo de minha vida é limitado; não faço planos para um futuro distante, vivendo no presente; tento viver cada momento com gratidão. Empenho-me a ir ao encontro das pessoas com uma postura consciente, pois pode ser o último. Isso confere a cada encontro e a cada conversa uma profundidade e densidade novas. Evidentemente não consigo manter sempre esse nível de atenção; a vida superficial sempre tenta se impor sorrateiramente. Mas às vezes me lembro disso e volto a viver no momento. A doença também destruiu minha imagem de Deus. Ele não é aquele que me recompensa pelo meu caminho espiritual; Ele é também o Deus incompreensível, que pode se opor a mim e frustrar os planos da minha vida. E mesmo incompreensível, Ele é também o Deus do amor, mas de um amor incompreensível, como disse Karl Rahner.

Golpes trágicos do destino

As pessoas compartilham comigo grandes sofrimentos. Cito aqui um homem bem-sucedido em seu trabalho e feliz com sua vida, com sua família. Certo dia estava dirigindo seu carro; ventava muito. O vento jogou o seu carro para a outra pista, chocando-se com outro carro ocupado por quatro operários. Um deles morreu e os outros ficaram gravemente feridos. A ocorrência abalou profundamente aquele homem, passando a ser perseguido por sentimentos de culpa e não conseguindo reencontrar a paz interior. Por fim, caiu em depressão profunda e não conseguia continuar em seu emprego. Ele não cometeu erro algum, dirigia corretamente, era um motorista experiente, mas não conseguia se perdoar pelo fato acontecido.

Outro homem perdeu as duas pernas em um acidente, passando a usar cadeira de rodas; sua vida mudou completamente.

Uma mãe perdeu sua filha – cheia de esperanças e planos para o futuro – num acidente de carro. O namorado da filha, que estava ao volante, também morreu.

Quando as pessoas me contam sobre seus golpes do destino preciso primeiramente suportar seu sofrimento em silêncio. Não tenho a solução, não sei como elas devem elaborar esses golpes. Apenas tento me colocar no lugar delas. Em seguida passo a lhes perguntar: o que aconteceu; que sentimentos aquilo suscitou; como elas tentam lidar com aquilo; qual o caminho que encontraram... E depois disso posso começar a perguntar: "Em que poderia lhes ajudar?" Ou se eu poderia lhes oferecer o modelo da imagem destruída: o golpe do destino destruiu suas imagens de si mesmas, de sua vida e de Deus. Que se elas permitirem que suas imagens sejam destruídas, elas, enquanto pessoas, não serão destruídas, mas se abrirão a novas possibilidades de ver a si mesmas, de moldar a vida e de compreender Deus. Às vezes, porém, não tenho palavras para o sofrimento de uma pessoa. Nesses casos só posso exaltar a coragem dela em suportar o seu sofrimento e de conseguir falar sobre ele. Ou tento encorajá-la a atravessar todas as rupturas e destruição até chegar ao fundo da alma, onde seu núcleo mais íntimo continua ileso. Que esse núcleo não foi destruído, que ele está são e salvo, pois no fundo da alma há uma âncora de esperança, à qual podemos nos agarrar. Isso é o que nos promete a Epístola aos Hebreus. O autor nos encoraja a "alcançar a esperança proposta. A esperança é para nós uma âncora da alma, firme e sólida, que penetra até além do véu, no santuário onde Jesus entrou por nós como precursor" (Hb 6,18-20). Isso é uma imagem cheia de esperança: Jesus entrou no santuário por meio de sua morte; Ele entrou no céu com Deus, mas também no céu que existe dentro de nós. Jesus é nosso precursor. Por meio de sua morte na cruz, onde os sonhos que Ele tinha para sua vida foram destruídos, entrou no santuário da nossa alma. Lá Ele é a âncora firme, à qual podemos nos agarrar; dentro de nós há um espaço sagrado, o santuário, onde nós somos santos, sãos e salvos, ilesos e sem mácula.

Muitas pessoas com dores crônicas me procuram, dizendo que já passaram por muitos médicos e clínicas, mas isso não ajudou em nada. Que provavelmente terão de viver com essas dores até o fim da vida. Muitas dessas pessoas chegam totalmente desesperançadas, e não lhes posso prometer que a oração tirará suas dores. Posso apenas lhes mostrar um caminho para lidar com isso; que suas dores as levem constantemente a procurar refúgio dentro de si mesmas, o espaço do silêncio onde o núcleo de seu ser está ileso, intocado pela dor. Nem sempre isso é possível, mas a certeza de que existe dentro de nós um espaço intocado relativiza as dores constantes. Elas deixam de ter poder absoluto sobre nós. Embora as sintamos, e elas continuem sendo um fardo, podemos alcançar nosso interior, o *autos*, que, segundo Stoiker, é o santuário interior do eu, ao qual as dores não têm acesso.

16
Sobre Deus e a fé

Sem me conscientizar disso, eu havia desenvolvido uma espiritualidade do tipo "dar e receber". Esse tipo de fé, porém, não conseguiu resistir aos golpes do destino.

Walter Kohl

Despedida da fé de infância

Quando eu era criança minha mãe sempre rezava comigo antes de me colocar na cama. Eram orações curtas, mas faziam parte de um ritual. A oração encerrava o dia e abria a noite de sono. Sem jamais dizê-lo explicitamente, eu tinha a certeza de que Deus fazia parte do sono e da noite. Durante o dia eu estava ocupado demais para me preocupar com Deus e temas desse tipo.

Isso mudou quando iniciei as aulas de catequese. Nosso padre catequista nos entusiasmava com suas narrativas e com as conversas conosco. Ele fazia tudo isso sem pressão e trabalhava com as crianças dispostas a participar. Quem não queria não precisava se envolver.

Mas todas as crianças queriam participar, e isso significava ler e compreender um texto. Como aluno do ensino fundamental, eu nunca havia feito isso. Foi a primeira vez que alguém me incentivou a pensar ativa e independentemente. O ponto alto, porém, foi quando eu fui escolhido para ler uma passagem da Bíblia na frente da turma. Eu quase morri de tão nervoso que estava, mas logo percebi que eu dava conta do recado. O Padre Beicht me elogiou e me disse que eu havia feito um bom trabalho, com a ajuda de Deus. Perguntei a mim mesmo: "Deus havia me ajudado naquele difícil desafio?" Era um pensamento completamente novo, mas se o padre dizia aquilo, devia ser verdade. Assim, entrei na pequena capela de nossa igreja, acendi uma vela e agradeci ao bom Deus por sua ajuda. Talvez esse tenha sido meu primeiro ato de fé independente, meu primeiro contato consciente com Deus.

Durante os anos de terrorismo eu não pude me movimentar com liberdade; naqueles anos, minha fé se limitou às missas dominicais com meu pai. Nessas idas à igreja, porém, não havia muita contemplação. As pessoas ficavam olhando para nós durante toda a missa. Terminada a celebração, o povo se reunia na frente da igreja; pessoas estranhas me tocavam e me olhavam como se eu fosse um animal exótico. Essas pessoas procuravam a proximidade do meu pai, e ele gostava desse "banho na multidão". Nós crianças éramos apenas acessórios, os "filhos do Kohl", e parte da encenação.

Mais tarde, no ginásio, associei-me à Katholische Junge Gemeinde (KJG), uma associação para jovens católicos. Fazíamos retiros e participávamos de eventos promovidos pelos jesuítas, em Ludwigshafen. Eram tempos politicamente conturbados; o rearmamento e o Movimento da Paz comoviam a todos, principalmente os garotos de nossa escola. Perguntávamos: "Deveríamos servir no exército?" "Soldados são assassinos?" "Rearmamento, sim ou não?" Para mim, a igreja se tornou um lugar de discussões políticas, um campo de batalha. Na KJG participei de vários grupos do Movimento da Paz, mas sempre era visto como estranho, como alguém que levantava o estandarte da Otan e que era a favor do rearmamento. Essa postura me rendeu apelidos como "fascista" e "assassino". Religiosos e funcionários da igreja também me chamavam assim. Decidi me afastar daquele ambiente, pois, na minha opinião, tudo aquilo tinha pouco a ver com Deus e com a fé.

Mas dentro de mim existia um desejo profundo de descobrir e viver a fé. Depois do vestibular e de muitas festas nas lagoas próximas a Ludwigshafen, decidi passar algumas semanas no Mosteiro Beneditino de Maria Laach para fazer exercícios espirituais. Eu precisava de paz e espiritualidade. Assim, passei uma parte do verão de 1982 no Mosteiro de Maria Laach, ajudei na restauração dos jardins e passei muito tempo sozinho em oração e meditação na igreja. Foram semanas lindas, e eu estava em dúvida: Deveria me tornar monge ou viver a aventura da vida como oficial do exército alemão? Optei pela carreira de oficial só para perceber se eu tinha chance de seguir meu próprio caminho no exército tendo meu pai como comandante-chefe.

Já no exército e mais tarde também na faculdade, o tema da fé passou para o segundo plano. Os dias estavam lotados com tarefas, e eu queria simplesmente viver. Mais tarde, quando passei a estudar nos Estados Unidos, vivenciei as tensões e os conflitos entre a juventude estudantil católica de Harvard, que defendia posições muito progressistas e liberais, e as posições profundamente conservadoras e quase reacionárias do então cardeal de Boston. Isso me repugnava; eu estava cansado de conflitos políticos e lutas ideológicas, e queria simplesmente viver em paz. Assim, durante certo tempo, a fé e a Igreja desapareceram quase que completamente da minha vida, apesar das várias semanas que passei no mosteiro na década de 1990.

Uma fé com "roupas novas"

Foi a minha grande crise de 2002 que me levou de volta à fé; no entanto, com "roupas novas". Eu havia mudado minhas expectativas em relação a Deus. Minha antiga imagem dele era de um Deus no qual nós cremos e que nos recompensa por isso dando, por exemplo, força e coragem para ler uma passagem da Bíblia na frente de um grupo. Inconscientemente eu havia desenvolvido uma espiritualidade do tipo "dar e receber", que não conseguiu resistir aos golpes do destino. Esse tipo de fé não teve como sobreviver na minha crise de 2002. Na época eu me senti abandonado por Deus; o velho acordo havia sido rompido. Isso significava que Deus estava morto? Essa pergunta me atormentava, mas eu não conseguia encontrar uma resposta. Depois de uma cirurgia precisei ficar internado durante alguns dias. O médico me receitou caminhadas no corredor, que pareciam ficar mais longas a cada dia. Durante uma dessas caminhadas passei mal e quis me sentar, mas não havia cadeira nem enfermeiro por perto. A alternativa foi me apoiar na maçaneta mais próxima. Para a minha surpresa, era a maçaneta da porta da capela. Tratava-se de um simples quarto de hospital com uma estante, uma mesa com um crucifixo e cadeiras. Sentei-me numa das cadeiras e tentei recuperar o fôlego. Depois de certo tempo me senti melhor e olhei à minha volta. Na estante havia algumas revistas, alguns hinários e uma Bíblia. A capa de uma revista chamou a minha atenção, pois mostrava soldados norte-americanos combatendo nas ruas de Bagdá. Folheei a revista e me deparei com o artigo de um capelão do exército norte-americano, no qual falava sobre suas conversas com soldados que o procuraram porque não sabiam lidar com a loucura da guerra e da violência. Surpreso, constatei que esses soldados eram da 1ª divisão, estacionada em Friedberg, em Hessen, Alemanha. Eu mesmo estava em Friedberg naquele momento e, olhando pela janela do hospital, podia ver as casernas norte-americanas. Fui tomado por um sentimento estranho e continuei a ler. O capelão contou que os soldados não conseguiam encontrar uma resposta ao "Por quê?" Nenhuma resposta ao por quê do sofrimento que eles causavam em outras pessoas, tampouco para o por quê do sofrimento que eles e seus camaradas precisavam suportar por causa da morte ou dos ferimentos de seus colegas. Eles não aguentavam o peso dessas perguntas. Essa era uma das mensagens centrais do artigo. O padre falou também sobre suas experiências pessoais, de seu acompanhamento de soldados, homens, mulheres e crianças à beira da morte. Ele também sofria com as mesmas perguntas. Toda a guerra parecia sem sentido.

No fim, o artigo sofreu uma virada inesperada. O padre escreveu que ele não podia oferecer respostas úteis aos soldados, mas certo dia ele teve uma ideia. Quando voltou a ser perguntado, disse ao soldado: "Como ser humano não posso lhes oferecer uma resposta. Para mim, pessoalmente, encontrei uma resposta no Livro de Jó. Por isso sugiro que leia esse livro; talvez encontre nele respostas para você. Este é o meu desejo".

Li o artigo várias vezes e fiquei sem palavras, pois sentia que ele havia sido escrito para mim. Graças a Deus eu não precisava lutar em Bagdá, mas as perguntas sobre as quais o texto falava eram exatamente as minhas perguntas. Finalmente, eu me levantei, fiz o sinal da cruz na frente do crucifixo e levei a Bíblia à estante.

De repente, minha estadia no hospital se transformou em uma bênção. Eu tinha muito tempo e comecei a ler o Livro de Jó. Descobri também o Livro do Eclesiastes. Quando tive alta, devolvi a Bíblia e tirei minha própria Bíblia da gaveta lá em casa. Seguiram-se meses de estudo bíblico. Também li livros sobre a Bíblia, e isso me serviu como ponte. Pois assim encontrei novos caminhos, novas respostas para lidar com o destino e com aquilo que eu julgava ser uma injustiça. Por meio da leitura do Livro de Jó aprendi a não perguntar tanto pelo por quê, mas a me concentrar mais na forma de lidar com a situação e os sentimentos respectivos. Essas novas respostas me permitiram reavivar minha fé e a firmá-la sobre um fundamento novo.

Essa experiência no hospital me mostrou que Deus não havia desistido de mim. E eu continuava a ansiar sua presença, mesmo que a chama estivesse se apagando. Creio que ambos, cada um de seu jeito, estávamos à procura um do outro. Foi um reencontro, e eu me senti como se estivesse reencontrando na rua um amigo de longa data. Os anos de separação pareciam não ter existido; a antiga confiança voltou imediatamente, mas as conversas e o relacionamento eram novos.

Não é fácil falar sobre Deus

Alguns dizem que Deus é uma palavra espiritual grande demais. Para outros, as conversas sobre Deus equivalem a discussões sobre o tema das Igrejas. Muitos nem se sentem à vontade usando essa palavra; acham que está desgastada. Eu defendo um convívio descomplicado, pessoal e espiritual com Deus; Deus e fé são temas que dizem respeito à vida emocional, à intuição, e não à racionalidade. Por isso, deveríamos identificar Deus mais em nossa própria experiência do que em teorias sobre Ele. Caso contrário, corremos o risco de esvaziar a palavra, de falar porque gostamos de ouvir a nossa própria voz. Questões de fé são questões de experiência, e não temas para discussões que procuram chegar a uma conclusão lógica.

Fé é conhecimento sem provas. Aquele que consegue acreditar em algo sem provas tem confiança, que, por sua vez, é sempre algo muito subjetivo e pessoal. Como então podemos falar sobre confiança ou fé? É uma questão de experiência e da vida. Deveria bastar vivê-la.

Em minha vida tive o privilégio de fazer várias experiências com Deus, e para mim isso significa: Ele está comigo; não estou sozinho; vivenciamos juntos o momento. É como nas experiências amorosas: quando amamos uma pessoa, esse amor se reflete de maneira especial em alguns momentos. São os momentos em que o outro toca o nosso coração e quando experimentamos uma grande intimidade. Podemos viver essa harmonia também com Deus. "Amizade" é uma palavra adequada para expressar a experiência de uma comunhão íntima e profunda com Deus. Por isso, não quero nem posso impor a minha fé a outras pessoas, mas oferecer-lhes minhas experiências, que podem ser úteis.

Só posso falar por mim mesmo

Várias vezes durante a minha vida eu cogitei despedir-me de Deus. Deus está morto, era o que eu acreditava nessas ocasiões; mas não tinha certeza absoluta disso. Minha cabeça havia declarado a morte de Deus, mas meu coração se recusava. O que fazer?

Tentei descobrir quem era o ateu mais inteligente e convincente. O nome do filósofo inglês Bertrand Russell, um dos grandes pensadores do século XX, reaparecia aqui e ali. Comprei seu livro *Por que eu não sou cristão*. Nessa obra, me disseram, eu encontraria uma lógica cristalina que me explicaria por que a religião era danosa e como deveria ser um mundo racional e esclarecido. Comecei a ler com entusiasmo, mas após certo tempo tive de constatar que os argumentos de Russell eram intelectualmente brilhantes, mas não conseguiam convencer meu coração. Não cabe a mim avaliar e julgar a fé e o ateísmo; cada um precisa chegar às suas próprias conclusões. Fé ou não fé fazem parte da forma como qualquer pessoa pretende viver sua vida. No que diz respeito a mim, posso dizer: a leitura de Russell foi interessante, mas ela me levou de volta à minha fé, não ao ateísmo. Em retrospectiva, ler sua obra foi um grande lucro para mim; foi uma experiência importante seguir esse caminho e me ocupar com essa questão, pois me ajudou a chegar a uma decisão clara e própria.

Para mim nunca existiram tempos sem Deus. No entanto, conheço também a dúvida. Quando eu meditava em minha cela, às vezes me perguntava: Será que tudo isso que você pratica não passa de imaginação? Você ora a Deus, mas quem é esse Deus?

Anselm Grün

Importante desde o início

Desde que consigo me lembrar, Deus sempre ocupou um lugar importante na minha vida. Quando pequenos, víamos o Natal como a festa na qual o mistério de Deus nos era revelado. Não consistia apenas em celebração externa, mas em um mistério: Deus desce do céu para estar conosco. Como criança eu não entendia exatamente o que isso significava, mas sempre tive consciência desse aspecto misterioso. Meus irmãos me contam que, ainda pequeno, eu gostava de subir em algum tipo de pedestal e fazer pregações. Evidentemente, aquilo que o padre dizia na missa me incentivava a desenvolver minha própria teologia. Não lembro o que eu dizia nessas pregações. Lembro apenas que, ao encontrarmos um pássaro morto no jardim, nós o sepultávamos mediante uma cerimônia. Fazíamos uma cruz de madeira e, em procissão, o levávamos a uma parte do jardim, onde o enterrávamos. Os hinos que cantávamos nem sempre eram religiosos, mas sabíamos que estávamos realizando um ato sagrado.

Lembro-me de que, durante o tempo de escola, as aulas de canto sempre me comoviam. Cantávamos hinos de igreja, e as imagens dos hinos sempre evocavam ideias próprias em minha cabeça. Não entendia tudo, mas a música me comovia profundamente. As liturgias de Natal e da Semana Santa já me tocavam durante o ensino fundamental. Lembro-me da seriedade que tive na preparação para a Primeira Comunhão. Já nas aulas de religião passei a entender o que significava esta frase:

"Deus vem até nós, e na Comunhão podemos recebê-lo". Isso não eram apenas palavras para mim, mas me comovia profundamente. Foi quando me tornei coroinha, sempre exercendo minhas funções com entusiasmo. – Cresci com o sagrado. Foi nessa época que conversei com meu pai sobre o meu desejo de me tornar padre.

Aos dez anos de idade fui enviado para o internato de St. Ludwig e Münsterschwarzach. Cada novo dia começava com a oração matinal e com a celebração da Eucaristia. Em minha adolescência tive um estudo mais consciente da fé. Durante meu ensino médio em Würzburg teve início o Concílio Vaticano II. Nosso professor de Religião nos transmitia aquele espírito de renovação da Igreja. Eu sentia orgulho de ser católico e queria contribuir no mosteiro para a proclamação da fé no mundo inteiro. Quando, após algumas lutas, decidi entrar para o Mosteiro de Münsterschwarzach ainda antes do vestibular, queria dedicar toda a minha vida a Deus. Ao reler as minhas anotações do meu tempo de noviço pude perceber que ainda era movido pela mesma vontade e razão. Eu queria apagar todos os meus erros e seguir Cristo com tudo o que eu era e tinha. Mas esse desejo era ambicioso demais, e não levei em conta a minha estrutura psicológica. Era o entusiasmo inicial do noviço que deseja ser um monge perfeito desde o início; mas durante a faculdade caí em crise emocional. Percebi que não podia resolver tudo somente com a minha razão e vontade; que precisava levar a sério minhas necessidades e meus sentimentos. Ao mesmo tempo continuei ambicioso nos meus estudos e li muitos livros filosóficos, teológicos, exegéticos e também psicológicos. Eu me ocupei com minha fé, mas nunca passei por uma crise teológica; jamais houve uma ruptura radical entre a fé da minha infância e o estudo teológico. Este nunca questionou minha fé, cujo fundamento havia sido construído na infância, mas apenas a esclareceu e aprofundou. Olhando em retrospectiva, sou grato aos meus pais porque nunca tentaram nos impor uma imagem restritiva de Deus. Nossa fé sempre se desenvolveu com a razão.

Perguntas levadas a cabo

Nunca passei períodos sem Deus. No entanto, também conheci dúvidas. Quando meditava em minha cela, às vezes me perguntava: "Será que tudo isso que você pratica não passa de imaginação?" "Você ora a Deus, mas quem é esse Deus?" "Você faz tudo isso apenas para sobreviver neste mundo ou, em termos mais concretos, em seu mosteiro?" "Trata-se de uma ideologia para justificar sua vida?" Mas quando esse tipo de perguntas surgia em minha mente, eu sempre as levava a sério, aceitando-as: "Sim, é possível que eu esteja imaginando tudo isso, que a Bíblia só foi escrita para permitir que os discípulos superassem sua decepção, que a teologia é apenas uma tentativa de sobreviver neste mundo. Pois sem fé tudo seria mais frio". Mas quando levava a cabo essa alternativa sentia dentro de mim seu oposto: "Não, se isso fosse verdade, tudo seria absurdo. Então, todo nosso conhecimento humano seria nada mais do que uma ilusão. Não existiria verdade, apenas estratégias de sobrevivência. E cada um poderia desenvolver sua própria estratégia". Quando enfrento esse tipo de pensamento, opto pela fé, dizendo a mim mesmo: "Eu confio na Bíblia, confio em Santo Agostinho, em Santa Teresa de Ávila, em Santo Anselmo. Eu aposto tudo nisso". E então volto a sentir a paz dentro de mim. Mas também por ocasião das festas da liturgia católica, volto a me perguntar, por exemplo: "O que a encarnação de Deus significa realmente". "O que significa a ressurreição de Jesus?" Faço essas perguntas não para refutar a fé, mas para aprofundá-la, para conseguir entendê-la melhor. Sigo nisso o caminho do meu padroeiro, Anselmo de Cantuária, que desenvolveu o programa: *fides quaerens intellectum* – a fé que busca o entendimento. Procuro entender o que creio, pois apenas quando compreendo é que posso realmente crer.

Encontros com Deus

Santa Teresa de Ávila descreve Deus como seu amigo. Para a minha vida eu não usaria a expressão "amizade com Deus". Para mim, Deus é a realidade perante a qual e na qual eu vivo; Ele é o mistério que me envolve. Em sua busca o vivencio como mistério que toca meu coração. Às vezes também o vivencio como um interlocutor que fala comigo, que me desafia a abrir meu coração, ao qual eu posso revelar a minha verdade, porque sei que Ele é amor, que aceita cada aspecto em mim e o penetra com seu amor. Eu não falaria de uma amizade com Deus, mas de um encontro com Ele. Sim, na oração eu o encontro; nela eu lhe ofereço minha própria verdade. Deus é para mim o desafio de encarar minha verdade, de aceitar as minhas sombras e oferecê-las a Ele; em sua presença não posso e não quero esconder coisa alguma. E sinto que me faz bem aceitar toda a minha verdade em sua presença e confiar que Ele aceitará e transformará tudo com seu amor. Isso não significa que eu deva permanecer do jeito que sou. O objetivo do meu encontro com Deus é que seu Santo Espírito penetre tudo o que me afasta dele; que toda escuridão seja iluminada por sua luz; que a mínima falsidade seja transformada naquilo que condiz ao meu ser. Deus não é para mim somente aquele em cujos braços posso descansar. Sem dúvida, isso é uma experiência importante: nele sinto-me protegido; Ele é meu lar, porque o Mistério me envolve e habita em mim. Mas quando vejo Deus apenas como refúgio, corro o perigo de me contentar com sentimentos religiosos, de usar Deus apenas para me sentir bem, para me sentir protegido num mundo desprotegido. Para mim, Deus também é um desafio. Quando o encontro na oração também encontro minha paz. Ao mesmo tempo, porém, entro em contato com minha própria verdade, que inclui igualmente o fato de que, em algumas áreas da minha vida, eu não vivo de acordo com meu ser verdadeiro. A Bíblia chama isso de pecado, de *hamartia* ("errar o alvo"). O encontro com Deus sempre me reorienta para Ele;

nessas ocasiões eu lhe ofereço minhas feridas, minhas mágoas, minhas sombras recalcadas, para que seu amor possa penetrar todo o meu ser. Deus me mantém em movimento. Para mim, Ele é o Criador, aquele que criou o mundo inteiro e diante do qual eu me prostro, e também aquele que habita em mim; o meu fundamento mais profundo, no qual eu me deparo quando tento ouvir o que se passa em meu interior. Deus é meu lar e, ao mesmo tempo, aquele que me leva da prisão para a liberdade. Deus, na Bíblia, sempre é também o Deus do êxodo, que tira Israel do Egito. E esse Deus do êxodo impede que eu me acomode em sentimentos e pensamentos pios. Ele sempre me incentiva a partir, desafiando-me a parar de girar em torno de mim mesmo e a voltar minha atenção para o próximo. Ele não me deixa na passividade, mas me impele ao encontro de outras pessoas.

Aberto para o mistério

Quando as pessoas me contam que não acreditam em Deus, eu sempre lhes pergunto: "Em que Deus você não acredita?" Ou "Por que você não acredita em Deus?" Ao aprofundar mais o diálogo com essas pessoas percebo que elas rejeitam o Deus do qual elas têm uma imagem específica. Muitas vezes trata-se de uma imagem muito concreta que lhes foi transmitida em sua infância. Para mim não é tão fácil descobrir se alguém acredita ou não em Deus. Muitos que se identificam como ateus rejeitam uma imagem bastante específica de Deus, de um Deus cuja existência tentam provar. Os ateus não conseguem aceitar esse Deus. Mas quando falo com eles sobre o mistério, alguns se mostram abertos. Karl Rahner – sobre o qual escrevi minha tese de doutorado – descrevia Deus como o mistério absoluto. E quem se abre ao mistério também se abre Deus. Por isso, costumo falar com esses supostos ateus sobre aquilo que os comove. "É a natureza?" "O que lhe fascina na natureza?" "É a beleza, a ordem, as leis internas, a vivacidade?" Tudo isso são nomes para Deus. Ele é a beleza primordial que transparece em toda beleza; é aquele que ordena tudo, que criou tudo por meio de sua palavra, para que tudo seja compreensível a todos nós. Ele é a vida verdadeira que se manifesta em toda vida. Outras pessoas se fascinam com a música. Quando ouço uma música também estou ouvindo o inaudível, e esse ouvir me leva para o refúgio, como dizia Martin Heidegger. Sinto aí algo do refúgio em Deus. Assim, nem sempre entendo as palavras da Bíblia com a minha razão, mas elas me oferecem um refúgio; dão-me acesso a um mundo diferente. Assim, percebo que este mundo não é uma ilusão, mas a realidade autêntica que muitas vezes não consigo ver porque costumo me concentrar nas coisas superficiais. Quando determinada pessoa tem afinidade com a arte, converso com ela sobre aquilo que ela realmente vê. "É apenas a técnica do pintor, do escultor, ou será que a obra expressa uma ideia mais profunda?" Ou: "Não transparece nela um pouco da beleza primordial de Deus?" Aquele que ama a poesia submerge num mundo diferente quando a lê, num mundo diferente daquele em que vive seu dia a dia. Nesse outro mundo sempre transparece um pouco do mundo completamente diferente, de Deus. A pergunta se alguém crê ou não nem sempre depende da fé em um credo, mas de sua abertura para o mistério, para algo que é maior do que a pessoa em si. Existem também cristãos que usam Deus para os seus próprios fins. Estes não estão abertos para o mistério, mas instrumentalizaram Deus e criaram uma imagem dele. O poeta judeu Paul Celan disse certa vez que não existe fé sem língua nem existe língua sem fé. Se acredito ou não em Deus, isso não se manifesta em minhas palavras pias, mas na forma como eu converso com as pessoas e sobre as pessoas, e também na forma como eu as trato. Meus atos também falam, e neles, a minha fé ou a minha falta de fé também se expressa.

Perguntas que surgem

Em determinadas ocasiões eu me assusto quando falo com pessoas para as quais Deus nunca foi um tema. Não são ateus professos; não precisam negar a existência de Deus, pois isso não lhes diz respeito. Elas estão satisfeitas com seus padrões de pensamento, que a pergunta sobre Deus jamais passa por sua cabeça. Preciso confessar que tenho dificuldades de entender essas pessoas, pois não existe, na minha opinião, um modo de pensar que não gire em torno da pergunta sobre Deus. Ouço como tais pessoas falam sobre sua vida e sobre como interpretam a vida. Então eu pergunto: "Quem lhe dá o direito de interpretar sua vida dessa forma?" "Não seria possível interpretá-la de outra forma?" "Sua vida não faria mais sentido?" Mas eu me limito a fazer perguntas; não quero convertê-las; não quero lhes impor minha fé. Para mim, a pergunta sobre Deus faz parte da reflexão sobre o mistério da vida.

Há uma pergunta antiga que já foi feita pelos fiéis no Antigo Testamento: "Por que os bons sofrem e os maus são bem-sucedidos?" Os salmistas relutaram com essa pergunta, mas sempre conseguiram recuperar a convicção de que Deus é sua rocha, que Ele é o fundamento sólido que os sustenta, a despeito de todas as dúvidas relacionadas à justiça de Deus. Um bom exemplo para a luta com essa pergunta é o Sl 73,2-4: "Quanto a mim, por pouco meus pés escorregavam; por um triz não resvalaram meus passos, pois eu tinha inveja dos arrogantes, ao ver a prosperidade dos ímpios. Não têm dificuldades até à morte, seu corpo é sadio e bem-nutrido". Mas no fim, ele reflete sobre os ímpios: "Na verdade, Tu os colocas em terreno escorregadio e os fazes cair na destruição" (Sl 73,18). E então o salmista se lembra de seu relacionamento com Deus, que lhe serve como consolo em meio a tudo o que lhe acontece: "Mas eu sempre estou contigo, Tu me seguras pela mão direita, Tu me guias segundo teus desígnios, e no fim me acolherás na glória" (Sl 73,23s.). Portanto, "Quem está realmente bem?" Muitas vezes os fiéis enfrentam tanto sofrimento (ou até mais) quanto os infiéis: doenças, acidentes, morte. Mas a fé não lhes ajuda a superar o sofrimento que os acomete? Não quero negar a felicidade àquele que não crê. Mas se ele realmente estiver feliz, é porque ele se aceitou em sua finitude e é grato por sua vida. Mas a gratidão – mesmo que ele não a relacione a Deus – não se dirige àquele que é maior do que nós mesmos? Às vezes as pessoas que não creem conseguem aceitar melhor e se reconciliar com os limites que a vida lhes impõe. No fim das contas, elas acabam praticando uma postura proclamada por Jesus. Alguns cristãos querem usar Deus como um tipo de garantia de que terão uma vida melhor do que os outros. Mas isso não corresponde ao Espírito de Jesus.

Na pergunta sobre fé ou falta de fé não podemos traçar uma linha inequívoca. Eu não tenho como avaliar se o outro realmente crê ou não. Às vezes, a falta de fé se esconde por trás de palavras pias; outras vezes a fé se manifesta em linguagem secularizada. Percebo em mim mesmo esses dois lados: a falta de fé me desafia a purificar constantemente a minha fé, livrando-me de projeções e ilusões. Sempre preciso percorrer o caminho que me leva da dúvida para o retorno à fé. Isso é um processo constante. Não tenho a fé como conquista definitiva, mas preciso lutar por ela, conquistá-la sempre de novo. No fim das contas, vale para nós a palavra que o pai do possuído disse a Jesus: "Eu creio, mas ajuda minha falta de fé!" (Mc 9,24). Somos sempre pessoas que creem e que não creem ao mesmo tempo. Precisamos lutar pela nossa fé e pedir a Deus que Ele a fortaleça.

17
A finitude da nossa existência

> *São Bento adverte os monges a manter em vista a morte todos os dias. Esse exercício nos conscientiza diariamente da nossa finitude.*
>
> Anselm Grün

Encontros com a morte

Meu primeiro encontro com a morte ocorreu quando eu, meus irmãos e meu pai fomos nadar num lago perto de casa. Nadávamos muito naquele lago durante o verão. Era uma tarde de domingo e estávamos nos divertindo na água e aprendendo a nadar. Então soubemos que uma menina havia se afogado perto dali. Mergulhadores foram chamados, mas não conseguiram resgatá-la com vida. Ainda me lembro de seu pai sentado em silêncio ao lado do corpo dela. Ninguém falava. Aquele homem era o centroavante do TSV Gräfeling. Na época, todos nós éramos loucos por futebol e torcíamos por aquele time. Aquele jogador de futebol estava quebrado, desorientado, mudo. Lembro-me ainda de como nós também ficamos em silêncio. Depois voltamos para casa. A morte daquela garota nos tirou a alegria durante algumas semanas.

Nunca conheci meus avós. Todos eles já haviam morrido quando meus pais se casaram. Eu nasci em 1945. As grandes matanças da guerra já haviam cessado quando me dei conta da vida. Mas durante os passeios dominicais nosso pai nos contava histórias sobre as pessoas que haviam vivido nessa ou naquela casa e que haviam sido mortas pelas bombas. Meu primeiro encontro direto com a morte foi aos sete anos de idade, naquele lago. Como coroinhas, também acompanhávamos funerais. Mas, na maioria das vezes, não tínhamos relação com os falecidos. Mais tarde, no mosteiro, acompanhei a morte de alguns confrades idosos. A primeira morte que realmente me afetou foi a do meu tio P. Sturmius. Ele tinha apenas sessenta e dois anos. Dez anos antes já havia sofrido um AVC. Desde então, tinha dificuldades para dormir, mas trabalhou até o fim. Ele sempre estudou literatura mais recente e escreveu vários livros. Eu estava na faculdade em St. Ottilien quando me ligaram e informaram de seu falecimento. Voltei imediatamente com meu primo P. Udo para Münsterschwarzach. Meus pais e os pais de Udo já haviam chegado. Lembro-me bem de como descemos com meu pai para a cripta, onde o corpo do meu tio estava sendo velado. Foi quando senti o abalo do meu pai, que era cinco anos mais velho do que o meu tio. Ele estava vendo seu irmão mais novo deitado no caixão, isso o comoveu profundamente. Meu pai era de uma geração que não chorava nem mesmo ao lado do caixão de um parente próximo, mas pude sentir sua comoção.

Cinco anos depois meu pai morreu, inesperadamente. Numa noite de sábado ele estava sentado à mesa, tomando um copo de cerveja. Pretendia ir à missa mais tarde. De repente, caiu no chão, morto. Recebi um telefonema em Roma, na faculdade, sobre o seu falecimento. Foi quando entendi o que significava despedir-se. Para mim, foi importante contemplar o relacionamento com meu pai e refletir sobre tudo aquilo que eu lhe devia. E reconheci que eu devia muito a ele: a confiança nas pessoas, a liberdade interior, a coragem de ousar algo e a espiritualidade que marcou toda a vida dele. Um ano depois faleceu a minha sobrinha aos seis anos de idade, pouco antes de seu ingresso no ensino fundamental. Quando ela pisou na rua foi atropelada por um carro. Naquela ocasião senti sobretudo a dor do meu irmão e de sua esposa, mas também da minha mãe. Ela já havia superado a morte do meu pai, mas quando sua neta morreu, a tristeza pela morte de seu marido voltou à tona. Ela teve de suportar um luto duplo. Um ano mais tarde, poucos dias após seu nascimento, faleceu também o filho de meu outro irmão, Konrad. Eu celebrei os ritos fúnebres e tive de lidar com o luto do meu irmão e de sua esposa, e também com o meu. A partir de então acompanhei a morte de muitas pessoas, principalmente dos meus confrades. Algumas dessas mortes não me comoveram muito. Mas houve confrades cuja morte me abalou profundamente. Eles haviam marcado minha vida, e agora faltava-me seu apoio. Aos meus cinquenta e cinco anos de idade, faleceu a minha mãe. Após uma fratura do fêmur ela ficou acamada durante meio ano. Mesmo assim, sua morte foi inesperada. Desta vez entendi o que significa não ter *pais*. A partir de então eu precisava ser pai e mãe para outros. Não podia mais me apoiar no pai ou na mãe. Todos sentimos como nossa mãe fazia falta à família. Todos nós costumávamos nos reunir em seu aniversário. Agora esse dia de festa anual não existia mais. Aos poucos os aniversários dos outros membros da família passaram a servir de pretexto para nos reunirmos. Sentimos como isso nos fazia bem.

Sou grato pelos sonhos que tive com meu pai e minha mãe. Esses sonhos mostram-me que a qualidade deles ainda continua viva em mim, que eles continuam me acompanhando e fortalecendo em minhas obrigações. Durante a celebração eucarística sempre me lembro de que estou celebrando a comunhão com todos os mortos que eu conheci. Quando rezo o Pai-nosso penso em meu pai e me lembro como ele rezava essa oração com toda sinceridade quando sua empresa faliu e sua família correu o perigo de cair na pobreza. Naquela situação, o Pai-nosso lhe serviu como apoio; ele não desistiu e continuou lutando, e assim pode alimentar sua família e cuidar dela. Quando rezo o Pai-nosso em memória do meu pai, sinto-me unido a ele em oração, e então compartilho da força de sua fé. E quando rezo o rosário, penso em minha mãe, que todos os dias rezava dois rosários para seus filhos e netos. Para ela, era um ritual pelo qual se sentia unida em amor a seus filhos e netos, e por meio do qual podia confiar todas as suas preocupações a Deus e à Santa Virgem.

Rituais dos monges

São Bento adverte os monges a se lembrarem da morte todos os dias. Esse exercício nos conscientiza diariamente da nossa finitude. Sempre convivemos com a morte, pois todos os anos morrem alguns confrades. Quando um confrade se aproxima da morte somos convidados a participar da vigília noturna. Ninguém deve morrer sozinho. Quando o fim se aproxima, o abade, o prior e alguns confrades vão rezar junto ao moribundo. Na noite do falecimento ou na seguinte fazemos uma vigília pelo confrade falecido. Seu corpo é velado na sala capitular. Ficamos em silêncio diante do caixão, esperando a chegada de todos os confrades, quando cantamos o réquiem e acompanhamos o caixão até a igreja. Lá, o corpo é velado na capela fúnebre, e até o sepultamento, jamais fica sozinho. Celebramos o réquiem na igreja e levamos o corpo até o nosso cemitério. Na noite do enterro nos reunimos, e todos os que desejam compartilhar algo sobre o confrade falecido pode dizer o que lhe parecer importante. Assim, elaboramos um retrato dele, sendo homenageado por tudo aquilo que ele fez e pela forma como viveu em nosso meio.

Luto e esperança

Todos os anos eu realizo um seminário de luto, que é especialmente difícil. É um curso para pais que perderam seus filhos e se chama "Morte na hora errada". Sei que preciso ser muito cauteloso com as palavras. Se eu usar palavras pias e religiosas da forma errada posso aumentar ainda mais o sofrimento daqueles pais. Eles não se sentiriam compreendidos, mas magoados. Tento suportar o desespero e a tristeza deles. Fazemos a tentativa de, por meio de rituais, transformar o luto em esperança silenciosa de que a criança falecida continuará a acompanhar a família como um anjo. Na celebração da Eucaristia vivenciamos a comunhão com todas as crianças falecidas, cujas imagens cobrem o piso.

Se eu tivesse de explicar a morte a uma criança de dez anos, diria: "Nossa vida sempre é limitada. Não sabemos quanto tempo viveremos. E não sabemos por que essa pessoa teve que morrer justamente agora. O pensamento da morte pretende nos convidar para uma vida consciente e responsável no presente". Ou: "Seu avô morreu. Seu corpo será desfeito, mas sua alma está com Deus. Seu avô será um com Deus e um com todas as pessoas que ele conheceu e amou: com sua esposa, seus pais e irmãos. E você pode pedir que ele, lá de cima, lá do céu, peça a bênção de Deus para você. E, quando morrer, você o reencontrará. Ele não estará mais em seu corpo velho que você conhecia, mas num corpo novo e transformado. Mas você o reconhecerá. Você sentirá a intimidade com ele e com todas as pessoas que conheceu e amou".

Como eu quero morrer

Eu gostaria de morrer consciente e ir ao encontro da morte. Assim, poderia me despedir das pessoas que foram importantes para mim. Eu lhes agradeceria mais uma vez por tudo o que elas me deram. E eu lhes diria em que foram importantes para mim e o que eu lhes desejo para seu caminho. Imagino abrindo mão de tudo e me deixaria cair nas mãos de Deus. Esse é o ideal da minha morte. Mas também sei que não posso escolher como ela virá. Poderá me levar repentinamente, como aconteceu com meu pai; poderá vir após uma longa doença; também poderá me alcançar na demência ou na inconsciência. Tampouco sei se realmente enfrentarei a morte com paz e consciência. Talvez terei de passar por lutas antes de ela chegar; lutas com dores ou conflitos com tudo aquilo que recalquei em minha vida. Que Deus decida como eu morrerei! É claro que eu posso me preparar para uma boa morte. Esta é uma velha tradição: rezar por uma boa hora da morte ou se preparar para a morte por meio da meditação ou da *ars moriendi*, a arte de morrer. As pessoas que se preparavam para a morte sabiam que não cabe a nós decidir como será a nossa morte, mas que precisamos da bênção de Deus. O que podemos fazer é abrir mão de nós mesmos e de tudo o que nos agarramos; reconciliar-nos com a nossa vida e com as pessoas com quem convivemos. Pessoas que acompanharam pessoas na morte me contaram que somente conseguem morrer em paz aquelas pessoas que se reconciliaram com sua biografia e com as pessoas mais próximas. Às vezes pensamos: "Essa mulher já deveria ter morrido. Ela está muito doente. Mas ela não morre. Ela se tortura". E então descobrimos que ela está pensando em sua filha com a qual vive em briga. A morte pede que resolvamos todas as coisas não resolvidas. Não se trata de completar trabalhos e projetos, mas de terminar o trabalho interno de reconciliação.

Esperança para além da morte

Eu tenho a esperança de que na morte cairei no amor de Deus e que nesse amor eu serei um com Ele; que na morte eu entenderei o mistério de Deus e que poderei ver aquilo em que acreditei até então. Espero rever todas as pessoas que foram importantes em minha vida e que todos nós seremos um com Deus. Confio nas imagens que a Bíblia me apresenta; imagens de glória, de amor, de luz, de esperança, e que a morte realizará todos os meus anseios. Não sei descrever como essa realização será em termos concretos, pois tenho consciência que Deus e sua eternidade não podem ser representados por imagens. Mas confio na realização do meu mais profundo anseio. Quando reflito sobre isso desaparece o medo que eu tenho da morte; por exemplo, o medo de perder o controle. E juntamente com Johann Sebastian Bach consigo esperar a morte em alegria. Em sua cantata *Ich habe genug* [Já me basta], o velho Simeão canta: "Antecipo minha morte com alegria. Ah, queria que tivesse chegado mais cedo. Então me livrarei de toda necessidade que ainda me prende neste mundo". Para Bach, essa alegria na antecipação da morte não era uma fuga da responsabilidade de sua vida. Aos quarenta e dois anos, quando compôs essa música, ele vivia seus melhores anos. E ele amou sua vida passionalmente. Mesmo assim, a certeza em relação àquilo que o esperava na morte lhe deu a serenidade e a certeza para viver sua vida, sempre marcada também de sofrimento.

Evidentemente, conheço ainda outra esperança para além da morte. Espero que meus livros não sejam esquecidos, que eles sejam lidos também depois dela. Sei que os livros têm o seu tempo e que em algum momento serão esquecidos. Depois de sua morte, os livros de Karl Rahner e Romano Guardini também foram esquecidos. Mas agora as pessoas os estão redescobrindo. Confio nos planos que Deus tem para os meus pensamentos, que eu os escrevi baseados em minha fé e para fortalecer outros em sua fé. Talvez o mundo precise de outros escritores espirituais quando eu morrer, que acatem as perguntas das pessoas e lhes deem respostas que toquem seus corações. E sei que no céu não me importarei se meus livros continuarão a ser lidos ou não. Mas aqui na terra permanece a esperança de que algumas pessoas ainda se lembrarão de mim e que a impressão que eu deixarei seja a de um homem que teve um coração grande e que sempre tentou viver o que expressou em suas palavras.

O que o falecido nos diria se pudéssemos falar com ele por alguns minutos? Ele quer que soframos ou que vivamos?

Walter Kohl

Morrer em paz

Meu primeiro encontro – ainda indireto – com a morte ocorreu em outubro de 1975, quando meu avô Hans Kohl faleceu. Eu tinha doze anos. Minha mãe me levou para visitar meus avós em sua casa em Ludwigshafen-Friesenheim, a 5km da nossa casa. Meu avô estava passando muito mal naquele dia. Fazia muito calor, mas o meu avô estava usando uma jaqueta grossa e cobertores. Mesmo assim ele sentia um frio terrível, estava pálido e sua pele era translúcida, como porcelana fina. Senti que algo diferente estava acontecendo, mas jamais passou pela minha mente que meu avô poderia estar morrendo.

De repente, minha mãe mandou chamar um táxi e me disse que voltaria sozinho para casa. Fiquei sem palavras; algo assim jamais havia acontecido: Eu deveria voltar para casa sozinho com um estranho? Esse pensamento contradizia tudo o que meus pais haviam me ensinado até aquele momento; afinal de contas, os anos de terrorismo estavam em seu auge. Mas eu não pude argumentar. Assim, entrei no táxi e voltei para Oggersheim. Mais tarde, naquela noite, minha mãe me contou que uma hora após a minha partida o avô havia falecido em paz nos braços dela. Disse-me isso com sua voz tão calma, que pude acreditar quando disse que a morte foi um alívio para o meu avô.

Os dias após sua morte foram corridos. Eu não me lembro do enterro em si, mas sim do velório. Acho que foi o meu pai que fez um discurso breve sobre meu avô. No fim, ele disse que certamente meu avô não desejaria que ficássemos tristes, mas que preferiria nos ver reunidos em alegria. Essas palavras me acalmaram muito. Juntamente com aquilo que minha mãe me dissera antes, tive a impressão de que não havia acontecido algo ruim, mas que a morte era algo natural.

Fiquei feliz pelo fato de meu avô ter morrido em paz, pois na época a morte parecia estar à nossa espreita, atrás de cada esquina. Por quê? Porque naquela época o Exército da Fração Vermelha acabara de matar as primeiras pessoas. Como família, vivíamos em estado de alerta máximo e recebíamos muitas ameaças de morte; ao todo, foram várias centenas. As pessoas mais próximas estavam com medo da morte. A situação era bastante estranha, pois de um lado eu havia presenciado a morte pacífica do meu avô, e de outro, uma morte violenta, por meio de ataques terroristas, ameaçava por todos os lados. Naquela idade, aquilo foi demais para mim, e consequentemente passei a ignorar completamente a morte como realidade.

A morte da minha mãe

Essa postura mudou repentinamente em 5 de julho de 2001, quando minha mãe cometeu suicídio. De repente, a morte estava de volta em minha vida, e muito próxima. Por volta do meio-dia recebi um telefonema em meu escritório, em Frankfurt, informando-me que minha mãe havia morrido. Em menos de uma hora eu estava com ela em Oggersheim. Em meu coração ficou gravado um filme que registra esse último caminho. Ainda me lembro exatamente como subi as escadas até seu quarto, como abri a porta e a vi morta, deitada na cama da minha infância. Seu corpo estava totalmente relaxado, como se ela quisesse dizer: "Está vendo, Walter? As coisas são assim". Eu vi a morte na forma da minha mãe, e isso, em nada, foi assustador para mim.

Senti uma dor profunda pela sua morte, principalmente porque não houve despedida. Mas curiosamente, no instante em que entrei no quarto, ela perdeu seu terror. Minha dor tinha sua causa na perda de uma pessoa amada, não na morte em si.

Nos anos anteriores à sua morte, minha mãe havia passado por uma doença grave e sofria de uma série de problemas. Ela não podia, não queria mais viver; havia se cansado da vida, perdendo todo sentido e toda esperança por ela. Traição, infâmia, desespero e as dores de sua doença haviam sido mais do que aquilo que ela conseguia suportar.

Alguns anos atrás consegui fazer as pazes com seu suicídio. Hoje gosto de visitar seu túmulo, onde rezo e lhe conto o que está acontecendo em minha vida. Quero compartilhar isso com ela. Em meu trabalho de reconciliação conheço outras pessoas que perderam parentes ou amigos por meio do suicídio. É uma alegria especial ajudar-lhes a encontrar uma nova paz. Fico muito feliz quando algumas pessoas que leram meus livros, ouviram minhas palestras ou participaram dos meus cursos me escrevem que eu lhes ajudei a dar mais uma chance à vida e a não cometer suicídio. Tenho orgulho disso e eu compartilho esse orgulho com minha mãe, dizendo: "Está vendo, mamãe? Assim, sua morte acabou tendo um sentido. Por causa dela consigo ajudar outras pessoas".

Reflexo da nossa vida

Para mim, a morte é um reflexo da nossa vida. Quem teve uma vida plena e bem-sucedida conseguirá também morrer de forma boa. Por quê? Porque precisamos ter menos medo da morte quando estamos em paz com nossa vida, quando podemos partir em paz.

Em meus seminários costumo fazer um exercício chamado "Contas em aberto". Esse exercício é bem simples, mas profundo. Eu digo: "Imagine que lhe restam ainda doze horas de vida. O que você precisaria resolver ainda, o que você desejaria resolver nesse tempo? Quais são os conflitos que precisariam ser resolvidos? A quem você deveria pedir perdão? Quem deveria ouvir você dizer: 'Eu te amo?' O que você gostaria de pôr em ordem?"

Essas perguntas ficam escritas num cartaz, e cada participante as copia em seu caderno. Então, peço que eles façam um passeio e que voltem em trinta minutos com uma lista pronta. Normalmente eles ficam calados, nervosos, pois esse exercício toca num tabu do nosso tempo: ignoramos a morte. Dependendo do tamanho dos grupos, discutimos a lista no plenário ou em grupos menores, mas os resultados costumam ser semelhantes.

Quando confrontamos a morte, a única coisa que passa a importar é o ser, nosso relacionamento com outras pessoas, conosco mesmos. A pergunta central é: "Quem somos nós e como nós nos relacionamos com outras pessoas?" Trata-se da essência da vida, daquilo que somos, daquilo que deixaremos para trás. Ninguém que participou desse exercício expressou o desejo de comprar um carro luxuoso, organizar uma última orgia ou qualquer coisa do gênero. Quando restam apenas doze horas de vida não queremos ter mais, queremos apenas ser.

A morte sempre virá como surpresa e sob suas próprias regras. Exigindo nossa humildade, ela mostra nossa finitude, nossos limites, sendo realmente impossível nos prepararmos para sua chegada. Sua melhor preparação é o modo de como vivemos nossa vida. O que podemos fazer é orientar nosso viver pela morte, de tal forma que nos tornamos capazes de morrer. Podemos fazer isso nos perguntando: "Como posso viver hoje para que eu possa morrer em paz amanhã?" A resposta a essa pergunta se encontra no ser, não no ter.

Quando uma pessoa morre devemos permitir o luto das pessoas próximas a ela, pois a morte de uma pessoa amada é uma realidade dolorosa. O luto é importante, pois é a nossa maneira de permitir os muitos sentimentos que essa perda provoca em nós. Precisamos aceitá-los, mesmo quando forem contraditórios e caóticos, e integrar a dor da perda também em nossa vida. Luto é uma forma de amor, pois se não sentíssemos tristeza não haveria também perda de amor, daquilo que sentimos em relação ao falecido. Mas o luto não pode se isolar e se transformar em um ciclo vicioso. A perguntas são: "Como podemos garantir que do luto nasça um novo caminho para o futuro? "Quais são as respostas que podemos encontrar para essa perda?" "Luto e desespero eternos?" "Essa morte não significa, antes, um apelo para que vivamos nossa vida com mais sentido e mais responsabilidade?" O que o falecido nos diria se pudéssemos falar com ele por alguns minutos?" Ele quer que soframos ou que vivamos?" Esses pensamentos me ajudaram muito a fazer as pazes com a morte de minha mãe e a transformar a tristeza em nova energia de vida.

Tentativas de encontrar uma resposta

Poucas semanas após a morte de minha mãe, meu filho e eu fomos regar o túmulo do meu sogro falecido, o avô dele. Quando terminamos, ficamos parados na frente do túmulo, e cada um estava ocupado com seus próprios pensamentos. De repente, meu filho perguntou: "Papai, onde o avô e a avó estão agora?"

Esse tipo de pergunta infantil me faz suar, principalmente quando preciso respondê-las poucos dias após perder uma pessoa querida, quando a tristeza ainda domina meu coração. Senti essa dor no coração e não consegui responder imediatamente. Então olhei para o meu relógio; eram cinco horas da tarde, e lhe respondi: "Acho que estão no céu tomando café juntos". Meu filho me olhou com uma expressão de gratidão e disse apenas: "Então está tudo bem. Eles estão bem". Eu concordei, e o tema parecia estar encerrado.

Uma resposta infantil? Talvez a tentativa desengonçada de um pai de fugir a uma pergunta difícil? No início eu não sabia se minha resposta havia sido boa ou ruim. Tive de pensar muito sobre aquela cena. Certo dia eu estava lendo um livro e me deparei com a expressão "mundo outro". Eu nunca a havia lido ou ouvido, mas ela me tocou imediatamente. Mundo outro, é isso aí, pensei. A morte é o mundo outro. Não sabemos nada sobre esse mundo, não adianta especular. Portanto, não deveríamos dificultar nossa vida com medos e especulações. Hoje acredito que seja possível que o avô e a avó estejam tomando café juntos. E, quem sabe, as respostas supostamente infantis sejam as melhores.

A última questão de confiança

Não tenho desejos especiais no que diz respeito à minha morte; espero apenas que ela ocorra de forma que não cause muitos problemas às pessoas que eu amo e que me amam. Estou escrevendo um testamento e tenho uma carteira de doador de órgãos no meu bolso. Talvez os meus órgãos possam ajudar alguém. Isso me alegraria.

Não tenho expectativas ou exigências para a morte, muito menos para o que acontecerá depois dela. Não preciso ter esperanças em relação a isso, pois tudo ocorrerá naturalmente. No fim das contas, a morte é uma questão de confiança. Confiamos que tudo ficará bem, que existe um além, um mundo outro?

18
O sentido da vida

> *Cada pessoa deveria encontrar suas próprias respostas na base de suas circunstâncias de vida pessoais. Assim como a felicidade é um terno sob medida, o sentido também precisa ser personalizado.*
> Walter Kohl

Se não existisse sentido

A pergunta pelo sentido da vida surge não só diante da morte, mas o fato de que todos nós morreremos intensifica a questão. Quando me perguntam se a vida tem um sentido, costumo responder primeiro com outra pergunta: "Se não houvesse sentido na vida, a nossa vida seria sem sentido, não?" "E que sentido faria viver uma vida sem sentido?" Minha resposta: "Nenhum".

Durante minha crise em 2002 houve fases de desespero e tempos em que eu não acreditava mais num sentido em minha vida. Eu não conseguia dar conta das circunstâncias dela e sofria com aquilo que eu percebia como injustiça e decepção. Na época eu não havia pensado muito sobre o sentido da vida e não conhecia o potencial de energia que podemos encontrar num sentido. Isso mudou quando iniciei uma logoterapia.

Hoje acredito que o sentido da vida é uma das forças mais importantes e poderosas para nós. Quando sabemos para que vivemos, isso nos capacita a mover montanhas. Viktor Frankl ilustrou essa verdade em seu livro, que já mencionamos repetidas vezes.

"Dizer sim à vida, apesar de tudo"

Uma cena central no livro de Frankl descreve sua decisão de não "entrar no arame". Os limites do campo de concentração eram demarcados com um arame, e cada prisioneiro que ultrapassava essa demarcação era imediatamente morto a tiros pelos guardas. Muitos prisioneiros decidiram "entrar no arame" na tentativa de fugirem de destino infernal, mas buscaram a salvação na morte. Viktor Frankl, porém, decidiu não optar pelo arame. Ele queria viver por algo, ele tinha uma motivação, um objetivo, um sentido que lhe ajudou a suportar a tortura infinita. Ele imaginou que, depois da guerra, faria palestras sobre sua psicologia centrada em sentido, a chamada logoterapia. Sua visão era ajudar as pessoas mostrando-lhes a força do sentido, e isso o motivou a sempre "aguentar mais um dia", até ser finalmente libertado, em abril de 1945, daquele martírio pelo exército norte-americano.

"Quem sabe que sua vida tem um sentido consegue superar dificuldades externas e sofrimentos internos com essa consciência." Em 2002, no ponto mais baixo da minha vida, essas palavras de Viktor Frankl me tocaram profundamente. Elas me mostraram, também em tempos sem sentido, que havia esperança e sentido à minha espera.

É claro, existem catástrofes naturais, mortes trágicas ou golpes de destino que nós não conseguimos explicar. A dor e o mal também fazem parte da vida. Se o mal não existisse não poderíamos vivenciar o bem; o dia precisa da noite para clarear. O mundo consiste de contradições. Assim, Yin e Yang só formam um todo na harmonia dos opostos. Para mim, trata-se de um princípio divino que também encontro no cristianismo.

No Livro de Jó vemos que ele se torna vítima de uma aposta cruel e quase cínica entre Deus e o diabo. O diabo acredita que Jó se afastará de Deus se ele perder tudo. Deus dá toda a liberdade ao diabo, e este destrói num primeiro passo toda a propriedade de Jó e mata seus dez filhos. Mas Jó não se afasta de Deus.

Então o diabo, com o consentimento de Deus, aumenta suas torturas. Jó contrai lepra; na época, um dos piores castigos imagináveis. Mas mesmo quando sua esposa lhe diz: "Ainda perseveras na tua integridade? Amaldiçoa a Deus e morre!" (Jó 2,9), Jó não vacila e responde: "Falas como falaria uma tola. Se aceitamos de Deus os bens, não deveríamos aceitar também os males?" (Jó 2,10).

Durante toda a narrativa, Jó nunca deixa de ser completamente humano. Ele briga com Deus e exige uma explicação: "Por que eu?" Ele briga, fica frustrado e quase capitula. Mas não recebe respostas. Mais tarde chega a acusar Deus, mas a pergunta pelo "Por quê?" não é respondida.

Eu me aceito como pessoa fraca que sou. Por isso escolhi não só Viktor Frankl, mas também Jó como meu exemplo quando se trata de encontrar um sentido para a vida. Esses dois homens me ensinaram que a pergunta pelo "Por quê?" muitas vezes nos leva a um beco sem saída. Pois quando perguntamos pelo "Por quê?" e não recebemos uma resposta, ficamos presos. Mas quando conseguimos nos livrar da perspectiva do "Por quê?" e começamos a perguntar pelo "Como?", quando começamos a perguntar: "Como devo lidar com essa situação?", recebemos respostas novas. Uma solução se torna possível. Frankl escreve: "A conduta humana não é determinada pelas condições que o ser humano encontra, mas pelas decisões que ele toma".

Assim como Frankl não fez a "opção pelo arame" em uma situação aparentemente sem saída e sem sentido, nós também podemos viver baseados em nossas decisões, e não em nossas circunstâncias. Essa descoberta foi uma das experiências mais felizes da minha vida. No meio de uma crise encontrei uma resposta que me permitiu dar uma nova direção à minha vida.

Evidentemente existem pessoas que não encontraram o mesmo caminho. Como posso ir ao seu encontro? Uma pessoa que não consegue encontrar sentido em sua vida costuma se encontrar numa situação existencialmente difícil, em uma emergência aguda. Essa pessoa precisa da nossa atenção; precisamos ouvi-la, acompanhá-la com compaixão e ajuda prática. Julgamentos pessoais e moralizantes não ajudam. Mas, nesses casos, ajudar significa fazer coisas práticas de forma sensata. Significa dar pequenos passos, não importa o quão pequenos sejam. É estar presente e ajudar, sem muitas palavras e sabedorias filosóficas.

Todos os que já estiveram numa situação dessas sabem que toda situação traz condições diferentes. Receitas padronizadas ou conselhos generalizados não ajudam. O que eu recomendo é que você se empenhe com sinceridade e se preocupe em amar. Essa postura pode alcançar o coração da pessoa afetada e, assim, gerar a chance de cura e um novo sentido.

Descobrir campos de sentido

Segundo Frankl, podemos encontrar sentido em dois campos: no amor por outra pessoa e na dedicação a uma causa; ou numa combinação dos dois. O sentido se torna possível apenas pela via da autotranscendência, da superação própria; ou seja, por meio de outra pessoa. O sentido não pode servir apenas a nós mesmos, mas também aos outros. Esse critério é muito importante; caso contrário, nosso caminho se transforma em egoísmo, em uma via de autorrealização unidimensional.

O sentido é duplamente situacional. Por um lado, cada pessoa deveria encontrar suas próprias respostas na base de suas circunstâncias de vida pessoais. Assim como a felicidade é um terno sob medida, o sentido também precisa ser personalizado. Por outro lado, o sentido muda ao longo da vida. A pergunta pelo sentido da vida sempre reaparece, principalmente quando nos vemos diante de grandes desenvolvimentos. "Cada tempo tem suas próprias respostas." Essas palavras de Willy Brandt também valem nesse caso. Quando olho para a minha vida vejo que dez ou vinte anos atrás eu tinha respostas muito diferentes à pergunta sobre o meu sentido

Panta rhei (Tudo flui), diz uma sabedoria da antiga Grécia. Quando a vida flui, cada fase da vida exige seus próprios sentidos. Faz uma grande diferença eu fazer a pergunta pelo sentido aos vinte, trinta, cinquenta ou setenta anos de vida. O sentido é dinâmico, não é algo estático. Quando uma criança nasce, o bem-estar do bebê é o sentido elementar da mãe. Vinte anos mais tarde, quando a criança já cresceu e sai da casa dos pais, a mãe terá de encontrar outro modo de sentido em seu relacionamento com o filho.

Um exercício prático

Alguns anos atrás conheci um exercício num seminário que facilitou muito a minha procura por um sentido: Imagine seu próprio enterro. Você é um pequeno pássaro sentado no galho de uma árvore e consegue ver e ouvir tudo o que acontece lá embaixo. Seu caixão está ao lado do túmulo aberto e o padre está dizendo as últimas palavras. Em breve o caixão será colocado no túmulo, mas o padre levanta a mão para um último ato. Ele pede que quatro pessoas que o conheciam bem venham para a frente e digam em meio minuto algo sobre você, o falecido. Cada um dos quatro representa uma esfera da vida: um membro da família, um colega de trabalho, um amigo e uma quarta pessoa que pode ser escolhida livremente.

Então, os participantes recebem uma grande folha de papel dividida em quatro partes. Eles devem anotar o que você, como pássaro lá no alto da árvore, gostaria de ouvir sobre si mesmo como pessoa. De modo reduzido, concentrado e focado, em poucas palavras, pois cada um só tem 30 segundos para sua apresentação.

Quando participei desse exercício pela primeira vez em 2003, eu suei frio. Pois rapidamente percebi que minha vida não correspondia em nada àquilo que eu gostaria de ouvir no meu enterro. Um abismo se abria entre a realidade e o sentido da minha vida na época.

Aquilo que nós gostaríamos de ouvir como pássaro sentado no galho é aquilo que nos destacou como ser humano entre outros seres humanos. No nosso enterro não queremos ouvir coisas como: "Ele sempre superou as metas da empresa". "Ele tinha o carro mais exclusivo de todos." "Ele morava numa linda casa." Queremos ouvir que tipo de pessoa nós éramos, o que conseguimos dar aos outros, por qual causa lutamos, o que deixamos para o mundo. Esse exercício costuma provocar um clima de profunda reflexão quando apresentamos nossas folhas uns aos outros. Muitos se surpreendem quando veem que os desejos de pessoas muito diferentes podem ser muito parecidos. Mas quase sempre o indivíduo consegue reconhecer uma direção, sua bússola, seu sentido.

O exercício tem ainda uma segunda fase. Agora que a folha está preenchida com as quatro afirmações sobre nós mesmos, essas palavras devem ser condensadas ainda mais. Desenhamos um círculo com um raio de 5 centímetros no centro da folha, no lugar em que as linhas dos quatro quadrados se encontram. Agora, a tarefa consiste em fazer um resumo de, no máximo, cinco palavras das quatro afirmações. Pois cinco palavras podem ser inscritas na lápide, na nossa lápide. Afinal de contas, estamos assistindo ao nosso próprio enterro.

Não é fácil resumir sua vida em cinco palavras. Essa última condensação permite ajustar perfeitamente a agulha da bússola. Agora avançamos para a essência do nosso sentido. Reconhecemos o que deve permanecer no mundo, aquilo pelo qual vivemos. Quando nos permitimos contemplar nossa vida a partir de seu fim, descobrimos novas perspectivas.

Eu tive de repetir esse exercício várias vezes até encontrar respostas adequadas. Mas senti como, em cada exercício, um peso era retirado das minhas costas. Agora eu conseguia reconhecer muito melhor o que eu fazia apenas para satisfazer expectativas externas e para receber o reconhecimento de outras pessoas e o que eu fazia para ser eu mesmo, para seguir meu sentido. A partir daí minha vida começou a mudar.

Quais palavras devem ser gravadas em minha lápide? Eu escolhi duas palavras: "Um amigo". Isso resume o que é sentido para mim: quero me empenhar pela amizade; quero ajudar as pessoas a encontrar suas três amizades: a amizade consigo mesmas, a amizade com outras pessoas e a amizade com Deus. Uma pessoa que consegue realizar essas três amizades em sua vida vive em paz consigo mesma. E uma pessoa que está em paz consigo mesma não vai à guerra. Isso é sentido para mim. Durante os últimos anos tenho orientado minha vida por esse fundamento, e a chance que essa nova compreensão me oferece deixa-me muito feliz.

Nunca me desesperei com a vida. Mas entendo as pessoas que duvidam de sua vida e que estão desesperadas porque não conseguem ver uma saída. O desespero do outro é sempre um desafio para avaliar minha própria esperança e confiança.

Anselm Grün

Duas imagens para o sentido da vida

Eu tenho duas imagens para o sentido da vida. O primeiro sentido da minha vida é que eu torne visível a imagem singular que Deus tem de mim. Posso expressar isso também com outras imagens: tento viver com autenticidade; tento viver de acordo com minha essência; tento gravar o rastro da minha vida neste mundo de forma consciente. Reflito sobre o rastro que quero deixar no mundo, e todos o deixam. Quero que o meu seja um rastro de bênção, um rastro que encoraje os outros a viverem sua própria vida, sabendo que ela é importante para este mundo. Esse primeiro sentido visa completamente à minha própria vida e autenticidade.

O segundo sentido é a missão que Deus deu a cada um de nós. Em termos bíblicos isso significa que Deus me envia para o mundo. O que importa não é apenas minha autenticidade, uma vida em harmonia comigo mesmo. Eu também tenho uma missão. A Bíblia também fala de um chamado de Deus dirigido a todos. Esse chamado, essa missão não precisa ser algo extraordinário. Talvez meu chamado seja ser uma boa mãe que ofereça aos filhos um espaço para crescer e amadurecer, ou ser um bom pai que fortalece seus filhos para ousar sua vida. Muitos veem sua missão na profissão. Muitos agricultores gostam de ser agricultores; é seu chamado interior. E muitos médicos, engenheiros, professores, terapeutas, educadores e enfermeiras realizam em sua profissão aquilo que corresponde ao seu íntimo. E eles querem que sua profissão seja uma bênção para as pessoas; não se preocupam apenas com seu próprio bem-estar, mas também com sua missão. E cumprir sua missão, seu chamado fortalece seu bem-estar. Sinto que minha vida está em harmonia, que ela flui e é fértil para as outras pessoas.

Minha missão é transmitir a mensagem de Jesus numa linguagem compreensiva, que toque os corações, os edifique e encoraje. E sou grato pelos "ecos" que recebo. Há pessoas, por exemplo, que me escrevem relatando que determinado livro que escrevi lhes ajudou a redescobrir sua fé ou a reconciliar-se com sua vida. Esse tipo de ressonância me faz bem e me mostra que não estou seguindo uma ilusão. Quando me coloco na presença de Deus às vezes também recebo dele um "eco". Vivencio uma paz interior e sinto que minha missão não se baseia em minha ambição ou numa ilusão, mas que ela corresponde à vontade de dele. Sou grato por isso, e nesses momentos eu me sinto um com Deus.

Viktor Frankl, o terapeuta judeu que sobreviveu a seis campos de concentração, entendeu que apenas podiam sobreviver àqueles campos as pessoas que tinham um sentido em sua vida. Por exemplo, que tinham uma esposa esperando. É claro que esse sentido não era garantia de sobrevivência, pois os criminosos nazistas não se importavam com a psique dos prisioneiros; eles matavam as pessoas aleatoriamente. Após sua libertação, Viktor Frankl desenvolveu sua logoterapia. O objetivo dessa terapia é encontrar um sentido na vida. Ele não alega que tudo tem um sentido, mas fala do poder de resistência do espírito, de encontrar um sentido naquilo que acontece vindo de fora e no qual não se pode reconhecer qualquer sentido. Quando uma família perde seu filho por meio de um acidente trágico, isso não tem sentido; e eu, como acompanhante espiritual, não posso projetar um sentido sobre essa tragédia. Se eu dissesse aos pais: "Isso deve ter algum sentido. Deus não faria algo sem sentido", eu os machucaria. Esse tipo de morte não tem sentido, e não devemos tentar identificar um sentido artificial. Mas, quando atravessamos o luto por uma pessoa amada, podemos extrair um sentido disso com o passar do tempo. Posso reagir à morte de uma criança com revolta e rejeição da fé ou posso tentar me reconciliar com essa morte e responder a ela de tal modo que passa a adquirir um sentido. Por exemplo, pais que perderam seu filho por causa da leucemia fundaram um grupo para pais em situações semelhantes. Outros pais usaram a morte de seu filho para desenvolver uma vida mais atenta, para integrar a morte à vida. E pais cujo filho se suicidou trabalham com jovens em situações de perigo. Querem acompanhá-los e lhes transmitir que a vida tem um sentido, mesmo que ela nem sempre mostre o seu lado mais bonito.

Quando tudo parece sem sentido

Também acompanhei pessoas com as quais tive dificuldades em apoiá-las em sua busca de sentido. Nada parecia ter sentido; não havia perspectivas. Às vezes existe tanto sofrimento, que eu não sei se suportaria. Uma mulher perdeu quatro filhos em acidentes trágicos. Agora, resta-lhe um único filho. Ela me disse: "Se algo acontecer com este filho não vejo mais sentido em minha vida. Então, morrerei também". Entendo essa mulher. Eu não a julguei, mas tentei fortalecê-la, dizendo: "Sim, isso é insuportável. Mas se você não desistir pode ser um sinal de esperança para outras pessoas. E você deveria perguntar aos seus filhos falecidos: 'O que vocês querem que eu faça?' 'Devo me matar ou lutar e viver por vocês?' 'Devo manter viva a memória de vocês neste mundo?'" Às vezes não podemos compreender o sofrimento de certas pessoas, e muitas vezes eu também não consigo reconhecer um sentido naquilo. Mesmo assim, tento fortalecer essas pessoas para que elas possam encarar seu destino e superá-lo com a ajuda da fé.

Determinado sofrimento pode levar as pessoas ao desespero, mas o sentimento de falta de sentido pode ser causado por noções ilusórias da vida: os desejos não se cumpriram; não encontraram um parceiro; sempre enfrentam problemas no trabalho; não se sentem emocional e fisicamente saudáveis. Isso pode levar, inclusive ao suicídio. Nesses casos tento questionar suas expectativas em relação à vida e levá-las a fazer novas imagens para a vida, imagens que as sustentem. Mas às vezes sinto minha impotência; não posso convencer uma pessoa sobre o sentido da vida se ela não quer reconhecer a existência dele; se ela prefere se lamentar e culpar os outros. Nesses casos preciso aceitar meus limites. E quanto o outro decide se matar por causa da falta de sentido em sua vida, preciso aceitar isso. Posso rezar por ele e confiar que consiga chegar a Deus por esse caminho, porque o amor de Deus é maior do que seu ato, e que o amor de Deus purifique toda culpa.

Esperança também nas crises da vida

Sou grato a Deus por nunca ter me desesperado com a vida; eu nunca duvidei do sentido de minha vida. Aos vinte e cinco anos, quando caí em uma forte crise, temia não dar conta da vida e duvidava que conseguiria deixar um rastro positivo. Meus planos exagerados de melhorar o mundo foram destruídos nessa crise; tornei-me mais humilde. Mas encarei a destruição das minhas ilusões e me agarrei à força de desenvolver novos sonhos e novas imagens para a minha vida. E alguns sonhos antigos até se realizaram após terem sido destruídos. Como jovem monge, jamais teria ousado sonhar que meus livros alcançariam pessoas no mundo inteiro. E a ambição, que a crise havia questionado, retornou transformada e influenciou o meu trabalho.

Nunca me desesperei com a vida, mas entendo as pessoas que duvidam de sua vida e que estão desesperadas porque não conseguem ver uma saída. O que posso fazer por elas? Dou-lhes minha atenção, tentando fazer com que entrem em contato com experiências positivas em sua vida ou com o anseio que têm dentro de si. Digo-lhes: "Você não está tão isolado da vida o quanto imagina. Existe em você uma noção de uma vida plena; existe em você um anseio de uma vida bem-sucedida. Você pode experimentar a bênção de Deus e ser uma bênção para os outros". Mas tento não julgar ou avaliar; o desespero do outro é sempre um desafio para avaliar minha própria esperança e confiança. Até onde minha esperança conseguiria me sustentar se eu me encontrasse nessa mesma situação? Essa pergunta impede que eu me coloque acima da outra pessoa, e não julgo. Tento encontrar, juntamente com essa pessoa, um sentido que ela poderia dar à vida, apesar de tudo.

19
A coisa mais importante na vida

> *Desejo que o rastro da minha vida faça deste mundo um lugar um pouco mais claro, mais caloroso, mais humano e mais misericordioso.*
>
> Anselm Grün

Quando me perguntam sobre o que é a coisa mais importante para mim nesta vida, eu respondo: "Quero deixar um rastro de bênção. Quero que as pessoas se lembrem de mim como um homem que amava as pessoas, que lutou por elas, que as encorajou a viver sua própria vida. Quero que, quando se lembrarem de mim, sintam o gosto da liberdade e do amor. Que reconheçam que eu me empenhei com todas as forças e com todo o amor para que as pessoas encontrassem um sentido na vida, que reconhecessem na fé um caminho que lhes ajudasse a vencer na vida. Que as pessoas reconheçam a riqueza da tradição cristã e da sabedoria espiritual e psicológica dos nossos ritos e símbolos, das nossas festas, dos nossos cultos e dos nossos caminhos espirituais. Quero que os meus livros ajudem as pessoas a entrarem em contato com a sabedoria de sua própria alma, para que possam sentir: 'Minha alma sabe o que me faz bem. Preciso ouvi-la, para que a voz da minha alma não seja calada pelas vozes do mundo'. Igualmente quero que toda pessoa descubra a singularidade de seu ser e reconheça: 'Minha vida é importante. Deixo meu rastro neste mundo". Desejo que o rastro da minha vida faça deste mundo um lugar um pouco mais claro, mais caloroso, mais humano e mais misericordioso".

Eu ficaria feliz se pudesse deixar um rastro de amizade e de paz interior.

Walter Kohl

O que é o mais importante para mim? E o que as pessoas devem lembrar de mim? Eu ficaria feliz se pudesse deixar um rastro de amizade e de paz interior. Os temas da paz interior e da alegria de viver, dos quais senti tanta falta durante muitos anos da minha vida, tornaram-se uma das minhas principais preocupações nos últimos anos. Eu gostaria de poder ajudar outras pessoas com minhas opiniões e com o meu conhecimento. Paz significa poder aceitar o passado sem dor, significa ter um sentido e metas para o futuro e criar a vida com força e alegria de viver. Quero ser lembrado como alguém que se empenhou pela paz e que tentou ser amigo das pessoas.

E qual é o meu conselho para os outros? Bem, já que me perguntaram, sugiro o seguinte: "Sejam autênticos. Sejam sinceros consigo mesmos. Sigam seu próprio caminho. Tentem tomar suas próprias decisões para que vocês possam viver, em vez de serem vividos. Vivam de tal forma que vocês consigam olhar para si mesmos no espelho, sem sentirem vergonha daquilo que fizeram ou não fizeram. Vivam com responsabilidade, uns pelos outros. Tentem realizar as três amizades: a amizade consigo mesmo, a amizade com outras pessoas e a amizade com Deus. Vivam de tal forma que vocês consigam se aceitar – cheios de convicção em alguns dias, e em outros com um sorriso complacente e humilde. Sejam gratos por aquilo que receberam. Tentem viver ao máximo".

CULTURAL

Administração
Antropologia
Biografias
Comunicação
Dinâmicas e Jogos
Ecologia e Meio Ambiente
Educação e Pedagogia
Filosofia
História
Letras e Literatura
Obras de referência
Política
Psicologia
Saúde e Nutrição
Serviço Social e Trabalho
Sociologia

CATEQUÉTICO PASTORAL

Catequese
  Geral
  Crisma
  Primeira Eucaristia

  Pastoral
  Geral
  Sacramental
  Familiar
  Social
  Ensino Religioso Escolar

TEOLÓGICO ESPIRITUAL

Biografias
Devocionários
Espiritualidade e Mística
Espiritualidade Mariana
Franciscanismo
Autoconhecimento
Liturgia
Obras de referência
Sagrada Escritura e Livros Apócrifos

Teologia
  Bíblica
  Histórica
  Prática
  Sistemática

REVISTAS

Concilium
Estudos Bíblicos
Grande Sinal
REB (Revista Eclesiástica Brasileira)
SEDOC (Serviço de Documentação)

VOZES NOBILIS

Uma linha editorial especial, com importantes autores, alto valor agregado e qualidade superior.

VOZES DE BOLSO

Obras clássicas de Ciências Humanas em formato de bolso.

PRODUTOS SAZONAIS

Folhinha do Sagrado Coração de Jesus
Calendário de mesa do Sagrado Coração de Jesus
Agenda do Sagrado Coração de Jesus
Almanaque Santo Antônio
Agendinha
Diário Vozes
Meditações para o dia a dia
Encontro diário com Deus
Guia Litúrgico

CADASTRE-SE
www.vozes.com.br

EDITORA VOZES LTDA.
Rua Frei Luís, 100 – Centro – Cep 25689-900 – Petrópolis, RJ
Tel.: (24) 2233-9000 – Fax: (24) 2231-4676 – E-mail: vendas@vozes.com.br

UNIDADES NO BRASIL: Belo Horizonte, MG – Brasília, DF – Campinas, SP – Cuiabá, MT
Curitiba, PR – Fortaleza, CE – Goiânia, GO – Juiz de Fora, MG
Manaus, AM – Petrópolis, RJ – Porto Alegre, RS – Recife, PE – Rio de Janeiro, RJ
Salvador, BA – São Paulo, SP